AF567753

Patrick Burow
Inside Strafjustiz

Patrick Burow

INSIDE STRAFJUSTIZ

Ein Richter packt aus

1. Auflage 2023

Medieninhaber, Verleger und Herausgeber:
Red Bull Media House GmbH
Oberst-Lepperdinger-Straße 11–15
5071 Wals bei Salzburg, Österreich

Lektorat: Franz Leipold
Satz: MEDIA DESIGN: RIZNER.AT
Gesetzt aus der Palatino, Korolev, Georgia
Umschlaggestaltung: Büro Jorge Schmidt, München
Umschlagmotiv: © Kathy Hennig
Autorenillustration: © Claudia Meitert / carolineseidler.com
Printed by Finidr, Czech Republic
ISBN: 978-3-7110-0320-1

Inhalt

Auftakt: Warum bin ich Richter geworden? 11

1 **Warum will jemand Richter werden?** 15

Ist Richter ein Traumjob? | Gut und schlecht – die richterliche Freiheit | Was ist das Schlimmste am Richterdasein? | In drei Schritten zum Halbgott in Schwarz | Eine kleine Richtertypologie

2 **Gewaltmonopol & Gerechtigkeit** 39

Gewaltmonopol statt Blutrache – warum wir eine effektive Strafverfolgung brauchen

3 **Der ganz normale Wahnsinn des Gerichtsalltags** 47

Gerichtsruinen, Verhandlungssäle und Zellen – der Arbeitsplatz Gericht | Arbeitsalltag eines Strafrichters | Gerechtigkeit minutengenau getaktet | Wandernde Aktenberge | Fehlende oder mäßig fleißige Mitarbeiter Gerichtsbürokratie | Was im Gericht alles schiefgehen kann

4 **Vorhang auf! Mögen die Spiele beginnen – die Hauptverhandlung** 69

Die Polizei ermittelt | Die Staatsanwaltschaft | Ermittlungsrichter | Anklageeingang | Eröffnung des Hauptverfahrens | Terminierung | Das Drehbuch von Hauptverhandlungen schnell erklärt

5 **Angeklagte, Staatsanwälte, Advokaten des Bösen und andere Feinde des Richters** 87

Die Richter | Die Schöffen | Die Staatsanwälte | Die Angeklagten | Die Verteidiger | Die Zeugen | Die Wachtmeister | Geschäftsstellenkräfte | Protokollantinnen | Sachverständige

6 **Die Top Ten des Verbrechens – die Bestseller aus dem Strafgesetzbuch** 115

Platz 1: Diebstahl | Platz 2: Verkehrsdelikte | Platz 3: Betrug | Platz 4: Sachbeschädigung | Platz 5: Körperverletzung | Platz 6: Rauschgiftdelikte | Platz 7: Beförderungserschleichung | Platz 8: Ausländerrechtliche Verstöße | Platz 9: Wirtschafts- und Steuerstraftaten | Platz 10: Sexualdelikte

7 **Danebenbenehmen vor Gericht leicht gemacht** 133

Zu-spät-Kommen oder Nichterscheinen | Kleidungsmängel | Das klingelnde Handy | Nicht aufstehen | Unterbrechen des Richters | Patzige Antworten | Die Pausenbettler | Beleidigungen | Der Fanclub | Dummdreiste Ausreden | Niedermachen von Zeugen | Der Abgang | Reaktionen des Richters

8 **Richter sind praktisch immer befangen** 151

Gibt es unbefangene Richter? | Erfahrungswissen | Die Vorbefassung des Richters | Die Stammkunden | Die lückenlose Beweiskette | Überführung in der Hauptverhandlung

9 **Falsche Geständnisse, lügende Zeugen und andere Beweismittel** 163

Der CSI-Effekt | Das Geständnis | Zeugen | Asservate | Urkunden | Überwachungsvideos | DNA-Spuren | Sachverständige | Der Indizienbeweis

10 Die grenzenlose Freiheit der Beweiswürdigung 185

Freiheit der Beweiswürdigung | Vorverständnis von dem Fall | Wahrnehmungsselektion | Persönlichkeit und Lebenserfahrung des Richters | Der äußere Eindruck | Erledigungsdruck | Zeugenaussagen | Der Kaffeerunden-Senat | Die Rechtsmittelinstanz | Grad an Überzeugung | In dubio pro reo

11 Die Armen hängt man, die Reichen lässt man laufen 201

Arm bedeutet kein oder schlechter Anwalt | U-Haft | Ersatzfreiheitsstrafe | Wirtschaftskriminelle kommen gut weg

12 Die Richter würfeln – Geheimnisse der Strafzumessung 211

Strafen fallen zu milde aus | Wie bestimmen Richter das Strafmaß? | Der menschliche Faktor in der Strafzumessung | Warum fallen Strafen so milde aus | Deals – der Handel mit der Gerechtigkeit

13 Das Urteil, Vollstreckungsmängel und lange Verfahrensdauern 239

Ins Urteil kommt nur, was den Oberrichtern gefällt | Rechtskraft oder Rechtsmittel | Strafen müssen oft nicht abgesessen werden | Warum dauern die Verfahren so lange?

14 Rechtsbeugung – wenn Richter auf der Anklagebank landen 259

Kardinaldelikt Rechtsbeugung | Bestechlichkeit | Aussageerpressung | Urkundendelikte

Die geheimen Regeln des Strafprozesses 269

Nachwort: Am Ende siegt die Gerechtigkeit – fast immer jedenfalls 271

Anmerkungen 273

Auftakt
Warum bin ich Richter geworden?

»Ich war jung und brauchte das Geld«, antworte ich meist, wenn ich gefragt werde, warum ich Richter geworden bin. Sie ahnen es bereits, die wahre Geschichte ist eine andere.

Ich war sechs Jahre alt und sah eine Folge *Flipper* im Fernsehen. Das war wie *Lassie,* nur mit einem unbefellten Tier in der Hauptrolle. Mein Vater kam nach Hause und brachte eine bluttriefende Schrotflinte mit. Er wickelte sie aus dem Zeitungspapier aus. Der kupferartige Geruch von Blut und von Schießpulver stiegen mir in die Nase. Blut tropfte auf die weißen Fliesen. Er wusch sie in derselben Badewanne, in der meine Mutter mich kurz zuvor gebadet hatte.

Mein Vater war Kriminalkommissar und erzählte regelmäßig von allerlei blutigen Geschichten. Meistens kamen Verbrecher, Waffen und Leichen darin vor. Erstaunlich viele Leute hatten sich einen Lauf in den Mund gesteckt und abgedrückt. So wie der ehemalige Besitzer der Schrotflinte. Mein Vater erzählte von einem bewaffneten Banküberfall, bei dem ein Polizist und der Räuber selbst erschossen wurden. Oder von der Notlandung eines voll besetzten Passagierjets auf der Autobahn nördlich von Hamburg. Leider war eine Brücke im Weg, an der die Tragflächen abgerissen wurden. Mein Vater half dabei, 22 Leichen abzutransportieren. Er berichtete von Vermissten und verzweifelten Angehörigen. Und von dem schrecklichen Verwesungsgeruch, an den er sich niemals gewöhnen würde. Als Bild aus meiner Kindheit sind mir noch viele blutige Waffen in Erinnerung, die mein Vater in der Badewanne wusch. Heute weiß ich, dass sie eigentlich in die Asservatenkammer gehört hätten. Jedenfalls wurde mein Interesse für das Verbrechen früh geweckt. Gleichzeitig haben mich die Leichen und das viele Blut irgendwie abgeschreckt.

Später als Student las ich mehrere Justizromane von John Grisham. Mir gefielen seine Geschichten, weil sie von Gerechtigkeit handelten und am Ende stets das Gute siegte. Darin ging es nicht allzu brutal zu. Ich erkannte, man kann sich mit dem Verbrechen beschäftigen, ohne nah dran an Gewalt, Blut und Toten zu sein. Aus der späteren Distanz des Gerichtssaals ist das Verbrechen immer noch spannend, ohne dass einem schlecht wird.

Vor allem die Richter in den Grisham-Romanen hatten es mir angetan. Sie waren mächtige Figuren, deren Lieblingswort »Abgelehnt!« lautete. Einfach so, ohne Begründung. Und niemand im Gerichtssaal wagte zu widersprechen. Dieser befand sich meist in einem an einen griechischen Tempel erinnernden weißen Prunkbau mit Marmorsäulen davor. Außerdem wurden die Richter respektiert und waren wohlhabend. Sie lebten oft als Witwer in einer Villa am See mitsamt Haushälterin. Sie wurden mit »Euer Ehren« angesprochen, waren sehr weise und gerecht. So einer wollte ich auch werden.

Damals ahnte ich noch nicht, dass die Wirklichkeit eines Richters an einem deutschen Amtsgericht eine andere ist. Man wird selten respektiert, dafür schlecht bezahlt, und die Arbeitsbedingungen sind mies. Und trotzdem liebe ich meinen Beruf, weil ich durch die Verurteilung von Verbrechern ein wenig für Gerechtigkeit sorgen kann.

Am 1. Oktober 1996 erfüllte sich mein Kindheitstraum, Verbrechen zu verfolgen. Ich wurde erst Staatsanwalt und später Richter in Dessau, Sachsen-Anhalt. Ich habe dabei alle strafrechtlichen Dezernate durchlaufen. Ich war Straf-, Jugend-, Ermittlungs- und Bußgeldrichter. Aktuell bin ich Vorsitzender des Schöffengerichts und damit zuständig für die mittlere Kriminalität mit erwarteten Freiheitsstrafen zwischen zwei und vier Jahren. Ich bin ein Strafrichter mit 27 Jahren Berufserfahrung.

Richter gelten als gottgleiche und mysteriöse Wesen, werden oft missverstanden. Manchmal geht etwas schief, und dennoch verhindern sie das Abrutschen der Gesellschaft in moralischen Verfall und Anarchie. Es ist ihre Aufgabe, dem Strafgesetzbuch Geltung zu verschaffen. Sie sollen den rechtstreuen Bürger vor Straftaten schützen, indem sie die gefährlichen Verbrecher hinter Schloss und Riegel bringen.

Die Welt der Strafjustiz ist eine geheime. Wahrscheinlich wissen Sie nicht, wie es hinter den Kulissen des Gerichts zugeht. Was spielt sich im Kopf eines Richters ab, bevor er das Urteil fällt? Wie überzeugt er sich von der Schuld eines Angeklagten oder wie legt er die konkrete Strafe fest? Ich werde Ihnen die geheimen Regeln des Strafprozesses verraten. War der Strafprozess für Sie bisher eine geheimnisvolle Maschine, in die man als Schwein hineingeht und als Wurst wieder herauskommt, werden Sie ihn nach der Lektüre dieses Buches viel besser verstehen. Dieses Buch verschafft Ihnen einen Insiderblick in die Welt des Strafrichtens. Sollten Sie einmal selbst in die Mühlen der Justiz geraten, kennen Sie alle Tipps und Tricks, um das zu überleben. Außerdem werden Sie neuen Glauben in die Gerechtigkeit schöpfen.

In den Kapiteln flankieren authentische Fälle das eigentliche Thema. Sie stammen aus meiner jahrelangen Berufspraxis und den Medien. Aus Gründen des Persönlichkeitsschutzes habe ich überwiegend die Namen geändert.

Dies soll kein juristisches Lehrbuch werden. Deshalb bleibt die Erklärung von rechtlichen Aspekten oberflächlich. Wenn Sie zu der einen oder anderen Rechtsfrage Näheres wissen wollen, empfehle ich Ihnen, zu der zahlreich vorhandenen Fachliteratur zu greifen.

Vorhang auf für den Blick hinter die Kulissen eines Strafgerichts.

1

Warum will jemand Richter werden?

Ist Richter ein Traumjob?

Berufe für Jungjuristen gibt es wie Sand am Meer. Wer gerade das zweite Staatsexamen bestanden hat, könnte beispielsweise Anwalt, Verwaltungs- oder Unternehmungsjurist werden. Was treibt jemanden in die Justiz? Die Überlastung durch Aktenberge, schlechte Besoldung und miserable Ausstattung der Gerichte sind allgemein bekannt und wirken abschreckend. Das Justizministerium Mecklenburg-Vorpommern nennt vier Vorteile des Richteramts:[1]

1. *Die Justiz bietet einen sicheren Arbeitsplatz mit überdurchschnittlicher Bezahlung.*
   Das Lebenslänglich der Verplanung kann schnell auch als Gefängnis empfunden werden. Es kann durchaus beängstigend wirken, die nächsten 40 Jahre den immer gleichen Job am selben Ort auszuüben.
   Die überdurchschnittliche Bezahlung existiert nicht. Ein Proberichter erhält ein Jahresgehalt von ca. 45 000 Euro brutto. Das ist ungefähr so viel, wie ein Aldi-Filialleiter bekommt, der allerdings weder eine zehnjährige Ausbildung absolvieren musste noch 60 bis 70 Stunden in der Woche arbeiten muss. Reich wird man im Staatsdienst nicht. Die fälschlich ausgelobte überdurchschnittliche Bezahlung gibt es nicht in der Justiz, sondern in Groß-

kanzleien. Die Einstiegsgehälter dort liegen aktuell zwischen 145 000 und 175 000 Euro pro Jahr.[2] Der Jungjurist verdient in einer Großkanzlei das Dreifache eines Richtergehalts. Und er hat die Aussicht, irgendwann Partner in der Kanzlei und damit Großverdiener zu werden. Einkommensmillionär kann man dagegen in der Justiz nicht werden. Selbst Deutschlands höchster Richter, der Präsident des Bundesverfassungsgerichts, kommt nur auf ein Jahresgehalt von 210 000 Euro brutto.

2. *Sie genießen sachliche und persönliche Unabhängigkeit.*
   Dies ist ein Scheinargument. Auch die Juristen in anderen Branchen können in der Regel frei entscheiden. Sie sind meist die Entscheidungsträger in ihrem jeweiligen Arbeitsbereich.

3. *Sie tragen vom ersten Tag Ihrer Tätigkeit an Verantwortung.*
   Das ist im Prinzip richtig. Richter entscheiden darüber, ob jemand ins Gefängnis muss, wer die Kinder bekommt oder ob eine Firma dichtgemacht wird. Doch die große Verantwortung kann auch schnell zur Bürde werden. Jeder Richter kennt die quälenden Gedanken, ob er die richtige Entscheidung getroffen hat. Hat er womöglich ein Fehlurteil erlassen und einen Unschuldigen ins Gefängnis geschickt? Oder einen Schuldigen freigesprochen und ihm damit weitere Straftaten ermöglicht? Solche Zweifel verfolgen manche Richter bis in den Schlaf.

4. *Beruf und Familie sind im öffentlichen Dienst bestmöglich vereinbar.*
   Das ist im Kern richtig, denn die Justiz bietet Teilzeitbeschäftigung und Beurlaubung bei Betreuung von Kindern an. Doch diese Möglichkeiten bieten auch Verwaltung,

Unternehmen und inzwischen sogar Großkanzleien. Beim Kampf um den raren Juristennachwuchs setzen inzwischen alle Arbeitgeber auf eine ausgewogene Work-Life-Balance.

Was aber ist nun die tatsächliche Motivation, Richter zu werden? Es ist der Wunsch, die Welt ein klein wenig besser und sicherer zu machen. Der Richter ist der Produzent von Gerechtigkeit, eine der Kardinaltugenden. Niemand möchte in einer ungerechten Welt leben. Er ist die personifizierte Justitia, die mit der abwägenden Waage, dem strafenden Schwert und wegen der Augenbinde ohne Ansehen der Person die gerechte Entscheidung trifft. Dadurch schafft er Rechtsfrieden.

Indem er die guten Menschen vor den bösen beschützt, macht er die Welt ein Stück sicherer. Denken wir zur Abgrenzung an die Advokaten des Bösen. So bezeichnen sich manche Anwälte selbst.[3] Die Strafverteidiger versuchen mit allerlei zwielichtigen Tricks, die Angeklagten vor ihrer gerechten Strafe zu bewahren. Es sollte möglichst niemand mehr hinter Gitter gesteckt werden. Für sie ist es in Ordnung, wenn Mörder und Kinderschänder frei herumlaufen und weiter ihr Unwesen treiben können. Ich finde es gut, als Richter auf der richtigen Seite des Rechts zu stehen.

Richter werden gebraucht, sonst würden sich Anarchie und Selbstjustiz ausbreiten. Neben der Verurteilung von Verbrechern werden Richter auch benötigt, wenn es zum Streit zwischen Bürgern kommt. Der Krieg am Gartenzaun wäre sonst schnell nicht nur ein gefühlter, sondern ein echter. Der Richter leistet einen wertvollen Dienst für die Gesellschaft. Jeden Tag schwingt er seinen Richterhammer, um die Welt ein klein wenig besser und sicherer zu machen. Wer sonst kann das schon über seinen Job sagen? Welchen Beitrag leistet die Kosmetikherzeigerin auf Instagram, der Lobbyist oder der verbeamtete Kästchenausfüller in der Behörde für unsere Gesellschaft?

Gut und schlecht – die richterliche Freiheit

Nach Art. 97 GG sind Richter persönlich und sachlich unabhängig und nur dem Gesetz unterworfen. Das bedeutet unter anderem, dass ein Richter keinen Weisungen unterliegt. Kein Vorgesetzter kann mir meine Entscheidungen vorschreiben. Ich kann weder gegen meinen Willen versetzt werden, noch habe ich feste Arbeitszeiten einzuhalten. Als Amtsrichter bin ich ziemlich frei in allem, was ich tue.

Die Medaille hat aber auch eine Kehrseite. Die Hausleitung benutzt die richterliche Freiheit gerne, um Richter abzuwimmeln. Wende ich mich mit einem Anliegen an sie, heißt es oft, das müsste ich im Rahmen meiner richterlichen Freiheit selbst klären. Dazu ein selbst erlebter Fall:

Wegen Hochwasser-Katastrophenalarm nur noch Notbetrieb!, begrüßte mich eines Morgens im Juni 2013 ein Schild am Eingang des Amtsgerichts. Mir waren aus den Medien tagelange heftige Regenfälle bekannt und die daraus resultierende Gefahr, dass Flüsse über die Ufer treten könnten. Durch Dessau fließt die Mulde, an der bereits Sandsäcke aufgeschichtet wurden.

Nur was bedeutet Notbetrieb?, fragte ich mich. Also rief ich den Direktor an und fragte ihn genau das. In seiner Welt stören Richter nur, und das lässt er einen deutlich spüren.

»Ich verstehe Ihre Frage nicht«, antwortete er in herablassendem Tonfall.

»Ich möchte gerne wissen, ob ich morgen meine Sitzung durchführen kann oder nicht.«

»Das müssen Sie im Rahmen Ihrer richterlichen Freiheit selbst entscheiden.«
Da war er, der liebste Abwimmelsatz des Direktors.
»Tut mir leid, es geht hier nicht um die richterliche Freiheit. Ich muss wissen, ob das Amtsgericht morgen geöffnet ist, ob Geschäftsstelle, Wachtmeister, Protokollantinnen und Zahlstelle arbeiten.«
Der Direktor legte auf, bevor ich weiter erklären konnte, dass ich auf all diese Dinge keinen Einfluss habe, richterliche Freiheit hin oder her.
In der richterlichen Kaffeerunde traf ich auf zwei weitere Kollegen, die ebenfalls beim Direktor abgeblitzt waren. Da sich unser Hausherr offensichtlich nicht mit dem Problem auseinandersetzen wollte, versuchten wir, den Präsidenten des Landgerichts zu erreichen. Weder er noch sein Vertreter waren erreichbar. Schließlich entschieden wir drei Richter, unsere Verhandlungen am nächsten Tag durchzuführen. Die Deiche brachen nicht, und das Amtsgericht wurde auch nicht überflutet. Nur fragten Anwälte und andere Prozessbeteiligte verwirrt, was es mit dem Schild Notbetrieb auf sich hätte. Das weiß niemand, nicht einmal der Direktor, war unsere Antwort.

Was ist das Schlimmste am Richterdasein?

Aktenstaub zu inhalieren

Ein Richter muss vor allem viel lesen. Hunderte Seiten dicke vergilbte Akten zu lesen bringt keinen Spaß.

An einem Montagmorgen tragen mir zwei Wachtmeister einen Umzugskarton ins Dienstzimmer. Obenauf liegt eine mit einem Stoffgürtel zusammenschnürte vierbändige Akte. Ein Band umfasst durchschnittlich 250 Seiten. Ich mache mich also daran, die insgesamt 1000 Seiten zu lesen, und öffne den Gürtel. Nach dem staatsanwaltlichen Aktenzeichen ist der Fall drei Jahre alt. Die zerfledderte Akte muss bei irgendwem länger auf der Fensterbank gelegen haben, so vergilbt ist sie auf der Vorderseite. Nach dem Aktendeckel handelt es sich um vier Angeschuldigte. Als Richter beginnt man Akten von hinten zu lesen. Am Schluss von Band 4 finde ich, was ich suche: die Anklageschrift. Den vier Angeschuldigten wird Zigarettenschmuggel im großen Stil vorgeworfen. Sie sollen unversteuerte Zigaretten kartonweise von Weißrussland über Polen nach Deutschland geschmuggelt haben. So ist es kein Wunder, dass es sich bei den Angeschuldigten um Russen handelt. Sie haben bisher von ihrem Schweigerecht Gebrauch gemacht und werden von einer bekannten Konfliktverteidigerkanzlei vertreten. Das lässt Geständnisse unwahrscheinlich, eine lange und schwierige Beweisaufnahme aber wahrscheinlich werden. Also muss ich mich in die Akte einlesen, um mir über die Beweislage klar zu werden. Sind die Angeschuldigten hinreichend verdächtig, sodass ich das Hauptverfahren eröffnen kann? Mit welchen Beweismitteln können sie in der Hauptverhandlung überführt werden?

Als ich Band 1 aufschlage, kribbelt mir Aktenstaub in der Nase. Der Zoll hatte vor drei Jahren zwei Kleinverkäufer auf einem Supermarktparkplatz erwischt.

Sie benannten einen Dimitri als ihren Lieferanten. Von ihm hatten sie nur eine Telefonnummer, keinen Nachnamen und keine Adresse. Es wurde beim Gericht eine Telefonüberwachung beantragt. Da es sich um ein inzwischen gewechseltes Prepaidhandy handelt, führt die Spur zu nichts.

Der Zoll beobachtet die einschlägigen Supermarktplätze. Nach ein paar Wochen sehen sie einen Mann, auf den die Beschreibung von Dimitri passt, der einem Kleinverkäufer ein paar Stangen Zigaretten liefert. Jetzt haben sie ein Autokennzeichen. Doch Halterin ist eine junge Studentin. Weitere Ermittlungen in ihrem Umfeld bringen nichts. Ein Zollbeamter findet aber schließlich auf Facebook heraus, dass Dimitri der Freund der Halterin ist.

Der Zoll beginnt jetzt eine groß angelegte Überwachung von Dimitri. Seine wechselnden Handys werden abgehört, das Auto seiner Freundin wird mit einem Peilsender versehen. Außerdem werden er und seine Freundin observiert. Für all dies braucht es richterliche Beschlüsse, deren Beantragung und Erlass die Seiten füllen.

Mit Band 2 geraten durch die Telefonverbindungen zwei weitere Beschuldigte in das Visier der Ermittler. Auch für sie werden Beschlüsse beantragt, um sie zu überwachen. Alle vier verhalten sich äußerst konspirativ und sprechen nur russisch miteinander. Die mitgeschnittenen Telefonate müssen übersetzt werden.

Es kristallisieren sich Verbindungen der Bande nach Weißrussland und Polen heraus. Die Schmuggelware wird offensichtlich in Russland hergestellt und über Polen nach Deutschland eingeführt. Der Zoll wendet sich mit Amtshilfeersuchen an beide Länder. Weißrussland antwortet gar nicht, Polen schreibt, ihnen seien der Zigarettenschmuggel und die Beteiligten unbekannt. Was der Zoll gerne macht, ist, Aktenvermerke zu schreiben. Auch dann, wenn es nichts Neues zu berichten gibt. Oft werden einfach nur Rücksprachen mit Vorgesetzten wiedergegeben. Auch diese als Ermittlungen getarnten Tätigkeitsnachweise muss ich lesen. Skurril wird es, wenn Urlaube und Krankenstände einzelner Zollbeamter vermerkt werden. Was hat so etwas in einer Ermittlungsakte zu suchen, frage ich mich.

Die Bande wird weiter observiert. In Band 3 gerät als Übergabepunkt ein Waldstück im deutsch-polnischen Grenzgebiet in den Fokus. Der Zoll kann das Umladen von Kartons von einem Pkw in den der Studentin beobachten. Verdeckt gemachte Fotos zeigen die Übergabe. Nach dem Vermerk des Zolls soll es sich um Kartons voller unversteuerter Zigaretten handeln. Eine gewagte Schlussfolgerung, denke ich, denn den unbeschrifteten Kartons ist ihr Inhalt nicht anzusehen. Die Verteidiger würden diese Unterstellung in der Luft zerreißen. Das dämmert irgendwann auch dem Zoll, und sie beschließen den Zugriff bei der nächsten Übergabe.

Auf den folgenden 60 Seiten werden die ergebnislosen Ermittlungen der nächsten zwei Monate vermerkt. Mal ist den mitgeschnittenen Telefonaten nicht eindeutig genug eine geplante Übergabe zu entnehmen, mal verliert der Zoll den Funkkontakt zum Peilsender am Auto. Einmal war offensichtlich eine Übergabe geplant, wegen Urlaub und Krankheit konnte der Zoll aber keinen Zugriff durchführen.

Band 4 startet dann fulminant mit einem groß angelegten Zugriff. Der Zoll hatte sich mit einem Dutzend Beamten in dem fraglichen Waldstück versteckt. Die Umladung der Kartons von einem Pkw mit polnischen Kennzeichen in das Auto der Studentin wird beobachtet und fotografiert. Als die Zollbeamten aus ihren Verstecken springen, gelingt dem Fahrer des polnischen Pkws die Flucht. Die vier Bandenmitglieder können jedoch festgenommen werden. In den Kartons befinden sich tatsächlich unversteuerte Zigaretten.

Damit ist der Bande eine Tat nachgewiesen, angeklagt sind aber vier. Mir schwant Böses, als ich den Beweismittelkarton öffne. In ihm befinden sich etwa 30 Sonderbände. Mehrere enthalten Abschriften und Übersetzungen der abgehörten Telefonate. Die Bande hat sich nur verklausuliert unterhalten. »Bring mal zehn rote« ist nach Lesart des Zolls der Auftrag, zehn Kartons Marlboro zu liefern. Für eine Verurteilung dürfte das nicht reichen. Andere Sonderbände enthalten Protokolle und Fotos der Observationen. In einem Band wird das Treffen von Dimitri mit einem anderen Russen dokumentiert. Sie verschwinden gemeinsam in einem Zoogeschäft. Ein konspiratives Treffen, das der Verabredung der nächsten Lieferung dient, schreibt der Zoll. Mag sein. Nicht dokumentiert ist jedoch der Inhalt des Gesprächs im Zooladen. In anderen Bänden wurden mit viel Mühe Bewegungsprofile der Angeschuldigten angefertigt. Öfter ging es in Richtung polnische Grenze. Natürlich sind sie zu dem Übergabepunkt im Wald gefahren, schreibt

der Zoll. Vielleicht besuchen sie auch einfach nur gern Polenmärkte, denke ich.
Mich hat das Aktenstudium einen ganzen Tag gekostet. Die Beweislage ist außer in dem Fall des Zugriffs dünn. Und 90 Prozent des Gelesenen werden sich später bei der Verhandlung als überflüssig herausstellen.

Entscheidungen treffen zu müssen
Manchmal ist der Fall schwierig, und seine Lösung liegt im Nebel verborgen. Beispielsweise bei Konstellationen, in denen Aussage gegen Aussage steht. Entscheiden muss ich trotzdem. Manchmal bekommt man nachträglich ein schlechtes Gewissen, ob man auch die richtige Entscheidung getroffen hat.

Dauernd belogen zu werden
Jedenfalls der Angeklagte darf lügen. Andere Prozessbeteiligte nehmen es mit der Wahrheit auch nicht immer so genau. Es ist unerfreulich und zermürbend, jeden Tag von jemandem angelogen zu werden.

Die Anklage lautete auf räuberischen Diebstahl. Zwei Männer und eine Frau hatten einen Dessauer Elektronikmarkt aufgesucht. Sie hatten eine Klautasche dabei, eine zwischen zwei Schichten Packpapier eingearbeitete Alufolie schirmte die Sicherheitsetiketten an den Waren ab, damit bei Verlassen des Geschäfts der

Alarm nicht losgeht. Während die Frau den Verkäufer der Computerabteilung ablenkte, hielt ein Mann die Klautasche auf, und der andere ließ ein Dutzend Tablets darin verschwinden. Doch der Ladendetektiv hatte den Diebstahl auf dem Monitor der Überwachungskamera beobachtet und fing das Trio hinter der Kasse ab. Sie ergriffen sofort die Flucht. Dem Detektiv gelang es noch, den Mann mit der Tasche festzuhalten. Er wehrte sich heftig mit Schlägen. Erst als zwei weitere Mitarbeiter zu Hilfe kamen, gelang es ihnen zu dritt, den Dieb zu überwältigen. Es handelte sich um einen einschlägig vorbestraften Georgier. Die Mitarbeiter des Elektromarktes konnten auf Wahllichtbildern auch die anderen beiden Täter identifizieren. Das Trio hatte schon mehrfach in anderen Geschäften bundesweit Waren mitgehen lassen.

Sandro Kapanadze sitzt alleine auf der Anklagebank, seine beiden Mittäter waren untergetaucht. Er hat schwarze Haare, trägt eine grüne Bomberjacke zu Jeans und sieht deutlich älter als seine 31 Jahre aus. Den Vorwurf der Anklageschrift, Mitglied einer georgischen Diebesbande zu sein, bestreitet er. Ich führe ihm das Überwachungsvideo vor, auf dem zu sehen ist, wie das Trio gemeinsam den Markt betrat. Nein, die Frau und den Mann kenne er nicht. Sie hätten nur zufällig zur gleichen Zeit den Laden betreten. Ich frage erstaunt nach, denn der ihm angeblich unbekannte Mann hat die Tablets in seine Tasche gesteckt. Unter Landsmännern sei man hilfsbereit, aber er kenne ihn nicht. Den Diebstahlsvorwurf streitet er ebenfalls ab. Die Tablets habe er für ein Kinderheim in seiner Heimat kaufen wollen. Dummerweise habe er seine Brieftasche in seinem Auto vergessen. Er wollte die Tablets nur schnell in seinen Kofferraum legen und dann zum Bezahlen zurückkommen. Ich halte ihm die Klautasche vor. Aber nein, selbstverständlich wollte er nicht den Alarm austricksen. Die Tasche habe er für den Fischeinkauf mit Alufolie ausgekleidet, damit der schön frisch bleibt. Ich habe genug von seiner Märchenstunde, und das Schöffengericht verurteilt ihn zu einem Jahr neun Monate Freiheitsstrafe.

Hammer, Perücke & Co.

»Hast du auch einen Hammer, trägst eine Perücke und brüllst ständig Ruhe im Gerichtssaal?«, ist eine typische Partyfrage. Der Fragesteller verwechselt offenbar die Realität deutscher Strafjustiz mit einem Gerichtsfilm aus Hollywood.

Kostenlose Rechtsberatung

Nach dem Bodypump-Kurs durchgeschwitzt, ging ich unter die Dusche. Ich hatte mich gerade eingeseift, da sprach mich ein Mitsportler an. Mit seiner Glatze sah er aus wie Meister Proper, nur fehlten ihm dessen Muskeln. Stattdessen hatte er einen Bierbauch. »Ich habe der Cindy die Titten machen lassen. Mörder-Hupen, musst du wissen.« Mit den Händen zeigt er etwas, was wohl Körbchengröße D entsprechen soll.

»Jetzt hat sie mich verlassen, und ich will die Kohle wiederhaben.«
»Du wolltest die Brustvergrößerung?«
»Ja, sie hatte so kleine. Das war nicht mein Ding. Aber die neu Gemachten waren rattenscharf. Willst du Fotos sehen?« Er zeigte in Richtung seines Spindes, in dem sich vermutlich sein Handy mit Beweisbildern befand.
Ich schüttelte nur den Kopf. Das konkrete Aussehen der aufgetunten Brüste wäre ohne rechtliche Relevanz.
»Soll ich sie verklagen?«
»Verlobt? Verheiratet?«
»Nee.«
Ich überlegte kurz, woraus sich hier ein Rückzahlungsanspruch ergeben sollte.
»Hast du einen Darlehensvertrag mit ihr abgeschlossen?«, fragte ich.
»Bist du bescheuert? Zu der Zeit waren wir Big in Love. Natürlich haben wir keinen Vertrag.«
Es war für mich naheliegend, dass Cindy eine Schenkung behaupten würde.
»Dann kannst du das Geld abschreiben.«
»Das kann nicht dein Ernst sein.«

Regelmäßig wird man von Freunden, Bekannten und Nachbarn um eine kostenlose Rechtsberatung gebeten. Sie wollen sich die Anwaltskosten sparen. Nein danke, kann ich da nur sagen. Die Akten im Gericht reichen mir als juristische Beschäftigung vollkommen aus. Abends und am Wochenende finde ich die Rechtsprobleme anderer eher wenig entspannend.

Negatives Menschenbild
Als Richter wate ich durch den Sumpf des Schlechten und erlebe nur selten etwas Gutes. Ich werde mit den Schattenseiten des Lebens konfrontiert. Ich erlebe keine frisch verliebten glücklichen Paare, sondern nur welche, die sich einen Rosenkrieg um die Scheidung und die Kinder liefern. Ich erlebe nicht den optimistischen Firmengründer mit tollen neuen Geschäftsideen, sondern schicke den Insolvenzverwalter zu der gerade pleitegegangenen Firma. Und ich erlebe ganz viele Leute, die etwas Böses getan haben und mit einem Bein im Gefängnis stehen. Dazu die Opfer, die teilweise für den Rest ihres Lebens gezeichnet sind. Verbrechen zeigen die hässliche Seite des Menschen. Es bleibt nicht aus, dass die ständige Beschäftigung mit dem Bösen im Lauf der Zeit zu einem nicht mehr ganz so positiven Menschenbild führt.

In drei Schritten zum Halbgott in Schwarz

Um Richter zu werden, bedarf es dreier Schritte. Sie müssen dafür Jura studieren, ein Referendariat und nach Einstellung als Richter eine Probezeit absolvieren. Und nach etwa zehn Jahren sind Sie Richter auf Lebenszeit.

Jura ist leicht – das Jurastudium
Ein Jurastudium dauert im Schnitt fünf Jahre. Wer es absolvieren will, muss über eine Menge Sitzfleisch verfügen und in der Lage sein, sich sinnlose Fakten dauerhaft merken zu können. Diese bestehen in einer Million Paragrafen samt aller Auslegungen und Theorien dazu. Die Beschränkung

darauf hat aber den Vorteil, dass sich der Student mit Zivil- und Strafprozessordnung, Beweiswürdigung, dem Schreiben von Urteilen und anderen schwierigen Sachen noch nicht herumschlagen muss. Das Tolle am Jurastudium ist, dass ausschließlich feststehende Sachverhalte rechtlich zu begutachten sind. Das ist der genaue Gegensatz zum späteren Berufsleben, in dem die Kunst darin besteht, herauszufinden, was überhaupt passiert ist.

Rechtsgebiete gibt es so viele wie Sandkörner am Sylter Strand. Um das Studium übersichtlich und einfach zu halten, werden im Jurastudium nur drei unterrichtet.

Das Zivilrecht regelt das Verhältnis der Bürger untereinander. Kauf-, Miet- und Werkverträge sollten niemanden intellektuell überfordern. Beim Strafrecht geht es um Verbrechen und deren Bestrafung. Wer regelmäßig Fernsehkrimis anschaut, wird in den Strafrechtsvorlesungen wenig Neues erfahren. Das Öffentliche Recht regelt das Verhältnis zwischen Bürger und Staat. Ein leicht zu merkender Grundsatz lautet: »Im Zweifel hat die Behörde immer recht.«

Unterrichtet wird Jura in Vorlesungen. 250 oder mehr Studenten hören einem Professor zu, der monoton einen Text vorliest, vorzugsweise aus seinem eigenen Buch oder Skript. Der Lerneffekt und der Unterhaltungswert sind überschaubar groß.

Manche Jurastudenten besuchen neben Vorlesungen zusätzlich die Bibliothek. Dort befinden sich kilometerlange, berstende Regale voller halb verwester Jurabücher bzw. deren digitale Äquivalente. Von morgens bis abends sitzen die partner- und fernseherlosen Streber dort und lesen sich unnützes Wissen an – brauchen werden sie es später nicht.

Ziel der universitären Ausbildung ist, die Studenten auf einen Level zu bringen, der es ihnen erlaubt, erfolgreich einen Repetitor zu besuchen. Dies ist ein Einpauker, der dem Studenten gegen Bezahlung Jura beibringt. Im Unterschied zu den weltentrückten Professoren unterrichtet er den examensrelevanten Stoff und versteht sogar etwas von Didaktik. Dort die Jura-Basics beigebracht zu bekommen dauert etwa ein Jahr. 90 Prozent der Jurastudenten gehen zum Repetitor, der Rest fällt im Examen durch.

Am Ende des Studiums wird die Erste juristische Prüfung absolviert. Sie besteht aus Klausuren und einer mündlichen Prüfung.

Vom Theoriehansel zum Praktiker – das Referendariat

Nach bestandenem erstem Examen wird der Halbjurist als Referendar eingestellt. Er erhält sogar Geld dafür, obwohl er nichts leistet. Das Referendariat dauert zwei Jahre und kann nicht zur Bewährung ausgesetzt werden. Es sind vier Pflichtstationen, nämlich eine Straf-, Zivil-, Verwaltungs- und Anwaltsstation mit einer Dauer von drei bis neun Monaten zu absolvieren. Anschließend folgt eine Wahlstation.

Das Referendariat findet am Arbeitsplatz statt, also in Gerichten, Behörden und Kanzleien. Der Referendar erlebt nach Jahren Theorie einen Praxisschock. Erstmals wird er mit echten Menschen und echten Fällen konfrontiert. Erschüttert stellt er fest, dass 90 Prozent seines im Studium angehäuften Wissens in der Praxis völlig nutzlos sind, ihm dafür aber 90 Prozent der jetzt benötigten Kenntnisse fehlen. Aber keine Angst. Die paar Grundkenntnisse in den Prozessordnungen sind in parallel laufenden Arbeitsgemeinschaften schnell erlernt. Schon bald kann der Referendar auf die Menschheit losgelassen werden. Bei der Staatsanwaltschaft wird er zu Hauptverhandlungen geschickt und darf selbst Angeklagte ausbellen und Plädoyers vor den Geschworenen halten.

Das Referendariat endet mit der Ablegung der zweiten Staatsprüfung. Dies ist eine Wiederholung des ersten Examens, nur durch eine kleine Prise Prozessrecht gewürzt. Danach ist der Kandidat Volljurist und hat die Befähigung zum Richteramt.

Die Probezeit

Früher brauchte der Jungjurist zwei vollbefriedigende Examen, um als Richter eingestellt zu werden. Da der Staatsdienst als zunehmend unattraktiv empfunden wird, genügen heute oft auch mittelmäßige Noten. Der Kandidat wird dann zunächst »Richter auf Probe«. In der dreijährigen Probezeit muss er sich in der Praxis bewähren. Ein typischer Ablauf der Probezeit sieht so aus: ein Jahr Staatsanwaltschaft sowie jeweils ein Jahr Amts- und Landgericht. Über den drei Jahren hängt das Damoklesschwert der Entlassung. Der »Proberichter« kann fast ohne Gründe entlassen werden. Er wird regelmäßig von seinem Vorgesetzten beurteilt. Das klingt schlimmer, als es ist. Der Proberichter muss eigentlich nur zwei Dinge beweisen. Er ist zu einem devoten Verhalten gegenüber Vorgesetzten sowie zur Abarbeitung großer Aktenberge in der Lage. 99 Prozent aller Proberichter schaffen das. Dann haben sie den Heiligen Gral erlangt: die Ernennung zum Richter auf Lebenszeit.

»Dauert das alles nicht schrecklich lange?«, haben Sie sich nach der Schilderung der Richterausbildung vielleicht gefragt. Überhaupt nicht. Vom ersten Studientag bis zur Ernennung auf Lebenszeit sind es schlappe zehn Jahre, wovon der Richter in spe die ersten vier schlafend in der letzten Reihe des Hörsaals verbracht hat.

Beförderungen

Die Besoldungsordnung R gibt die Karrierestufen vor. Der frisch ernannte Lebenszeitrichter ist R1, also Richter am Amtsgericht oder Beisitzer am Landgericht. Die Stufen reichen bis R10, Präsident eines Bundesgerichts. Zum Aufstieg muss der Richter eine Erprobung bei einem Obergericht oder einem Justizministerium absolvieren. Nur wer sehr anpassungsfähig und devot ist, besteht das sogenannte dritte Staatsexamen. Dafür wird er mit einer Beförderung zu R2 belohnt, das ist ein Amtsgerichtsdirektor, Vorsitzender Richter am Landgericht oder Beisitzer am Oberlandesgericht. Finanziell bringt die Beförderung nur etwa 400 Euro netto. Solche Beförderungen werden nicht wegen des höheren Gehalts, sondern wegen des klangvollen Titels angestrebt. Direktor des Amtsgerichts klingt deutlich besser als Richter am Amtsgericht.

Als Nächstes folgt R3: ein Vorsitzender Richter am Oberlandesgericht oder ein Vizepräsident des Landgerichts. Von beiden Stellen gibt es je Bundesland nur eine Handvoll. Die Stelle des Präsidenten des Oberlandesgerichts (R6) ist in jedem Bundesland nur einmal vertreten, die des Präsidenten des Bundesgerichtshofs (R10) bundesweit genau ein Mal. Deshalb bleiben die weitaus meisten Richter auf den Stufen R1 und R2 stehen. Jenseits R2 spielt für die Beförderungen auch zunehmend nicht mehr die juristische Kompetenz, sondern die Parteipolitik eine Rolle.

Eine kleine Richtertypologie

In den Gerichten begegnen Ihnen verschiedene Richtertypen.

Der Karrierist

Er ist schon von Weitem an seinem Anzug mit Krawatte und seinem forschen Gang zu erkennen. Nie würde er wie manche Kollegen in Freizeitkleidung im Gericht erscheinen. Die Tinte auf seiner Ernennungsurkunde zum Richter auf Lebenszeit ist noch nicht trocken, da nimmt der Gerichtspfau sich die Besoldungsordnung und plant seine weitere Richterkarriere. Sie beginnt mit R1 – Richter am Amts- oder Landgericht – und endet mit R10, Präsident eines Bundesgerichts. Er ist jetzt 30 Jahre alt und ärgert sich, dass das Mindestalter für Richter am Bundesverfassungsgericht 40 Jahre beträgt. Eine Senkrechtstarterkarriere sieht anders aus. Er erledigt seine Verfahren professionell, effizient und geräuschlos. Gegenüber dem Präsidenten zeigt er sich devot bis zur Selbstaufgabe, die Bürger und ihre Anwälte lässt er durchaus spüren, dass er zu Höherem berufen ist. Sie empfinden ihn als herablassend und arrogant. 20 Jahre später trägt er vielleicht einen glanzvollen Titel wie Senatsvorsitzender oder Präsident. Wahrscheinlicher ist er aber ein ganz gewöhnlicher Trinker geworden, weil es mit der großen Justizkarriere nichts geworden ist. Statt von einer roten Robe träumt er nun von einer Lebertransplantation.

Richter Gnadenlos

Den Spitznamen »Richter Gnadenlos« hat Ronald Schill populär gemacht. Gemeint sind damit hart urteilende Strafrichter.

Schill hatte beispielsweise eine Autokratzerin zu zweieinhalb Jahren Haft verurteilt.[4] Aber scharfe Richter gab es schon vor und gibt es auch nach Schill. Sie halten nichts von Resozialisierung und setzen auf Abschreckung durch harte Strafen. Wer vor ihnen landet, muss mit der Höchststrafe rechnen. Flankiert wird das durch markige Sprüche. So richtig zur Hochform laufen diese Law-and-Order-Fetischisten auf, wenn Presse im Gerichtssaal anwesend ist oder sie zu Talkshows eingeladen werden. Nachdem sie sich dort für die Wiedereinführung der Todesstrafe eingesetzt haben, sind sie als Richter nicht mehr tragbar und müssen als Innenminister wegbefördert werden.

Tante Gnädig

»Überfall, Geld und Zigaretten her!«, rief Lukas zu der Kassiererin und hielt ihr eine Schreckschusspistole vors Gesicht. Der 14-jährige Lukas und der 17-jährige Justin hatten sich zu dem Überfall auf eine Tankstelle in Dessau Süd entschlossen, weil sie Geld für Drogenschulden brauchten. Die ebenfalls jugendliche Kassiererin hielt die Pistolen für echt, obwohl es sich tatsächlich nur um eine Schreckschusspistole und eine Softairpistole handelte. Sie gab wie gefordert Geld und Zigaretten heraus. Die Angeklagten erbeuteten 710 Euro Bargeld und 112 Zigarettenschachteln im Wert von 610 Euro. Anschließend flüchteten sie.

Die 19-jährige Kassiererin arbeitete in der Tankstelle in Vorbereitung einer Ausbildung als Verkäuferin zur Probe. Zum ersten Mal in ihrem Leben schaute sie in den Lauf einer Waffe. Sie wurde durch den Raubüberfall traumatisiert und konnte die Ausbildung nicht antreten. Noch drei Jahre nach dem Überfall leidet sie darunter.

Auf schweren Raub steht gemäß § 250 Abs. 2 Strafgesetzbuch eine Mindestfreiheitsstrafe von fünf Jahren. Doch im Jugendstrafverfahren gelten die gesetzlichen Strafrahmen nicht. Der Grundsatz »Erziehung vor Strafe« gibt der Jugendrichterin die Möglichkeit, ganz erheblich nach unten abzuweichen. Die beiden Täter wurden wegen schweren Raubes zu einer Jugendstrafe von einem Jahr und zwei Monaten auf Bewährung verurteilt. Außerdem wurde gegen sie ein Jugendarrest von einer Woche verhängt. Während ein Erwachsener für einen schweren Raub ca. sechs bis sieben Jahre ins Gefängnis gewandert wäre, bekommen Jugendliche dafür nur Bewährung und eine Woche Jugendarrest; Letzteres, damit es nicht ganz so aussieht, als hätten sie gar keine Strafe bekommen. Vollstreckt wurde er allerdings nie.

Tante Gnädig ist das Gegenteil von »Richter Gnadenlos«. Statt zu strafen, sagt die Jugendrichterin: »Du!, du!, du! Nicht noch einmal der Oma eins mit dem Baseballschläger über den Kopf ziehen! Das macht man doch nicht!« Tante Gnädig hat viel Verständnis für jeden Angeklagten, zumal sie alle eine schwere Kindheit hatten oder zumindest gehabt haben könnten. In Zweitstudium hat sie Pädagogik studiert und kennt sich damit aus. Kuscheljustiz statt Knast lautet ihr Motto. Sie hat eine große Schar Fans, die durch Wiederholungstaten immer wieder zu ihr ins Klassenzimmer kommen.

Das lächelnde Fallbeil
Jovial und lächelnd eröffnet dieser Richter seine Verhandlung. Der Angeklagte spürt sein Wohlwollen. Der erste Robenträger, der sich wirklich für ihn interessiert. Er gesteht deshalb umfassend und beantwortet auch alle Fragen wahrheitsgemäß. Sein verständnisvoller Richterfreund wird schon Gnade vor Recht ergehen lassen. In Wirklichkeit hat er es mit einem hinterlistigen Richter zu tun, der hinter der Maske der Freundlichkeit nur alle Anklagepunkte abhaken will. Das merkt der Angeklagte aber erst, wenn das Fallbeil in Form einer harten Verurteilung fällt.

Der gottgleiche Richterkönig
Das Richtersyndrom »Ich hab immer recht« hat sich bei ihm zu einem Unfehlbarkeitswahn im Endstadium entwickelt. Im Laufe der Jahre hat er sich abgewöhnt, Gesetze und Rechtsprechung zur Kenntnis zu nehmen. Schließlich verfügt er über ein unschlagbares Judiz, das ihn befähigt, jeden Fall auch so zu lösen. Er allein weiß, was richtig und falsch ist. Er träumt davon, seine schwarze gegen eine rote Robe einzutauschen, gern auch mit Zepter und Krone. In der Verhandlung gibt er sich selbstherrlich und hört am liebsten nur sich selbst reden. Wehe dem, der es wagt, ihm zu widersprechen.

Der Doktor-Richter
Er war lange Jahre wissenschaftlicher Mitarbeiter eines Professors, während er parallel an seiner Dissertation schrieb. Das wissenschaftliche Arbeiten kann er auch als Richter nicht lassen. Jedes seiner Urteile hält rechtswissenschaftlichen Maßstäben stand. Akribisch und mit vielen Zitaten gespickt, werden alle wirklichen und eingebildeten Rechtsprobleme abgearbeitet.

Unter 50 Seiten geht nicht einmal ein Parkplatzunfall raus. Das besonders sorgfältige Arbeiten dauert nur leider etwas länger, weshalb der Doktor-Richter statt der geforderten 600 Fälle pro Jahr nur einige wenige erledigen kann. Am Amts- und Landgericht, wo es darum geht, die Aktenflut irgendwie zu bewältigen, kann mangelnde Praxistauglichkeit deshalb zum Problem werden. Den Rechtssuchenden tröstet bei jahrelanger Verfahrensdauer die Aussicht wenig, am St. Nimmerleinstag vom Akademiker ein Urteil auf Dissertationsniveau zu bekommen.

Das richterliche Faultier

Sein Ziel ist es, sich so wenig Arbeit wie möglich zu machen. Dank seiner richterlichen Freiheit kann er dann schon mittags nach Hause gehen, um sich dem Golfspielen, seiner Schneckenzucht oder einem anderen interessanten Hobby zu widmen.

»Wollen Sie sich nicht vergleichen?«, fragt der Zivilrichter gleich zu Beginn der Verhandlung, denn der Vergleich spart die arbeitsintensive Absetzung eines Urteils. Der Strafrichter bietet einen Deal an oder versucht, das Verfahren einzustellen. Lässt sich das Verfahren nicht auf die eine oder andere Art schnell beerdigen, greift er zu subtileren Methoden der Arbeitsverweigerung. Er pinselt Schiebeverfügungen, verlegt Termine immer wieder und beantwortet auch keine Sachstandsanfragen mehr. Wenn das Dezernat irgendwann abgesoffen ist, beantragt er eine lange Kur und erstattet eine Überlastungsanzeige. Er hofft, ein Proberichter würde das Dezernat während seines Krankenstandes aufräumen.

Der vorbildliche Richter

Er verfügt über hervorragende Rechtskenntnisse und weiß sie in einem fairen Verfahren anzuwenden. Er hat Freude am Umgang mit Menschen, gerade auch mit schwierigen Zeitgenossen. Trotz Zeitmangels kommt bei ihm jeder ausführlich zu Wort. Er gibt jedem das Gefühl, gerecht und unparteilich zu sein. Aufgrund seiner Entscheidungsfreude ist er ein schnell arbeitender Richter, der gerecht und weise oft die richtigen Entscheidungen trifft und nur selten danebenliegt. Seine Gerechtigkeitsliebe hat ihn veranlasst, sein Leben ganz der Juristerei zu widmen. Deshalb arbeitet er auch spätabends, am Wochenende und in seinem Urlaub.

Der vorbildliche Richter ist jemand, den sich jeder wünscht, und er kommt erstaunlich oft vor.

2

Gewaltmonopol & Gerechtigkeit

Gewaltmonopol statt Blutrache – warum wir eine effektive Strafverfolgung brauchen

Stellen Sie sich vor, Sie würden im Jahr 500 n. Chr. leben. Sie sind das Oberhaupt eines Stammes und haben eine wunderschöne Tochter namens Amalaberga. Theuderich, der älteste Sohn des Anführers eines Nachbarstammes, sucht eine Frau, findet aber keine. Kurzerhand entführt er mit ein paar Männern Amalaberga. Was machen Sie nun als Stammesoberhaupt? Es gibt keine Gesetze, Gerichte und Richter. Wenn jemand Ihnen oder einem Angehörigen ein Leid zufügt, bleibt Ihnen nur die Selbstjustiz. Also nehmen Sie sich ein paar Krieger und machen sich auf zum Nachbarstamm. Doch Theuderich will seine neue Eroberung nicht so einfach hergeben. Es kommt zum Kampf, wobei Theuderich stirbt. Daraufhin schwört dessen Vater Blutrache. Er fällt mit ein paar Kriegern in Ihr Dorf ein und tötet Ihren ältesten Sohn und noch ein paar Ihrer Männer. Nach dem Prinzip »Auge um Auge, Zahn um Zahn …« rächen Sie sich an dem Stammesfürsten und seiner Familie. Diese schreitet wiederum zur Vergeltung. Gewalt führt zu noch mehr Gewalt. Zwei Ihrer

Söhne sterben, der dritte wird verkrüppelt. Schon bald wird das Leben beider Stämme davon beherrscht, sich gegenseitig auszurotten. Bei dieser blutigen Sippenfehde gilt einzig das Recht des Stärkeren. Würden Sie gerne in so einer Welt leben?

Das Zusammenleben in einer Gemeinschaft erfordert Regeln. Die Aufgabe des Strafrechts besteht darin, Frieden und Sicherheit zu gewährleisten, indem es sozialschädliche Verhaltensweisen verbietet. Durch die Androhung von Strafe sollen potenzielle Täter abgeschreckt werden, Straftaten zu begehen. Kommt es dennoch zu Straftaten, sollen diese aufgeklärt werden. Der Schuldige ist zu bestrafen, der Unschuldige freizusprechen. Dies dient auch der Genugtuung der Opfer, die erlittenes Unrecht nicht selbst rächen dürfen, sondern dies dem Staat überlassen müssen. Der durch die Tat gestörte Rechtsfrieden soll wiederhergestellt werden. Denn Kriminalität bedeutet über das verletzte Opfer hinaus, dass unsere Straßen weniger sicher sind, unsere Werte untergraben werden und unsere persönliche Freiheit gefährdet ist.

Das Thema Strafjustiz geht jeden an. Statistisch werden Sie mindestens einmal in Ihrem Leben Opfer einer Straftat. Wie schlimm alltägliche Kriminalität für das Opfer sein kann, wurde mir als junger Richter an diesem Fall bewusst:

Eine Gruppe Spaziergänger war nachts in Dessau nach einem Discobesuch auf dem Heimweg. Drei Rechtsradikale mit einem Pitbull hielten sie für »links« und beschlossen, »die Zecken zu klatschen«. Jan Pretzel wurde von dem Pitbull angefallen, über die Straße gezerrt und von Springerstiefeln ins Gesicht getreten. Sein Nasenbein ist gebrochen. Florian Haffner und Jonas Richter wurden zusammengeschlagen, wobei Florian Haffner bewusstlos wurde. Die Rechtsradikalen schlugen und traten immer wieder zu, bis ein Auto kam und sie flüchteten. Florian Haffner hat zwei Metallplatten im Kopf, sein Jochbein ist zertrümmert, sein Kieferbein gebrochen, sein rechtes Auge hat nur noch 25 Prozent Sehkraft. Ein Ballon wurde in seine Wange implantiert, um den die Knochen angeordnet werden, die wieder zusammenwachsen sollen.

Jan Pretzel und Florian Haffner machten eine Psychotherapie. Sie werden zur Hauptverhandlung von ihrem Therapeuten begleitetet »Ich dachte, die wollten uns umbringen«, sagte Jan Pretzel. Obwohl die Verhandlung über 20 Jahre her ist, kann ich mich immer noch an die Aussage von Florian Haffner erinnern. Der Zeuge schilderte, wie er in Zeitlupe den Springerstiefel auf sein Gesicht zufliegen sah, als er bereits am Boden lag. Er beschrieb detailliert einen schwarzen Springerstiefel mit vertrocknetem Kaugummi im Profil und einem eingetretenen Zigarettenstummel. Das war das Letzte, woran er sich erinnerte, bis er später in der Notaufnahme des Krankenhauses wieder aufwachte. Die Opfer machten auch fünf Monate nach der Tat einen verängstigten Eindruck. Sie sprachen leise und stockend und sahen immer wieder Hilfe suchend zu ihrem Therapeuten. Jan Pretzel traut sich nicht mehr unter Menschen und hat sich vollkommen zurückgezogen. Florian Haffner und Jonas Richter haben sich entschlossen, aus Dessau

wegzuziehen. Ich habe drei Opfer erlebt, die nicht nur körperlich erheblichste Verletzungen erlitten haben, sondern für Jahre traumatisiert wurden.
Grundlos auf dem nächtlichen Heimweg zusammengeschlagen zu werden, das hätte auch mir passieren können, dachte ich nach der Verhandlung. Und ich habe mehrfach von dem schwarzen Springerstiefel geträumt, der mir in Zeitlupe ins Gesicht fliegt.

Jährlich werden eine Million Bürger Opfer einer Straftat.[5] Höchstwahrscheinlich werden auch Sie irgendwann einmal in einem Gerichtssaal sitzen, sei es als Schöffe, Zeuge oder schlimmstenfalls Angeklagter. Vielleicht werden Sie unter Tränen Ihre Unschuld beteuern, während Sie von den Wachtmeistern in Handschellen zu den Zellen im Keller gezerrt werden. Hauptverhandlungen und Strafurteile können Leben für immer ändern. Ehen zerbrechen, Kinder werden von ihren Eltern getrennt, und Menschen werden für Jahrzehnte weggesperrt. Immer wieder bringen sich verzweifelte Häftlinge in den Zellen um. Strafjustiz kann auch nach Abschaffung der Todesstrafe eine Sache von Leben und Tod sein.

Als Bürger gehen Sie davon aus, dass die Strafjustiz funktioniert und mit einer geringen Fehlerquote arbeitet. Sie wollen in einem sicheren Land ohne No-go-Areas leben. Die Kriminalität darf nicht überhandnehmen. Straftaten sollen aufgeklärt, die Schuldigen verurteilt und die Unschuldigen freigesprochen werden. Justizirrtümer, also die Verurteilung Unschuldiger, sollten vermieden werden. Die Aburteilung sollte außerdem zeitnah geschehen. Für jahrelange verschleppte Prozesse haben Sie kein Verständnis. Sie können das alles zu Recht von der Justiz einfordern, denn dafür zahlen Sie Steuern.

Es gibt einen Gesellschaftsvertrag, nach dem der Staat für den Schutz der Bürger zu sorgen hat. Die früheren archaischen Prinzipien, wie das »Recht des Stärkeren« oder »Auge um Auge, Zahn um Zahn«, sollen nicht mehr gelten. Das staatliche Gewaltmonopol besagt, dass der Bürger darauf verzichtet, selbst Gewalt auszuüben, etwa im Rahmen der Selbstjustiz. Der Bürger soll seine tatsächlichen oder vermeintlichen Rechte und Ansprüche nicht selbst mit Gewalt durchsetzen, sondern das dem Staat überlassen. Das funktioniert aber nur, wenn der Staat diese Aufgabe zuverlässig erfüllt. Wenn Verbrecher ihrer gerechten Strafe entgehen, spürt das nicht nur das Opfer. Ein Versagen der Strafjustiz betrifft die ganze Gesellschaft. Wenn Kriminelle nicht mehr effektiv verfolgt werden oder es zu viele Fehlurteile gibt, schwindet auch das Vertrauen in den Rechtsstaat. Manch einer wird sich überlegen, keine Straftaten mehr anzuzeigen oder erlittenes Unrecht selbst zu vergelten. Selbstjustiz und Anarchie wären die Spätfolgen. Genau das ist die Aufgabe eines Strafrichters, das Abrutschen der Gesellschaft in moralischen Verfall und Anarchie zu verhindern.

Man kann ohne Übertreibung sagen, dass eine funktionierende Strafjustiz eine der tragenden Säulen einer friedlichen demokratischen Gesellschaft ist.

Wir alle wollen Gerechtigkeit, aber gerecht ist nur der Tod

Das Leben an sich ist extrem ungerecht. Mancher wird mit einem goldenen Löffel im Mund geboren, andere wachsen in einem Asozialenhaushalt auf. Der Nachbar hat zum dritten Mal im Lotto gewonnen, während man selbst seit 30 Jahren nur Nieten zieht. Einigen haben die Gene das Aussehen eines Supermodels beschert, während es bei anderen nicht mal zum Aschenbrödel reicht. Der intelligente und fleißige Mitarbeiter wird bei jeder Beförderung übergangen, während ein Dünnbrettbohrer die Karriereleiter hochgeschoben wird. Eine erst 21-jährige Frau bekommt unheilbaren Krebs, eine andere erfreut sich noch mit 90 Jahren bester Gesundheit. Ungerechtigkeiten, wohin man blickt. Nur der Tod ist dann wieder gerecht, weil er uns alle ereilt.

Der Begriff der Gerechtigkeit ist gleichzeitig von überragender Bedeutung und völlig unscharf. Gerechtigkeit wird als Grundnorm menschlichen Zusammenlebens betrachtet. Ich habe meinen Richtereid darauf geschworen, »nur der Wahrheit und Gerechtigkeit zu dienen«. Für sie zu sorgen ist die vornehmste Aufgabe der Justiz. Dies wird schon durch die Justitia deutlich, die vor vielen Gerichten steht. Die Göttin der Gerechtigkeit trägt eine Augenbinde, das heißt, sie spricht Recht ohne Ansehen der Person. Sie hält eine Waage in der Hand, mit deren Hilfe sie Für und Wider gegeneinander abwiegt. Das erhobene Richtschwert steht schließlich dafür, dass das Recht mit der nötigen Härte durchgesetzt wird. Doch im Gesetz wird die Gerechtigkeit nirgends definiert.

Allein die Existenz einer Rechtsordnung bildet den Grundtatbestand der Gerechtigkeit, denn ohne sie würde reine Willkür herrschen. Durch Gesetze erhält der Bürger Rechtssicherheit und Handlungsspielräume aufgezeigt. Daneben ist die Schaffung von Gerichten bei gleichzeitigem Verbot von Selbstjustiz ein wesentlicher Schritt von Gerechtigkeit. Das Gerichtsverfahren muss dann auch gerecht ausgestaltet sein. Der Richter soll unparteilich sein. Er hat den Sachverhalt vollständig aufzuklären, die Verfahrensregeln einzuhalten und allen Beteiligten rechtliches Gehör zu gewähren. Die Verhandlungen sind öffentlich. Und es stehen Rechtsmittel zur Verfügung, um falsche Entscheidungen zu korrigieren.

Es gibt keine allumfassende gesetzliche Definition der Gerechtigkeit. Der Gesetzgeber verwendet den unscharfen

Begriff der Gerechtigkeit auch in den einzelnen Gesetzen nicht. Und doch gibt es Paragrafen, die ausdrücken, was der Gesetzgeber sich unter Gerechtigkeit vorstellt. So wird in Artikel 3 Grundgesetz postuliert: »Alle Menschen sind vor dem Gesetz gleich.« Der Gleichheitsgrundsatz ist eine der tragenden Säulen der Gerechtigkeit. Im Strafrecht soll nur der Schuldige bestraft, Unschuldige aber sollen freigesprochen werden. Weiter wird Gerechtigkeit durch Verhängen der schuldangemessenen Strafe geschaffen. Die Kriterien dazu finden sich in § 46 Strafgesetzbuch.

»Was für ein ungerechtes Urteil!«, titeln Zeitungen bei als zu mild empfundenen Strafen. Journalisten glauben auch ohne juristisches Wissen und Aktenkenntnis ganz genau zu wissen, was gerecht oder ungerecht ist. Was Bürger für Gerechtigkeit halten, hängt von ihrer Sichtweise ab. Das Opfer wird eine hohe Strafe als gerecht empfinden, während der Täter sie als ungerecht brandmarkt. Das gilt umgekehrt natürlich auch. Wenn Urteile in der Öffentlichkeit kritisiert werden, steckt meist nur eine »gefühlte Gerechtigkeit« dahinter. Das subjektive Gerechtigkeitsgefühl jedes Einzelnen kann der Richter nicht befriedigen, zumal wenn es darüber in einem Verfahren völlig gegensätzliche Anschauungen der Beteiligten gibt.

Zu der Sicht des Angeklagten gibt es einen klassischen Juristenwitz. Ein Anwalt telegrafiert glücklich seinem Mandanten nach Urteilsverkündung: »Die Gerechtigkeit hat gesiegt!« Der Angeklagte antwortet: »Sofort Rechtsmittel einlegen!« Er hat kein Interesse an Gerechtigkeit. Er möchte einen Freispruch oder wenigstens eine kurze Strafe. Manche Anwälte verkaufen jeden Knüppel zwischen den Beinen der Justiz als Sieg der Gerechtigkeit.

Regel Nr. 1: Der schuldige Angeklagte hat kein Interesse an einem gerechten Urteil.

Staatsanwälte setzen Gerechtigkeit mit einer Verurteilung gleich. Wenn ihre Anklageschrift zu einer ausgeurteilten Strafe führt, halten sie das für gerecht.

Was bedeutet Gerechtigkeit für einen Richter? Zunächst einmal, dass er das Gesetz anwendet. Gesetze sind Wertentscheidungen der Gesetzgebung. Sie versuchen, die widerstreitenden Interessen der Betroffenen zum Ausgleich zu bringen. Doch nicht jedes Gesetz ist gerecht. Regelmäßig hebt das Bundesverfassungsgericht Gesetze auf. Was verfassungswidrig ist, kann kaum gerecht sein. Manchmal bevorzugt das Gesetz eine Gruppe gegenüber einer anderen. Das soziale Mietrecht beispielsweise führte zu einem starken Mieterschutz und schwächte gleichzeitig die Vermieterposition. Gehört man zu der von dem Gesetz benachteiligten Gruppe, wird man sich schwertun, es als gerecht zu betrachten. Gesetze sind auslegungsbedürftig und eröffnen damit die Möglichkeit des Irrtums. Besonders bei neuen Gesetzen müssen sich die erstinstanzlichen Richter ihre Gesetzesauslegung erst erarbeiten, wobei nicht ausgeschlossen werden kann, dass der Bundesgerichtshof sie Jahre später als falsch einstuft. Die Anwendung des Gesetzes ist optimalerweise die Grundlage einer gerechten Entscheidung, garantiert ist das aber nicht.

Gerechtigkeit bedeutet für einen Richter weiter, dass er sich in einem rechtsstaatlichen Verfahren gründlich mit dem Fall beschäftigt, sorgfältig die Sach- und Rechtslage prüft und sodann ohne Ansehen der Person zu einer folgerichtigen Entscheidung kommt. Wichtig ist die Einhaltung der Verfahrensregeln, wie die Gewährung rechtlichen Gehörs. Wenn ein Verfahren rechtsstaatlich abgelaufen ist, ist das Urteil meistens auch gerecht.

3

Der ganz normale Wahnsinn des Gerichtsalltags

Lassen Sie uns gemeinsam einen Blick hinter die Kulissen eines Amtsgerichts und auf den Arbeitsalltag eines Strafrichters werfen.

Gerichtsruinen, Verhandlungssäle und Zellen – der Arbeitsplatz Gericht

Vielleicht hat man Sie als Angeklagten oder Zeugen vorgeladen. Oder Sie sind einfach nur neugierig und wollen sich als Zuschauer eine Gerichtsverhandlung ansehen. Wenn Sie Glück haben, ist das Gericht ein Altbau und leicht zu finden, denn es ist durch Säulen und eine Justitia auf den ersten Blick als solches zu erkennen. Viele der älteren Gerichtsgebäude stammen aus dem 19. Jahrhundert. Damals wurde die Justiz als dritte Gewalt im Staate noch wertgeschätzt, und man baute Gerichte bewusst repräsentativ. Sie zeichneten sich neben den typischen an griechische Tempel erinnernden Säulen durch eine Kuppel, dekorative Fassaden und imposante Eingangshallen aus. Wenn man davorstand, wusste man sofort: Dies ist ein Gericht.

Im Dachgeschoss liegt das Gebälk frei, nachdem die Zwischendecke entfernt wurde. Ebenfalls beseitigt wurden Trockenbauwände, mit denen früher das Dachgeschoss in einzelne Räume unterteilt worden war. Nachdem der Fußbodenbelag ebenfalls heruntergenommen wurde, stehe ich auf nacktem Beton. In den Stockwerken darunter wurden die Tapeten und der Putz von den Wänden gekratzt, bis verwitterte rote Ziegel zum Vorschein kamen. Die Zimmertüren wurden ausgehängt. Ein orangefarbener Baustromverteiler steht verloren neben Haufen von Bauschutt. Wo früher Elektroleitungen verliefen, wurden Wände aufgestemmt. Tiefe Krater und Gräben wie nach einem Beschuss sind dadurch entstanden. Es riecht nach Schimmel, es ist kalt und feucht. Was ich hier beschreibe, ist kein Lost Place, sondern der Südflügel des Amtsgerichts Dessau-Roßlau. Am 31. Juli 2019 war es nachts zu einem Wasserrohrbruch im Dachgeschoss gekommen. Millionen Liter Wasser hatten den Südflügel des Gerichts geflutet und unbenutzbar gemacht. Der Ruinenflügel liegt direkt neben meinem Gerichtssaal. Obwohl seitdem schon vier Jahre vergangen sind, wurde mit der Sanierung noch nicht einmal begonnen; außerdem hat das Gebäude Statikprobleme. Für die Gerichtssäle hat die Hausleitung Höchstpersonenzahlen festgelegt, um Einstürze zu verhindern. Wenn eine Schulklasse in meinen Saal im zweiten Stock käme, würden wir uns vielleicht alle im Kellergeschoss wiederfinden. Die Decke im Grundbuchamt wurde mit dicken Balken provisorisch abgestützt. Im Beratungsraum hängen Dutzende Kabel lose aus einem Plastikkabelkanal. Auch die Elektroverkabelung müsste dringend erneuert werden. Es gibt nur noch jeweils eine funktionierende Herren- und Damen-

toilette im ganzen Haus für 70 Bedienstete und die Besucher.
Wann das Amtsgericht saniert wird, steht in den Sternen. Für eine Sanierung bräuchte man Sachverstand und Geld. Der Justiz fehlt beides. Also verhandele ich seit 2019 – und auf unabsehbare Zeit – in einer Gerichtsruine. An schwachen Tagen kommt mir manchmal der Gedanke, dieses administrative Versagen zum Vorbild für meine Sachbearbeitung zu nehmen. Einfach mal ein paar Jahre gar nicht mehr zu arbeiten und abzuwarten, ob das überhaupt jemandem auffällt. Aber das mache ich natürlich nicht.

Die mangelnde Wertschätzung der Justiz durch die Politik führt dazu, dass erforderliche und bei historischen Bauten teure Sanierungen nicht durchgeführt werden. Ältere Gerichte haben fast immer einen jahrelangen Sanierungsrückstau. Die alten Fenster schließen nicht mehr richtig, Putz fällt von den Wänden, und der Fußboden ist verschlissen.

Die heutigen Gerichtsbauten sind dagegen schmucklose Zweckbauten. Lieblos aus Betonfertigteilen zusammengestückelt, erinnert nichts mehr an ein Gericht. Das Gebäude könnte auch eine Versicherung oder ein Straßenverkehrsamt beherbergen. Nur ein kleines Aluminiumschild kennzeichnet es als Gericht.

Im Eingangsbereich eines Gerichts können Sie auf alles Mögliche stoßen. Auf einen Pförtner, den Sie nach dem Weg fragen können, über Eingangskontrollen durch einen Wachtmeister bis hin zu einer modernen Sicherheitsschleuse. Oder einfach gar nichts – und Sie gehen ungehindert hinein. Das ist bei meinem Gericht zum Beispiel so. Es gibt Direktoren, denen die Sicherheit der Bürger, Richter, Anwälte und Bediensteten am Herzen liegt, und solche, denen das gleichgültig ist.

Sobald Sie das Gericht betreten, steigt Ihnen der penetrante Geruch eines Putzmittels in die Nase. Die Justizverwaltungen glauben, dass der großzügige Einsatz von Putzmitteln der Wahrheitsfindung dient. So nach dem Motto: »Meister Proper putzt so sauber, dass die Wahrheit ans Licht kommt.« Vielleicht soll der Zitrusduft auch einfach nur den Angstschweiß der Angeklagten überdecken.

Wenn Sie mit einem Gericht zu tun haben, wird es meistens das Amtsgericht sein. 98 Prozent aller Strafverfahren beginnen hier. Das Amtsgericht ist das Arbeitspferd der Justiz. Die Amtsgerichte erledigen über 600 000 Strafverfahren pro Jahr.[6] Anders als in den höheren Instanzen ist die Arbeitsbelastung nicht nur eine gefühlte. Ein Strafrichter bearbeitet im Schnitt 600 bis 800 Fälle im Jahr. Er ist der Fließbandarbeiter des Rechts. Das Amtsgericht ist zuständig für Freiheitsstrafen bis zu vier Jahren. Die Kapitalverbrechen, also Mord und Totschlag, gehören dagegen vor das Landgericht. Die sogenannten »nassen Sachen« sind anders als im Fernsehkrimi aber nur statistische Ausnahmen. Den 600 000 Verfahren der Amtsgerichte stehen gerade einmal 10 000 erstinstanzliche Strafverfahren vor dem Landgericht gegenüber. Allerdings beginnen auch diese Fälle im Amtsgericht, denn dessen Ermittlungsrichter ordnet Durchsuchungen an und erlässt Haftbefehle, lange bevor Anklage vom Landgericht erhoben wird.

Im Eingangsbereich des Gerichts und vor den einzelnen Sälen hängen Terminrollen bzw. deren digitales Äquivalent aus. Sie vermitteln Ihnen einen Eindruck von der Arbeitsbelastung eines Richters. Nicht selten stehen auf dem Tagesplan eines Strafrichters acht bis zehn Verhandlungen. Er fällt Urteile im 30-Minuten-Takt. Wenn Sie geladen worden sind, steht Ihr Name auf dem Aushang. Es ist natürlich besser, wenn Sie Zeuge und kein Angeklagter sind.

Es ist schon eine Herausforderung, den richtigen Saal zu finden, denn Gerichtsgebäude bestehen wie in Franz Kafkas »Der Process« aus einem weitverzweigten Gewirr verwinkelter Gänge und unübersichtlicher Räume. In den Fluren eines Gerichts geht es morgens wie auf dem Hauptbahnhof zu. Es ist immer fünf vor zwölf, also fünf Minuten vor Prozessbeginn. Richter eilen mit dicken roten Aktenstapeln unter dem Arm zu ihren Sälen. Vor diesen stehen Rechtsanwälte und norden ihre Mandanten ein. Die Angeklagten hängen nervös an den Lippen ihrer Verteidiger. Auf den Holzbänken vor den Sälen sitzen schlecht gelaunt die Zeugen, darunter meist mehrere Polizisten. Sie ahnen, dass sie möglicherweise den ganzen Vormittag wartend in dem deprimierenden Ambiente ausharren müssen. Es gibt sogar Lautsprecherdurchsagen wie auf dem Bahnhof. Früher war es die Aufgabe der Justizwachtmeister, die Sache aufzurufen; heute muss der Richter das über eine Lautsprecheranlage selbst machen.

Der Gerichtssaal ist der Operationssaal der Gerechtigkeit. Eigentlich verdient er die Bezeichnung »Saal« gar nicht, denn er hat eher die Größe eines Wohnzimmers als die eines Saals. Am Kopfende sitzt das Gericht. In älteren Sälen auf einem erhöhten Richtertresen, in modernen ebenerdig an einem Resopaltisch. Neben den Richtern ist der Platz der Protokollführerin. An der Fensterseite sitzt der Staatsanwalt. Dies soll eine Flucht des Angeklagten durch das Fenster verhindern. Eine andere Begründung lautet, wenn das Licht durch das Fenster auf das Gesicht des Angeklagten fällt, könne man sehen, ob er lügt oder nicht. An der Seite der Eingangstür sitzen der Angeklagte und gegebenenfalls sein Verteidiger. In der Mitte dieses U steht der heiße Stuhl des Zeugen.

Gegenüber der Richterbank ist der Zuschauerbereich. In den Gerichtsshows stets auf den letzten Platz besetzt, herrscht dort in der Realität meistens gähnende Leere. In den älteren Sälen sind die Wände holzgetäfelt, in den neueren muss Raufaser weiß reichen. Das harmoniert auch besser mit dem grauen Linoleumboden. Ein moderner Gerichtssaal in einem Amtsgericht unterscheidet sich durch nichts von einem Seminarraum in der Volkshochschule.

Hinter dem Richterpult führt eine Tür in das streng geheime Beratungszimmer. Ein kleiner Raum, in dem nur ein Tisch mit ein paar Stühlen steht. Dorthin zieht sich das Gericht zur Urteilsberatung zurück. Dort werden auch die berüchtigten »Deals« gemacht. Der Richter bittet Staatsanwalt und Verteidiger zum »Rechtsgespräch«, was vornehm eine Absprache im Hinterzimmer umschreibt. Die eigentlichen Entscheidungen werden hier unter Ausschluss der Öffentlichkeit und nicht im Gerichtssaal getroffen. Ich komme später auf dieses Thema zurück.

Meist im Keller sind die Gewahrsamszellen. Dort warten die Untersuchungshäftlinge auf ihren Prozess und während Verhandlungspausen. Sie sind oft nur zwei Quadratmeter groß und mit einer Sitzbank ausgestattet. An ihren Wänden finden sich die Kritzeleien von Generationen Angeklagter.

Vielleicht haben Sie sich schon mal gefragt, wie das Allerheiligste, das Richterzimmer, aussieht. Ich hatte es mir immer wie in den Werken von John Grisham vorgestellt. In einem Vorzimmer wacht die persönliche Sekretärin und schützt den Richter vor ungebetenen Besuchern. Zu seinem Dienstzimmer geht es durch eine dicke gepolsterte Tür. Es ist holzvertäfelt, vor alten Büchern in der Regalwand steht ein massiver Schreibtisch auf Teppichen. An den Wänden hängen Ölgemälde, auf dem Schreibtisch steht eine Justitia-Bronze. Die Ausstattung entspricht der Würde des Richteramtes.

In der Realität deutscher Gerichte gibt es kein Vorzimmer. Die Richterzimmer haben die Größe von Kinderzimmern. Ihre Einrichtung ist karg und desillusionierend. Die Wände sind raufaserweiß oder waren es zumindest beim letzten Anstrich vor 25 Jahren. Der Boden ist mit grauem Nadelfilz ausgelegt. Es gibt einen Bürostuhl und wenige Furniermöbel in Vorruhestandsgrau. Eine Handvoll vergilbter Fachbücher drängt sich neben verschlissenen Aktenordnern im Regal. Auf dem Schreibtisch steht ein mindestens zehn Jahre alter Computer. Das einzig Farbige in diesem deprimierenden Grau-in-Grau-Ambiente sind die roten Strafakten, die überall herumliegen, auf dem Schreibtisch, in den Regalen, auf dem Fensterbrett, und manchmal stapeln sie sich sogar auf dem Boden.

Das Sekretariat des Richters nennt sich Geschäftsstelle. Sie ist an den langen und mit Akten vollgestopften Regalen zu erkennen. Die Regale biegen sich unter der Last der Papierstapel. Meist weibliche Justizangestellte versuchen hier, des Aktenchaos Herr zu werden.

Arbeitsalltag eines Strafrichters

Als ich ein reines Strafdezernat hatte, sah ein normaler Arbeitstag so aus: Ich fing regelmäßig frühmorgens, das heißt vor sieben Uhr, an. Ich liebe die Ruhe der frühen Stunde, in der ich mich schwierigen Fällen widmen kann. Später wird die Konzentration häufig durch Besucher und Telefonanrufe gestört.

Heute ist ein Sitzungstag. Meine Geschäftsstelle bringt mir die während der Nacht eingegangenen Faxe bzw.

deren elektronische Äquivalente. Ein Anwalt meldet seinen Mandanten krank, ein anderer schickt eine seitenlange Einlassung, und ein dritter beantragt ein Sachverständigengutachten. Ich hebe schnell den Termin des erkrankten Angeklagten auf. Die Schreiben mit der Einlassung und dem Gutachtenantrag sind ärgerlich, weil sie schon vor Monaten hätten geschickt werden können. Vorbringen in letzter Minute führt regelmäßig dazu, dass die Verhandlung vertagt werden muss oder platzt.

Inzwischen hat der Wachtmeister einen neuen Festmeter roter Akten in mein Büro geschleppt. Ich flöhe den Eingang kurz durch. Eilsachen werden durch eine Rothülle gekennzeichnet, was bei ebenfalls roten Strafakten nur begrenzt sinnvoll ist. Ich erledige ein paar eilige Sachen. Dann gehe ich den Stapel mit den heutigen Terminakten noch mal durch.

Ein Rechtsanwalt schaut herein und will nach kurzem Small Talk wissen, ob es heute für seinen Mandanten noch einmal Bewährung geben kann. Das wird die Verhandlung zeigen, antworte ich ihm.

Schließlich ist es so weit. Ich binde mir eine weiße Fliege um, werfe mir die schwarze Robe über, schnappe mir den Aktenstapel und eile zum Saal.

Ich habe am Vormittag sechs Strafrichtersachen im Halbstundentakt terminiert. Eine ist wegen des kranken Angeklagten schon weggefallen. Eine halbe Stunde pro Fall ist eigentlich zu knapp kalkuliert, aber es fallen immer wieder Verhandlungen aus, weil der Angeklagte nicht erscheint. Oder die Verhandlung ist wegen eines Geständnisses schon nach ein paar Minuten zu Ende. Es sind ein Diebstahl, eine Trunkenheitsfahrt, eine Körperverletzung, eine Unfallflucht und ein Leistungsbetrug zu verhandeln. So arbeite ich mich den Vormittag über querbeet durch das Strafgesetzbuch. Ein Angeklagter kommt nicht, ein anderer gesteht, sodass ich die fünf Fälle bis zur Mittagspause erledigen kann.

Dann kehre ich in mein Büro zurück. Der Gedanke an ein Mittagessen hat sich erledigt, als ich Ermittlungsrichterakten auf meinem Schreibtisch liegen sehe. Die Staatsanwaltschaft will gegen eine Drogendealerbande vorgehen und wünscht richterliche Genehmigungen für Durchsuchungen, Observationen und Telefonabhörungen. Am liebsten gestern natürlich. Damit verbringe ich meine Mittagspause.

Nachmittags steht eine Schöffenverhandlung an. Ich hoffe, niemand der Anwesenden hört mein Magenknurren. Die Buchhalterin eines Autohauses hatte Firmengelder veruntreut. Sie hatte Scheinrechnungen über Fahrzeugaufbereitungen und Zulassungsdienste erstellt und die Beträge an sich selbst ausgezahlt. Die Schadenshöhe betrug insgesamt 25 000 Euro. Die Beweise für jede einzelne ihrer über 350 Taten schlummern in einem Umzugskarton. Zunächst bestritt die Angeklagte alles. Es lief auf einen längeren Prozess hinaus, in dem wir über jeden einzelnen der 350 Fälle Beweis erheben müssten. Nach längerem Hin und Her und mehreren Beratungspausen mit ihrem Verteidiger räumte sie die Taten schließlich doch ein. Sie wurde zu zwei Jahren Freiheitsstrafe auf Bewährung verurteilt.

Am späten Nachmittag hänge ich die Robe wieder in den Kleiderschrank. Der Festmeter roter Akten vom Morgen harrt im Eingangsfach immer noch der Bearbeitung. Es ist schon dunkel, bis ich fertig bin und gehen kann.

Gerechtigkeit minutengenau getaktet

Eine Geschäftsstellenkraft bringt mir zwei Akten mit einem Haftantrag der Staatsanwaltschaft. Sobald ich sie aufschlage, beginnt die mentale Stoppuhr zu laufen. Die dickere der beiden Akten berichtete von den Ermittlungen gegen einen bekannten Drogenhändler. Sie führten zu einem Durchsuchungsbeschluss des Amtsgerichts gegen ihn. Während die Polizei die Wohnung durchsuchte, klopfte jemand an die Tür. Ein Polizist öffnete sie und ließ Nasir K. herein. Er hielt eine Plastiktüte in der Hand. In ihr befanden sich 500 Gramm Cannabis und 100 Gramm Kokain. Damit hatte die Polizei durch Zufall auch herausgefunden, wer der Lieferant des Drogenhändlers war. Mit dieser Erkenntnis wurde der Besucher zum Beschuldigten, wovon die zweite, dünnere Akte handelte. Sie enthielt einen Bericht über die Durchsuchung mit dem überraschenden Erscheinen von Nasir K. Zusätzlich war noch der Pkw von Nasir K. vor der Tür durchsucht worden, ohne weitere Drogen zu finden. Im Polizeirevier waren die Betäubungsmittel gewogen und getestet worden.

Es war eine Beschuldigtenvernehmung versucht worden, doch Nasir K. hatte die Aussage verweigert. Eine Rückfrage beim Ausländeramt hatte ergeben, dass Nasir K. seit längerer Zeit abgängig war. An dem ihm zugewiesenen Platz in der Asylunterkunft hielt er sich nicht auf, also bestand Fluchtgefahr. Anschließend waren die Akten der Staatsanwaltschaft vorgelegt worden, die Untersuchungshaft beantragte. Ich überlegte kurz, was ich für die Anhörung benötigte, also einen Pflichtverteidiger und sicherheitshalber einen Dolmetscher. Telefonisch teilte ich der Geschäftsstelle das sowie die Uhrzeit mit.

Die Haftsache hatte mich bis hierher 40 Minuten beschäftigt, ich hatte die mir zugebilligte Zeit damit bereits um fünf Minuten überschritten. Eine Ermittlungssache soll maximal 35 Minuten dauern.

Eine Stunde später fand die Anhörung des Beschuldigten statt. Er ließ sich ein, er sei nur der Bote gewesen. Ein Mann am Hauptbahnhof habe ihm 50 Euro dafür gegeben, dass er den Beutel zu der Wohnung bringt. Er kenne weder den Namen des Mannes, noch könne er ihn beschreiben. Er habe auch nicht gewusst, dass sich in der Tüte Drogen befunden haben, denn er habe nicht hineingeschaut. Diese Märchenstunde hat auch wegen der Übersetzung weitere 40 Minuten gedauert.

Ich schicke den Beschuldigten, seinen Anwalt, den Dolmetscher und die beiden Wachtmeister hinaus. Sodann diktiere ich der neben mir sitzenden Protokollantin den Haftbefehl und das Aufnahmeersuchen für die Justizvollzugsanstalt. Das dauert weitere 20 Minuten.

Nachdem das erledigt ist, werden alle wieder in den Saal gebeten. Ich verkünde den Haftbefehl und erteile die Rechtsmittelbelehrung. Als Letztes verteile ich Abschriften des Protokolls, des Haftbefehls und des Aufnahmeersuchens. Dieser letzte Teil der Haftsache dauert 15 Minuten.
Obwohl ich zügig gearbeitet habe, hat mich die Haftsache insgesamt 115 Minuten gekostet. Ich habe das mir zugebilligte Zeitbudget um 80 Minuten überschritten.

Die Justizverwaltung gibt den Richtern minutengenaue Bearbeitungszeiten für die Erledigung der Fälle vor. Das Instrument dafür heißt PEBB§Y (Personalbedarfsberechnungssystem). Fälle werden darin als Produkte bezeichnet. Ausgedacht hat es sich eine Wirtschaftsberatungsgesellschaft. Mit ihm sollen die Richter auf Effizienz getrimmt werden. So sehen etwa die Zeitvorgaben für Strafsachen am Amtsgericht aus:[7]

- Ermittlungsrichtertätigkeit: 35 Minuten
- Anträge auf Erlass eines Strafbefehls: 35 Minuten
- Ordnungswidrigkeiten: 39 Minuten
- Jugendrichtersachen: 137 Minuten
- Strafrichtersachen: 157 Minuten
- Schöffensachen: 423 Minuten

Die Zeitvorgaben umfassen alles, vom ersten Aufschlagen der Akte über die Vorbereitung und Durchführung einer Hauptverhandlung bis hin zum Absetzen und Unterschreiben des Urteils. Die Richter sind sich darin einig, dass die Minutenwerte unrealistisch und unseriös sind. Aus den Minutenwerten errechnet die Verwaltung das Erledigungspensum, das heißt, wie viele Fälle ein Richter im Monat schaffen muss. Für einen Strafrichter am Amtsgericht wären das etwa 60 Fälle im Monat. Richter, die ihr Erledigungspensum nicht schaffen, drohen Disziplinarverfahren, Geldbußen und Gehaltskürzungen. Die Gefahr, dass bei der Fließbandarbeit die Gerechtigkeit auf der Strecke bleiben kann, liegt auf der Hand. Denn wer die Minutenwerte einhält, kann nicht gründlich und sorgfältig arbeiten.

Regel Nr. 2: Richter sollen schnell und oberflächlich und nicht langsam und gründlich arbeiten.

Wandernde Aktenberge

Wenn Sie sich die Arbeitsabläufe eines Gerichts anschauen, werden Sie sich wie ein Zeitreisender fühlen, der zurück ins 19. Jahrhundert katapultiert wurde. Akten und Schriftstücke bekommen in der Wachtmeisterei zunächst einen Eingangsstempel. Dann werden sie in die Fächer für die verschiedenen Abteilungen sortiert. Wachtmeister laden sie anschließend auf Karren und bringen sie zu den Geschäftsstellen. Wenn es ein Symbol für die Rückständigkeit der Justiz gibt, dann den Wachtmeister, der einen voll beladenen Aktenkarren mit quietschenden Rädern langsam über den Gerichtsflur schiebt. Das Bild macht deutlich, die Justiz gleicht einer rheumatischen Schnecke und nicht einem modernen Dienstleistungsbetrieb. In der Geschäftsstelle werden die Eingänge nach Postbeamtenart weiter bearbeitet. Neue Akten werden mit einem Aktenzeichen versehen und dem dadurch zuständig gewordenen Richter ins Fach gelegt. Schriftstücke zu bereits bestehenden Akten werden einsortiert und die Seiten handschriftlich nummeriert. Von der Geschäftsstelle wird die Akte wieder mit dem Karren zum Richter transportiert. Wenn der Richter in der Akte etwas verfügt hat, wird die Akte später wieder zur Geschäftsstelle gebracht. Von dort aus zur Kanzlei, die beispielsweise ein Urteil oder einen Beschluss schreibt. Von der Kanzlei geht es mit dem Karren wieder zur Geschäftsstelle, die sie zur Unterschrift an den Richter weiterleitet. Einen Großteil ihres Lebens wird eine Akte auf Karren hin- und hergeschoben. Eine Anwaltskanzlei wäre bei dieser musealen Ausstattung und verstaubten Arbeitsweise längst in Insolvenz gegangen.

Wie schwierig in der Justiz alles sein kann, will ich Ihnen an einem Beispiel erläutern. Wegen des Wasserrohrbruchs wurde mein Dienstzimmer ins benachbarte Landgericht verlegt. Die beiden Gebäude liegen 20 Meter auseinander, nur durch eine kleine Seitenstraße getrennt. Die Wachtmeister des Amtsgerichts stehen sämtlich unter Artenschutz und können die Akten nicht hinübertragen. Für einen Bewegungsallergiker ist das in etwa so, als verlange man von ihm die Reise zu Fuß in ein anderes Bundesland. Also wurde der Transport den Wachtmeistern des Landgerichts übertragen. Sie benutzen für die Distanz von 20 Metern einen Audi A6. Regelmäßig bekomme ich E-Mails, dass heute keine Akten transportiert werden können, weil der Dienstwagen nicht zur Verfügung, etwa weil er anderweitig benötigt wird, oder er in der Werkstatt ist. Dann gibt es an diesem Tag eben keine Akten, außer ich hole sie mir selbst. Und ein Richter kann, was für einen jungen, kräftigen Wachtmeister unmöglich ist: Akten über große Distanzen, sogar über 20 Meter, tragen. Der Leiter der Abteilung für Behinderung der Justiz kommentiert das dann so: »Aktentragen erspart das Fitnessstudio«.

Am Amtsgericht Dessau-Roßlau türmen sich die Akten einschließlich der archivierten bis zur Decke. Es sind bereits

Bedenken um die Statik des Gebäudes aufgetreten. Neidvoll höre ich manchmal von Rechtsanwälten, die ihre Kanzlei voll digitalisiert haben. Sie schildern eine erhebliche Arbeitserleichterung nicht nur für sich, sondern auch für ihre Mitarbeiter. Und der Mandant bekommt die neuesten Schriftsätze binnen Sekunden per E-Mail.

Auch in der antiken Justiz soll die elektronische Akte spätestens zum 1. Januar 2026 eingeführt werden. An meinem Gericht ist davon noch nichts zu spüren. Ich bezweifle, ob die e-Akte wirklich zu diesem Termin kommen wird. Denn bevor die e-Akte die erhofften Einsparungen bringt, muss erst einmal kräftig in sie investiert werden. Es müssen Hard- und Software, Breitbandanschlüsse und Videotechnik für Online-Verhandlungen angeschafft, IT-Spezialisten angestellt und die Mitarbeiter in der neuen Technik geschult werden. Da kommen schnell Millionenbeträge zusammen, die der Justiz nicht zur Verfügung stehen. Eine Digitalisierung zum Nulltarif wird aber nicht funktionieren. Im Übrigen dauert in der Justiz ohnehin alles etwas länger als anderswo. Bis die elektronische Akte kommt, bin ich längst im Ruhestand.

Fehlende oder mäßig fleißige Mitarbeiter

Die richterliche Freiheit findet ihre Grenzen in den Mitarbeitern. Der Richter arbeitet nicht im luftleeren Raum, er ist angewiesen auf Geschäftsstellen- und Kanzleikräfte, Protokollführer und Rechtspfleger. Die Personaldecke in den Gerichten ist ultradünn. Selbst absehbare Ausfälle, wie Urlaube, Fortbildungen und Krankheiten, können nicht kompensiert werden. Die Arbeit bleibt dann einfach liegen. Es ist ärgerlich, wenn ich als Richter dem Anwalt vier Wochen vor einem

Termin einen Brief schreibe, den dieser erst zwei Wochen nach dem Termin erhält.

Manche Mitarbeiter scheinen auch innerlich gekündigt zu haben. Sie arbeiten auffällig langsam oder auch gar nicht mehr. Als Richter habe ich ihnen gegenüber kein Weisungsrecht, die Verwaltung kümmern solche Probleme nicht. So bleiben Akten manchmal wochenlang unbearbeitet liegen.

Die Arbeitszeiten der Mitarbeiter sind zu beachten. Man macht sich mit Anliegen vor 9.00 Uhr unbeliebt, denn da ist Frühstückszeit. Ein Richter sollte auch nicht über 12.00 Uhr hinaus verhandeln, denn von 12.00 Uhr bis 13.00 Uhr ist Mittagspause. Nach dem Mittagessen sind viele Mitarbeiter schläfrig. Ab 15.30 Uhr ist dann Feierabend. Es könnte sogar einen Revisionsgrund darstellen, wenn man weiter verhandelt, obwohl die Wachtmeister das Gericht bereits abgeschlossen haben, denn dann wäre die Öffentlichkeit nicht gewahrt.

Gerichtsbürokratie

Die Justizverwaltung teilt das Schicksal aller Verwaltungen überall auf der Welt. Sie ist im Wesentlichen mit sich selbst beschäftigt und vollkommen nutzlos. Die Verwaltung widmet sich im Kern drei Dingen:

Es werden umfangreiche Statistiken geführt, zum Beispiel über den Aktenbestand, die Erledigungszahlen und die Kosten. Als ob sich die Herstellung von Gerechtigkeit in Excel-Tabellen ausdrücken ließe.

Einen weiteren Teil der Arbeit machen Berichte »nach oben« aus. Seitenlang wird den übergeordneten Gerichten bis hin zum Ministerium berichtet, dass die Welt an dem Amts- oder Landgericht in Ordnung ist. Stets hat der Direktor oder Präsident die Lage voll im Griff. Gerade auch dann, wenn dies tatsächlich nicht der Fall ist.

Den größten Teil der Arbeit nimmt schließlich das Abwimmeln der eigenen Belegschaft ein. Ständig kommen Mitarbeiter mit irgendeinem Anliegen. Ein Richter wünscht sich neue Fachbücher, seine vorhandenen sind veraltet. Eine Geschäftsstellenkraft beklagt, dass sie seit Monaten neben ihrer normalen Arbeit zusätzlich eine dauerkranke Kollegin vertritt und sie langsam nicht mehr doppelt arbeiten kann. Ein Rechtspfleger hat Rückenprobleme und legt ein Attest für einen höhenverstellbaren Schreibtisch vor. Sie werden alle mit Schlagworten wie »Justiz ist Mangelverwaltung«, »Da kann ich nichts machen« oder »Kümmern Sie sich selbst« wieder weggeschickt. Ein beliebter Spruch meiner Hausleitung ist »Das kann die Verwaltung nicht auch noch leisten«. Gemessen an ihren Arbeitsergebnissen leistet sie eigentlich gar nichts, scheint damit aber zufrieden zu sein.

Hinter klangvollen Bezeichnungen wie »Direktor des Amtsgerichts« und »Präsident des Landgerichts« verbergen sich blasse Bürokraten, die nicht einmal den Sinn ihrer Tätigkeit verstanden haben. Nach Artikel 92 des Grundgesetzes ist die rechtsprechende Gewalt den Richtern anvertraut. Das Gericht mit seinen Mitarbeitern hat den einzigen Zweck, den Richtern ihre Rechtsprechung zu ermöglichen. Aufgabe der Hausleitung wäre es, den Richtern die bestmöglichen Arbeitsbedingungen zu verschaffen und sie nach Kräften bei ihrer Rechtsprechung zu unterstützen. Stattdessen werden Richter als Bittsteller und Störenfriede behandelt. Anliegen aller Art werden regelmäßig abgeschmettert. Richter werden als Arbeitsverursacher möglichst schnell abgewimmelt. Ich habe mir inzwischen abgewöhnt, überhaupt noch zu fragen.

Was im Gericht alles schiefgehen kann

Der Klassiker ist die nicht ausgeführte Verfügung. Ein Anwalt beantragt vor der Verhandlung Akteneinsicht, und ich bewillige sie. Sie wird von der Geschäftsstelle aber nicht ausgeführt. In der Verhandlung beschwert sich der Verteidiger über die nicht gewährte Akteneinsicht. Er sehe sich auch nicht in der Lage, die dicke Akte jetzt zu lesen. Der Prozess ist damit geplatzt.

Eine Unsitte ist die unerledigte Wiedervorlage bei Sachstandsanfragen. Der Verteidiger hat irgendeinen Antrag gestellt, den ich durch Beschluss beschieden habe. Doch der Beschluss wird nicht geschrieben und an ihn herausgeschickt. Meine Verfügung schlummert unerledigt in der Akte. Ein paar Wochen später fragt der Anwalt nach dem Sachstand, und die Akte wird mir vorgelegt. Was soll ich dem Anwalt schreiben? Dass ich den Beschluss bereits vor Wochen abgesetzt habe, er aber nicht geschrieben wurde? Soll ich die Geschäftsstelle auf das Offensichtliche hinweisen, nämlich dass es eine gute Idee wäre, den vor Wochen erlassenen Beschluss wenigstens jetzt schnell zu schreiben und rauszuschicken?

Manchmal bereitet schon die Terminierung Probleme. Es fehlt an einem freien Gerichtssaal oder an Wachtmeistern, um Gefangene vorzuführen. Ich musste bereits terminierte Sitzungen aufheben, weil es an Wachtmeistern fehlte.

Ein weiterer Grund für Justizpannen sind Kommunikationsmängel zwischen den Strafverfolgungsbehörden.

Marcel Nowak ist wegen schweren Raubes angeklagt. Er soll einer jungen Frau unter Einsatz von Pfefferspray ihr hochwertiges Smartphone geraubt haben. Zur Verhandlung erscheint er nicht. Also schicke ich einen Streifenwagen zu seiner Adresse, um ihn vorführen zu lassen. Der Angeklagte wohnt noch bei seiner Mutter. 40 Minuten später kommt die Rückmeldung von der Polizei: Der Gesuchte sei nicht angetroffen worden. Nach Angabe der Mutter würde er seit einem Monat in der Justizvollzugsanstalt Halle einsitzen. Ein Anruf von mir dort bestätigt das.

Die Staatsanwaltschaft ist nicht nur Ermittlungs-, sondern auch Vollstreckungsbehörde. Sie führt auch ein Verfahrensregister für alle Beschuldigten. Irgendjemandem in dieser Behörde hätte auffallen müssen, dass aufgrund ihrer Anklage ein Hauptverhandlungstermin ansteht und dass sie den Angeklagten gleichzeitig in anderer Sache in der Justizvollzugsanstalt weggesperrt hat. Dann hätte sie mir das mitteilen müssen, damit ich rechtzeitig die Vorführung des Angeklagten aus der Justizvollzugsanstalt anordnen kann. So hat der Angeklagte seine Verhandlung verpasst und konnte nicht einmal etwas dafür. Die Hauptverhandlung ist damit geplatzt.

Immer wieder verschwinden Schriftstücke oder werden zu spät vorgelegt. Vom Eingang bei Gericht bis zur Vorlage beim Richter können durchaus mehrere Tage vergehen. Daran ändert sich auch nichts, wenn Anwälte oben fett »Eilt! Richter sofort auf den Tisch legen!« schreiben. In Verhandlungen können unangenehme Situationen entstehen, wenn Anwälte wissen wollen, wie das Gericht über ihren Antrag entschieden hat, ich diesen aber noch nicht kenne.

Die Steigerung ist die verschwundene Akte. Gar nicht so selten gerät eine Akte »außer Kontrolle«, das heißt, sie ist unauffindbar. Fehlende Akten werden insbesondere kurz vor Hauptverhandlungen zum Problem. Ohne Akte lässt sich schlecht verhandeln. Hektische Suchkommandos schwärmen im Gericht aus, um sie zu finden. Im günstigen Fall wurde sie nur »verfächert«, also irgendwo falsch einsortiert. Sie taucht dann irgendwann wieder auf. Im ungünstigen Fall bleibt die Akte dauerhaft verschollen. Dann muss sie mithilfe anderer Stellen rekonstruiert werden. Ein mühsames Unterfangen, das oft nicht wieder zu einer vollständigen Akte führt.

Dennis Eckert hatte zusammen mit einem bisher nicht ermittelten Mittäter einen schlafenden obdachlosen Mann zusammengeschlagen und lebensgefährlich verletzt. Ohne ersichtlichen Grund, einfach nur, um ihre Aggressionen an einem Wehrlosen auszuleben. Auf Eckert war die Polizei nach Sichtung der Videos einer Überwachungskamera am Bahnhof gekommen. Er war wegen Gewaltdelikten vorbestraft und stand unter Bewährung. Einen Tag nach der Tat wurde er festgenommen. Der Bereitschaftsrichter erließ sonntags einen Haftbefehl.

Ein paar Tage später beantragte der Verteidiger von Dennis Eckert eine Haftprüfung sowie Akteneinsicht. Die Haftprüfung hat innerhalb von zwei Wochen nach Eingang des Antrags stattzufinden. Ich vereinbarte mit der Kanzlei einen Termin am letzten Tag der Frist, vorher hatte der Verteidiger keine Zeit. Ich schickte der Staatsanwaltschaft die Terminnachricht und bat um rechtzeitige Übersendung der Akte.

Zur mündlichen Verhandlung erschien vorgeführt der Beschuldigte in Begleitung seines Verteidigers. Von der Staatsanwaltschaft kam niemand, sie hatte auch die Akte nicht geschickt. Der Verteidiger fing sogleich an sich aufzuregen. Es sei rechtsstaatwidrig und skandalös, dass ihm bis zu der Verhandlung keine Akteneinsicht gewährt worden war.

Ich unterbrach die Verhandlung und rief die Staatsanwältin an. Erst bestritt sie, dass ich die Akte angefordert hätte. Doch, habe ich, sagte ich ihr; ich hatte meine Verfügung vor mir liegen, und die Staatsanwaltschaft hatte die Anforderung ausweislich des Fax-Sendeprotokolls auch erhalten. Außerdem hatte ich der Staatsanwaltschaft zusätzlich den Haftprüfungsantrag des Verteidigers geschickt, in dem er fett gedruckt Akteneinsicht beantragt hat. Sie hätte die Akte jedenfalls nicht, antwortete sie mit genervtem Unterton. Die Staatsanwaltschaft ist nicht nur die Herrin des Ermittlungsverfahrens, sondern auch die aktenführende Stelle aller Strafakten. Die Staatsanwaltschaft sollte doch wissen, wo sich ihre Akte befindet, zumal in einer Haftsache, hielt ich ihr entgegen. Außerdem wäre es Aufgabe der Staatsanwaltschaft gewesen, die Akte rechtzeitig vor dem Haftprüfungstermin vorzulegen. Nun vermutete sie, die Akte müsse sich zu weiteren Ermittlungen bei der Polizei befinden. Genaueres könne sie nicht angeben. Ich könne mich dorthin wenden.

Sodann begab ich mich zurück in den Haftprüfungsraum. Der Beschuldigte hat ein Recht auf Entscheidung über seinen Haftprüfungsantrag innerhalb von zwei Wochen. Sie war unaufschiebbar, und ich konnte auch keine Suche nach der Akte bei der Polizei abwarten. Ich kannte den Fall bisher nicht. Auf welcher Grundlage sollte ich ohne Akte entscheiden? Obwohl ich Eckert für gewalttätig hielt und weitere erhebliche Straftaten von ihm zu erwarten waren, musste ich zähneknirschend den Haftbefehl aufheben. »Na Alter, beim nächsten Mal musst du eine Akte haben und dich besser vorbereiten«, feixte Dennis Eckert beim Rausgehen in die Freiheit.

Wie geht der Richter damit um, wenn es in Justitias Mühlen knirscht? Er versucht zu retten, was zu retten ist. Tatsächlich schreiben viele Richter ihre Urteile und Beschlüsse selbst. Sie sind sich auch nicht zu fein, um ihre Akten selbst aus der Geschäftsstelle zu holen und später wieder dahinzutragen. Klassische Sekretariatsarbeiten wie telefonieren, Fotokopien machen und Faxe verschicken übernehmen Richter ebenfalls selbst. Wenn die Tische und Stühle im Saal nicht richtig stehen, packen sie selbst mit an. Außerdem sind sie Hilfstechniker, die störrische Computer zum Laufen bringen.

4

Vorhang auf! Mögen die Spiele beginnen – die Hauptverhandlung

Der Dreh- und Angelpunkt des Strafverfahrens ist die Hauptverhandlung. Doch was muss vorher passieren, damit es überhaupt zu einer kommt? Nach welchen Regeln und Traditionen läuft die Verhandlung ab?

Die Polizei ermittelt

Der Polizei wird durch eine Anzeige oder eigene Wahrnehmung der Verdacht einer Straftat bekannt. Sie beginnt zu ermitteln. Welcher Aufwand getrieben wird, hängt naturgemäß von der Bedeutung der Tat ab. Bei einem Ladendiebstahl genügt es vielleicht, Fragebogen zu verschicken; bei einem Mord wird das volle Programm gefahren. Wenn es sich um eine einigermaßen schwere Straftat handelt, beginnt die Ermittlung mit Tatortarbeit. Es werden Spuren gesichert und ans Labor geschickt. Eine wesentliche Ermittlungsarbeit ist die Befragung von Zeugen. Es können auch Gutachten eingeholt werden, zum Beispiel zur Schuldfrage bei Verkehrsunfällen oder zur Art und Güte von Drogenfunden. Über die Staatsanwaltschaft können Durchsuchungsbeschlüsse und die Genehmigung von Lauschangriffen beim Ermittlungsrichter beantragt werden. Von Behörden und Banken können Auskünfte eingeholt werden. Die Ermittlungen enden regelmäßig damit, dass der Beschuldigte zur Vernehmung geladen wird. Er kann die Tat zugeben oder bestreiten. Viele erscheinen erst gar nicht zur Vernehmung. Wenn die Polizei der Auffassung ist, dass der Sachverhalt hinreichend aufgeklärt ist, wird ein Abschlussbericht verfasst und die Akte an die zuständige Staatsanwaltschaft geschickt.

Die Staatsanwaltschaft

Die Staatsanwaltschaft ist die »Herrin des Ermittlungsverfahrens«. Sie entscheidet, wie in dem Ermittlungsverfahren weiter vorzugehen ist. Ist die Sache noch nicht ausreichend aufgeklärt, ordnet sie Nachermittlungen durch die Polizei an. Ist kein Täter ermittelt worden, die Beweislage schlecht oder die Schuld des Täters gering, kann sie das Verfahren einstellen. Liegt ein hinreichender Tatverdacht vor, reicht die Staatsanwaltschaft eine Anklageschrift bei dem zuständigen Gericht ein.

Die Staatsanwaltschaft übt eine enorm wichtige Filterfunktion für die Gerichte aus, weil sie nur diejenigen Fälle beim Gericht vorlegt, in denen eine Verurteilung zu erwarten ist. Nur 7 Prozent der Ermittlungsverfahren enden mit einer Anklage, in weiteren 10,7 Prozent wird ein Strafbefehl beantragt.[8] Das heißt, die Strafrichter werden von der Masse der Verfahren verschont.

Ermittlungsrichter

Auf Antrag der Staatsanwaltschaft wird der Ermittlungsrichter des Amtsgerichts tätig. Er ordnet Obduktionen, Durchsuchungen, Observationen und Telefonüberwachungen an.

Ein besonders scharfes Schwert ist die Untersuchungshaft. Voraussetzung für ihre Anordnung sind ein dringender Tatverdacht sowie das Vorliegen eines Haftgrundes, wie Fluchtgefahr, Verdunkelungsgefahr und Wiederholungsgefahr. Der vorläufig Festgenommene muss innerhalb von 24 Stunden dem Haftrichter vorgeführt werden. Die Ermittlungsakte ist zu diesem Zeitpunkt noch jungfräulich dünn. Außer dem Beschuldigten wird niemand angehört. Meist erlässt der Richter den Haftbefehl auf dieser dünnen Tatsachengrundlage. Die Untersuchungshaft dauert mindestens sechs Monate, kann durch das Oberlandesgericht verlängert werden.

Staatsanwälte haben den Spruch »U-Haft schafft Rechtskraft« geprägt. Ob und welche Freiheitsstrafe später vom Gericht ausgeurteilt wird, ist ungewiss, aber die sechs Monate U-Haft hat der Beschuldigte schon mal sicher. Aus seiner Sicht ist U-Haft wie eine vorweggenommene Strafe.

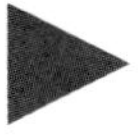 **Regel Nr. 3: U-Haft schafft Rechtskraft.**

U-Haft fördert darüber hinaus die Geständnisbereitschaft und den Rechtsmittelverzicht nach Urteilsverkündigung. Beschuldigte sind zu großen Zugeständnissen bereit, um schnell wieder aus dem Untersuchungsgefängnis entlassen zu werden. Die Staatsanwaltschaft geht deshalb nicht ganz zu Unrecht davon aus, dass U-Haft den Weg zu einem rechtskräftigen Urteil beschleunigt.

Anklageeingang

Auf den Schreibtisch des Strafrichters ergießt sich ein regelmäßiger Strom von Neueingängen. Die Staatsanwaltschaft hat das Ermittlungsverfahren mit einer Anklage abgeschlossen. »Wieso ich?«, ist die erste Frage des Richters. Die Frage der Zuständigkeit ist aus zwei Gründen wichtig: Erstens gilt das Recht auf den gesetzlichen Richter gemäß Art. 101 Abs. 1 Satz 2 Grundgesetz. Das Urteil eines unzuständigen Richters wäre mit der Revision angreifbar. Zweitens muss die Strafgewalt des angerufenen Gerichts ausreichen. Die Zuständigkeit des erstinstanzlichen Gerichts ergibt sich aus der vorgeworfenen Tat und der zu erwartenden Höhe der Strafe. Der Strafrichter am Amtsgericht ist zuständig für Vergehen, bei denen eine Freiheitsstrafe von nicht mehr als zwei Jahren zu erwarten ist. Verbrechen und Verfahren mit einer zu erwartenden Freiheitsstrafe von zwei bis vier Jahren werden vor dem Schöffengericht am Amtsgericht angeklagt. Die Strafgewalt des Amtsgerichts endet bei vier Jahren. Für alle Fälle, in denen mehr als vier Jahre Freiheitsstrafe zu erwarten sind, ist das Landgericht zuständig, ebenso für Mord und Totschlag.

Als Vorsitzender des Schöffengerichts sitze ich zwischen den Stühlen. Ich prüfe, sofern kein Verbrechen vorliegt, ob die voraussichtliche Freiheitsstrafe zwei Jahre oder darunter betragen könnte und damit der Strafrichter zuständig ist. Oder ob mehr als vier Jahre Freiheitsstrafe zu erwarten sind und es damit ein Fall für das Landgericht wäre. Meist unproblematisch ist die örtliche Zuständigkeit. Das angerufene Gericht ist zuständig, wenn entweder der Tatort oder der Wohnsitz des Angeklagten in seinem Bezirk liegt. Es kommt nur ganz selten vor, dass die Staatsanwaltschaft irrtümlich Anklage vor einem örtlich nicht zuständigen Gericht erhebt.

Ferner muss der Richter nach dem Geschäftsverteilungsplan zuständig sein. An größeren Gerichten gibt es mehr als einen Strafrichter oder mehr als eine Strafkammer. Manchmal sind die Zuständigkeiten nach der Endziffer des Aktenzeichens, manchmal nach dem Anfangsbuchstaben des Namens des Angeklagten geregelt. Und Falschvorlagen durch die Geschäftsstelle kommen durchaus vor. Es ist ärgerlich, wenn man sich in eine Akte einliest, nur um später festzustellen, dass man gar nicht zuständig ist.

Nach Bejahung der Zuständigkeit prüft der Richter die neu eingegangene Anklage grob durch. Ergibt der Anklagesatz Sinn? Ist die Anklage schlüssig? Werden den Anklagevorwurf stützende Beweismittel benannt? Bei schweren Mängeln könnte man die Anklage zur Überarbeitung an die Staatsanwaltschaft zurückschicken. Meist sind die Anklagen aber in Ordnung.

Nun wird die Anklage an den Angeklagten und gegebenenfalls seinem Verteidiger zugestellt, verbunden mit der Aufforderung, Bedenken gegen die Anklage sowie weitere Beweismittel innerhalb einer bestimmten Frist mitzuteilen. In 99 Prozent bekommt man keine Antwort.

Verfahren vor dem Schöffengericht sind Fälle der notwendigen Verteidigung. Hat der Angeklagte noch keinen Verteidiger, fordere ich ihn auf, einen zu benennen. Reagiert der Angeklagte nicht, wähle ich einen Anwalt aus.

Eröffnung des Hauptverfahrens

Das Zwischenverfahren beginnt mit dem Eingang der Anklageschrift beim zuständigen Gericht und endet mit der Entscheidung über die Eröffnung oder Nichteröffnung des Hauptverfahrens. Wenn ein hinreichender Tatverdacht vorliegt, entscheidet das Gericht auf Zulassung der Anklage und Eröffnung des Hauptverfahrens. Das Zwischenverfahren soll eine Filterfunktion haben, die den Angeklagten vor ungerechtfertigten Anklagen schützen soll. In der Rechtswirklichkeit funktioniert diese Filterfunktion allerdings nicht, denn Nichteröffnungsbeschlüsse werden durch das Land- oder Oberlandesgericht fast immer aufgehoben. Sie eröffnen dann das Hauptverfahren und schicken die Akte zur Durchführung der Hauptverhandlung an das Untergericht zurück.

Am 24. Juli 2010 kam es bei der Loveparade in Duisburg zu einer tödlichen Massenpanik. Dabei kamen 21 Menschen ums Leben, mindestens 652 weitere wurden zum Teil schwer verletzt. Dreieinhalb Jahre danach erhob die Staatsanwaltschaft Duisburg Anklage gegen zehn Personen wegen fahrlässiger Tötung u. a. Es handelte sich um Mitarbeiter der Veranstalterin sowie um Bedienstete der Stadt Duisburg. Ihnen wurde vorgeworfen, schwerwiegende Fehler bei der Planung und Genehmigung der Veranstaltung gemacht sowie sicherheitsrelevante Auflagen am Veranstaltungstag nicht überwacht zu haben. Doch das Landgericht Duisburg lehnte die Eröffnung des Hauptverfahrens ab.[9] Es sah keinen hinreichenden Tatverdacht gegen die Angeklagten. Insbesondere sei die Kausalität einer Sorgfaltspflichtverletzung der Angeklagten für die Todesfälle nicht nachweisbar. Die Staatsanwaltschaft legte sofortige Beschwerde gegen den Nichteröffnungsbeschluss ein. Das Oberlandesgericht Düsseldorf eröffnete daraufhin das Hauptverfahren.[10]

Das Landgericht Duisburg verhandelte an 184 Sitzungstagen innerhalb zweieinhalb Jahren. Letztlich endete der Prozess im Mai 2020 mit einer Einstellung wegen geringer Schuld gemäß § 153 Abs. 2 Strafprozessordnung. Das Gericht sah die individuelle Schuld der zehn Angeklagten des Veranstalters und der Stadt Duisburg auch unter der Berücksichtigung, dass diese bis zu fast zehn Jahre einem Strafverfahren ausgesetzt waren, als gering an.[11]

Als Amtsrichter kann man sich die Mühe, Anklagen sorgfältig zu prüfen, getrost sparen. Mir ist in 27 Jahren ein einziges Mal ein erfolgreicher Nichteröffnungsbeschluss gelungen. Dem stehen ein Dutzend vom Landgericht aufgehobener Nichteröffnungsbeschlüsse gegenüber. Taugt die Anklage nichts, bleibt einem Richter nur übrig, sie trotzdem zu eröffnen und dann in der Hauptverhandlung freizusprechen.

Regel Nr. 4: Anklagen führen zu 99 Prozent zur Eröffnung des Hauptverfahrens.

Terminierung

Meist gleichzeitig mit dem Eröffnungsbeschluss erfolgt die Terminierung. Und da wird es kompliziert. Die erste Frage, die ich mir stelle, ist, wie viel Zeit die Verhandlung beanspruchen wird. Das ist oft nur schwer prognostizierbar, da es zu diesem Zeitpunkt meist keine Einlassung des Angeklagten gibt. Er hat bei der Beschuldigtenvernehmung durch die Polizei von seinem Schweigerecht Gebrauch gemacht oder ist erst gar nicht zu dieser erschienen. Er hat auch über seinen Verteidiger bislang keine Einlassung abgegeben. Wenn er gesteht, könnte die Verhandlung in einer Stunde beendet sein. Wenn er bestreitet, bräuchte ich alle Zeugen der Anklageschrift, und es könnte auf mehrere Verhandlungstage hinauslaufen.

Ein Sonderfall sind Haftsachen, denn bei ihnen muss die Hauptverhandlung innerhalb von sechs Monaten nach der Verhaftung begonnen haben. Wenn ich die Anklage auf den Tisch bekomme, sind davon im Schnitt bereits vier Monate abgelaufen. Mir bleibt dann ein Zeitfenster von nur zwei Monaten, um mit der Verhandlung zu beginnen.

Mir stehen immer nur dienstags ein Gerichtssaal und Schöffen zur Verfügung. Also suche ich in meinem Terminkalender freie Dienstage heraus. Dann kontaktiere ich die Verteidiger und gegebenenfalls Sachverständige, um mit ihnen einen Termin abzustimmen. Bekannte Anwälte sind über ein halbes Jahr oder mehr ausgebucht. Manchmal sind mehrere Verteidiger im Spiel, was die Abstimmung schwierig macht. Es ist dann problematisch, einen Termin zu finden, an dem alle Zeit haben. Anwälte haben übrigens Sekretärinnen, die den Terminkalender für sie führen; von einem Richter wird erwartet, dass er das selbst erledigt. Aber irgendwann nach ein paar Faxen oder Anrufen steht der Termin. Die Ladungen gehen raus.

Das Verschicken der Ladungen beschwört oft nur weitere Probleme herauf. Nach ein paar Tagen kommen manche als unzustellbar zurück. Die Anschrift stimmte nicht, der Angeklagte oder Zeuge ist verzogen oder hat vielleicht einfach nur seinen Briefkasten zugeklebt. Also holt der Richter eine Adressauskunft vom Einwohnermeldeamt ein. Viele Angeklagte stammen aus den unteren sozialen Schichten, haben Alkohol- oder Drogenprobleme. Das sind Leute, denen nichts gleichgültiger ist als die Einhaltung der Meldevorschriften. Das Einwohnermeldeamt teilt dann kurz mit, derjenige wäre von Amts wegen nach unbekannt abgemeldet worden. Manchmal hilft in solchen Fällen eine Aufenthaltsermittlung durch die Polizei weiter, aber nicht immer. Kann der Angeklagte oder ein wichtiger Zeuge nicht geladen werden, muss ich den Termin wieder aufheben. Das Verfahren wird dann vorläufig eingestellt, bis eine neue Anschrift des Gesuchten bekannt wird.

Die Teilnahme an Gerichtsverhandlungen gilt als unpopulär. Schon bald nach den Zustellungen trudeln die ersten Entschuldigungsbriefe bei Gericht ein. Angeklagte, Zeugen und Schöffen bitten um Abladung. Wortreich breiten die Briefeschreiber die Unmöglichkeit aus, zu dem Termin bei Gericht zu erscheinen. Häufig wird Urlaub genannt (»gebuchte Ferienwohnung auf Rügen«), auch berufliche Unabkömmlichkeit (»mein Chef macht mir die Hölle heiß«) und familiäre Gründe (»Kind im Säuglingsalter« bzw. »muss demente Oma betreuen«) werden angeführt. Häufig vorgebracht werden auch gesundheitliche Gründe (»fiese Rückenschmerzen«, »Nachbar hat Corona, könnte mich angesteckt haben«). Wohnt der Angeklagte oder Zeuge nicht am Gerichtsort, macht er geltend, die Anreise »von so weit« sei unzumutbar. Das reisefreudigste Volk der Welt verfällt in Totenstarre, sobald es eine Gerichtsladung erhält. Sogar Freizeitinteressen werden als Hinderungsgrund vorgebracht (»habe Karten für Roland Kaiser – wer weiß, wie lange der noch singt«). Alles im Leben scheint wichtiger zu sein als ein Gerichtstermin. Jedem Einzelnen muss ich einen individuellen Brief schreiben, in dem ich ihm erkläre, dass er trotz seiner wichtigen Gründe doch zum Termin erscheinen muss. Vorsichtshalber weise ich noch auf die Folgen eines unentschuldigten Fernbleibens hin.

Ein paar Tage vor der Hauptverhandlung bekomme ich die Akte vorgelegt. Ihren Inhalt zu kennen erleichtert die Durchführung der Verhandlung. Eine Strafakte kann ein schmales Bändchen mit 50 Seiten sein, sie kann aber auch mehrere Bände mit zusammen Tausenden Seiten umfassen. Und dann gibt es noch die Kartonverfahren, die neben den Strafakten aus Dutzenden Beweismittelordnern bestehen. Das Aktenstudium kann irgendetwas zwischen einer halben Stunde und mehreren Tagen dauern. Ich mache mir Notizen für meine späteren Fragen an Angeklagte, Zeugen und Sachverständige. Ich mache mir auch Gedanken über die Beweislage, Entscheidungsoptionen und eine mögliche Strafzumessung.

Das Drehbuch von Hauptverhandlungen schnell erklärt

Ein Richter, der an einem gut funktionierenden Gericht arbeitet, geht selbstverständlich davon aus, dass die nachgeordneten Dienste ihre Vorarbeit zur Durchführung der Verhandlung geleistet haben. Das Amtsgericht Dessau-Roßlau ist eher eine schlecht geführte Ruine.

Die Geschäftsstelle hat dem Richter die Akten drei Tage vor dem Termin vorzulegen, damit er ihn vorbereiten kann. Das klappt meist, aber nicht immer. In meinem Dienstkalender führe ich eine eigene Fristenkontrolle, um die ausgebliebene Aktenvorlage bemerken und monieren zu können.

Am Tag der Verhandlung gibt es einiges zu kontrollieren. Wichtig ist der Terminaushang im Eingangsbereich des Gerichts und noch mal vor dem Sitzungssaal. Durch ihn finden die Prozessbeteiligten den richtigen Saal, und er sichert auch den Öffentlichkeitsgrundsatz. Der Terminaushang kann fehlen oder inhaltlich falsch sein. Oder er wird am falschen Saal ausgehängt.

Als Nächstes werfe ich einen Blick in den Gerichtssaal, den ich mit anderen Kollegen teile. Die Tische und Stühle müssen für die anstehende Verhandlung passend stehen. Manchmal hat ein Richterkollege ein Chaos hinterlassen, oder die Sitzanordnung passt nicht für die aktuelle Verhandlung. An meinem Gericht rücke ich die Möbel selbst.

Dann erkundige ich mich nach der Besetzung der Geschäftsstelle und der Zahlstelle. Aufgrund von Personalmangel sind sie nicht immer besetzt, und ich muss wissen, wohin ich mich bei Bedarf wenden oder die Zeugen schicken kann. Oft hängen Zettel an den verschlossenen Türen, auf denen steht, »bitte in Zimmer XXX melden«; geht man dorthin, hängt dort ein weiterer Zettel, auf dem an ein anderes Zimmer weiterverwiesen wird. So etwas will ich nicht erst in laufender Verhandlung herausfinden.

Wichtig ist noch, sich nach der Verfügbarkeit von Wachtmeistern zu vergewissern. Die Wachtmeisterei an meinem Gericht ist chronisch unterbesetzt, obwohl sie für eine Verhandlung enorm wichtig ist. An einem ordentlich geführten Gericht würde es eine Einlasskontrolle geben. An meinem nicht. Jeder gewaltbereite und bewaffnete Bürger kann ungehindert den Gerichtssaal betreten. Am Richtertisch gibt es einen Notrufknopf. Ich muss wissen, ob in der Wachtmeisterei jemand anwesend ist, der gegebenenfalls auf den Notruf reagieren könnte. Eine weitere wichtige Aufgabe von Wachtmeistern ist die Vorführung von Gefangenen. Auch das ist mangels Personals nicht immer gewährleistet. Und wenn der U-Häftling nicht vorgeführt werden kann, platzt die Verhandlung.

Der letzte kritische Blick gilt der Protokollführerin. Sie sollte vor Beginn der Verhandlung anwesend und dem Ernst der Sache entsprechend gekleidet sein. So musste ich es unlängst erleben, dass die Protokollantin zur Weihnachtszeit einen Haarreif mit einem Rentiergeweih trug. Ich muss wohl so entsetzt geschaut haben, dass sie ihn von selbst absetzte.

Wenn das Gericht in den Saal einzieht, stehen üblicherweise alle Anwesenden auf. Ich bleibe mit meinen beiden Schöffen hinter dem Richtertresen stehen und sage: »Guten Morgen. Die Hauptverhandlung in der Strafsache gegen … ist eröffnet.« Dann bitte ich alle Anwesenden, sich hinzusetzen.

Die Verhandlung beginnt mit der Prüfung der Anwesenheit der Prozessbeteiligten. In etwa einem Drittel der Fälle endet sie damit, dass ich feststelle, dass jemand fehlt. Zuverlässigkeit und Pünktlichkeit sind heute keine Tugenden mehr, aber immerhin in zwei Dritteln der Fälle sind alle Geladenen erschienen, und die Verhandlung kann beginnen.

Nach Feststellung der Personalien des Angeklagten bitte ich den Staatsanwalt, die Anklageschrift zu verlesen. Stehend verliest er, was die Staatsanwaltschaft dem Angeklagten vorwirft. Damit erfahren auch die Schöffen und mögliche Zuschauer, worum es in dem Fall konkret geht. Anschließend wird der Angeklagte belehrt, dass es ihm freisteht, ob er schweigt oder ob er etwas zu der Anklage erklärt.

Jetzt wird es auch für mich spannend. Es gibt bis zu diesem Zeitpunkt in der Regel keine Einlassung des Angeklagten. Den meisten ist bekannt, dass man zur Beschuldigtenvernehmung vor der Polizei weder erscheinen noch dort etwas aussagen muss. Verteidiger raten auch ganz überwiegend zum Schweigen vor der Polizei. Deshalb weiß ich bis zu diesem Zeitpunkt oft nicht, ob und wie sich der Angeklagte verteidigen wird. Er hat im Prinzip drei Möglichkeiten:

1. *Der Angeklagte schweigt.*
   Es ist das gute Recht des Angeklagten, von seinem Schweigerecht Gebrauch zu machen. Das Gericht muss nun in

eine Beweisaufnahme eintreten und dem Angeklagten die Tat nachweisen.

2. *Der Angeklagte legt ein Geständnis ab.*
   Naturgemäß lieben Richter ein Geständnis, denn die Beweisaufnahme fällt dann nur noch kurz aus oder fällt ganz weg. Ein Geständnis zeigt dem Richter auch, dass der Angeklagte das Unrecht seiner Tat eingesehen hat. Es führt für den Angeklagten regelmäßig zu einer erheblichen Reduzierung des Strafmaßes.
   Einziger Nachteil des Geständnisses ist, dass die Zeugen mehr oder weniger umsonst erschienen sind. Eine umfangreiche Zeugenvernehmung findet nicht mehr statt. Die meisten Zeugen werden unvernommen nach Hause geschickt.

3. *Der Angeklagte lügt.*
   Als einziger Prozessbeteiligter darf der Angeklagte lügen. Weil er das darf und viele davon auch Gebrauch machen, erwartet man als Richter Lügen. Es entspricht der Berufserfahrung, dass der nicht geständige Angeklagte versuchen wird, seinen Kopf durch Lügen aus der Schlinge zu ziehen. Dadurch ist das Gericht gezwungen, wie beim Schweigen die Beweisaufnahme durchzuführen. Lügen finde ich persönlich schlimmer als Schweigen, denn der Angeklagte versucht, das Gericht bewusst in die Irre zu führen. Wird ein Angeklagter bei einer Lüge ertappt, könnte es durchaus sein, dass man ihm überhaupt nichts mehr glaubt. Manche tischen dem Gericht immer neue unwahre Versionen auf, wenn sie merken, dass das Gericht die erste nicht glaubt.

Regel Nr. 5: Der Angeklagte darf lügen und tut es oft auch.

Bei erdrückender Beweislage lege ich dem Angeklagten ein Geständnis nahe. Es führt zu einer erheblichen Strafmilderung und macht nicht selten den Unterschied zwischen Bewährung und keiner Bewährung aus. »Ich habe es nicht getan. Ich kann doch nicht zugeben, was ich nicht gemacht habe!«, antworten die Angeklagten darauf meist.

Die Beweisaufnahme startet in der Regel mit Zeugenvernehmungen. Dem schließen sich Sachverständige an, sofern in dem Verfahren welche bestellt sind. Schließlich werden Urkunden verlesen, Videos abgespielt und Asservate in Augenschein genommen. Das Gericht darf bei seiner Entscheidung nur das verwenden, was in die Hauptverhandlung eingeführt wurde. Ich werde auf die einzelnen Beweismittel in Kapitel 9 ausführlich eingehen.

Weil Angeklagte lügen dürfen und genau dies häufig auch tun, messen Richter ihren Unschuldsbeteuerungen wenig Gewicht bei. Im Idealfall konnte die unwahre Einlassung durch die Beweisaufnahme widerlegt werden. Falls nicht, wird sie von den Richtern trotzdem abgetan. Als Richter bezichtigt man übrigens niemanden der Lüge, sondern spricht von einer widerlegten Schutzbehauptung.

Regel Nr. 6: Bestreiten des Angeklagten wird als Schutzbehauptung abgetan.

Nachdem das Beweisprogramm abgearbeitet ist, wird der Angeklagte zu seinen persönlichen Verhältnissen befragt. Meist habe ich es mit gescheiterten Existenzen zu tun. Einen Realschulabschluss haben sie gerade noch geschafft, eine anschließende Berufsausbildung jedoch abgebrochen. Seit Jahren sind sie Stammkunde beim Jobcenter. Sofern es Kinder gibt, zahlen sie für diese keinen Unterhalt.

Verteidiger versuchen an dieser Stelle, ein paar Pluspunkte für den Angeklagten zu machen. Sie führen eine schlechte Kindheit oder seine Alkohol- und Drogenprobleme an.

Dem schließt sich die Verlesung des Strafregisters an. Manche Angeklagte haben derart viele Voreintragungen, dass ich bei ihrer Verlesung heiser werde.

Anschließend stelle ich die Frage, ob die Beweisaufnahme geschlossen werden kann. Staatsanwälte bejahen sie immer. Für sie war mit Verlesung der Anklageschrift schon alles klar. Verteidiger haben jetzt letztmalig die Gelegenheit, Beweisanträge zu stellen. Manche nutzen sie. Das ist insbesondere dann ärgerlich, wenn der Antrag auch viel früher, etwa nach Zustellung der Anklageschrift, hätte gestellt werden können. Bei nicht präsenten Beweismitteln muss die Verhandlung an einem anderen Tag fortgesetzt werden, nach der Strafprozessordnung muss dies innerhalb von höchstens drei Wochen geschehen. Reicht diese Frist nicht, weil beispielsweise ein Sachverständigengutachten beantragt wurde, platzt der Prozess und muss später von Neuem begonnen werden. Es hilft, wenn der Strafrichter die sieben gesetzlichen Ablehnungsgründe für Beweisanträge und die ausdifferenzierte Rechtsprechung hierzu kennt.

Aber irgendwann ist die Beweisaufnahme beendet. Als Erster hält der Staatsanwalt seinen Schlussvortrag. Er trägt vor, welchen Sachverhalt er für erwiesen hält, wie sich der Angeklagte hierdurch strafbar gemacht hat und welche konkrete Strafe er dafür als angemessen erachtet. Gern schmückt der Sitzungsvertreter sein Plädoyer mit ein paar kräftigen und moralisierenden Worten aus, wie »niederträchtige Motive«, »abscheuliches Verbrechen«, das »mit nichts weniger als der Höchststrafe geahndet werden muss«. »Ein dummdreister Lügner ist der Angeklagte« und »er hat bisher in seinem Leben überhaupt nichts auf die Reihe bekommen«. Weitere Folterwörter aus der Asservatenkammer der Staatsanwaltschaft sind »abartig«, »widerwärtig« und »abstoßend«. An moralischem Tadel wird nicht gespart.

Das ist der Moment, in dem manchen Angeklagten das Grinsen aus dem Gesicht fällt. Bis zu diesem Zeitpunkt sind sie aufgrund der Angaben ihres Anwalts davon ausgegangen, dass alles nicht so schlimm würde. Doch jetzt haben sie zum ersten Mal ein konkretes Strafmaß gehört, das zudem erheblich über ihrer Vorstellung liegt.

Anschließend hält der Verteidiger sein Plädoyer. Er bestreitet eine Strafbarkeit seines Mandanten oder versucht zumindest, seine Tat in einem sehr viel milderen Licht darzustellen. Demgemäß beantragt er einen Freispruch oder eine deutlich unter dem Antrag des Staatsanwalts liegende Strafe. Seinen Schlussvortrag hält er für den eigenen Mandanten, der dankbar nickend seiner behaupteten Unschuld zustimmt. Mit der Wirklichkeit haben Anwaltsplädoyers oft nichts zu tun. Das ist in etwa so, als ob ein Kind seinen prall gefüllten Wunschzettel zu Weihnachten verliest. Sie ahnen bereits, welche Rolle das Verteidigerplädoyer bei der Entscheidungsfindung spielt.

Dann hat der Angeklagte das letzte Wort. Das ist der Moment des Winselns und Bettelns. »Bitte, letzte Chance!«, jammert der zweifache Bewährungsversager mit Hundeblick. Gern wird auch geschworen. »Ich schwöre, das war meine letzte Straftat.« Viele sagen aber nichts oder schließen sich den Worten ihres Verteidigers an.

Das Gericht zieht sich nun zur Urteilsberatung zurück. Im Beratungsraum diskutiere ich mit den beiden Schöffen die Schuld und Straffrage. Wenn wir uns einig geworden sind, muss ich den Tenor handschriftlich aufsetzen.

Anschließend geht es zur Urteilsverkündung zurück in den Saal. Wieder erheben sich alle Anwesenden. Das Urteil wird stehend verlesen. Die meisten Angeklagten nehmen das Urteil stoisch entgegen. Selten kommt es zu Gefühlsausbrüchen. Sofern nötig, werden noch weitere Entscheidungen des Gerichts verlesen, wie etwa ein Bewährungsbeschluss oder ein Beschluss über die Aufhebung oder Aufrechterhaltung des Haftbefehls. Sodann nehmen alle Anwesenden wieder Platz. Ich begründe das Urteil mündlich. Die Verhandlung endet mit der Belehrung des Angeklagten über seine Rechtsmittel. »Falls Sie sich zu Unrecht oder zu hart bestraft fühlen …«, beginne ich die Belehrung. Naturgemäß fühlt sich der Angeklagte beides, denn er hat sich einen Freispruch erhofft.

Für mich ist die Urteilsverkündung unabhängig vom Ergebnis ein befriedigender Moment. Trotz manchmal widriger Umstände ist es mir gelungen, das Strafverfahren mit einem Urteil zu beenden.

Wie lange dauert so eine Hauptverhandlung? Ein einfacher Fall kann bei einem Geständnis des Angeklagten schon nach einer halben Stunde erledigt sein, schwierige Fälle mit einer umfangreichen Beweisaufnahme können durchaus auch Wochen, Monate oder sogar Jahre dauern. Die einzige Grenze nach oben ist das Pensionsalter des Richters.

5

Angeklagte, Staatsanwälte, Advokaten des Bösen und andere Feinde des Richters

Die Richter

Sie können einen Richter am gehetzten Gesichtsausdruck und seiner wehenden Robe erkennen. Ein Strafrichter am Amtsgericht muss 50 bis 60 Verfahren im Monat erledigen. Deshalb eilt er stets im Laufschritt zur Verhandlung und hofft, möglichst schnell zu dem Aktenfriedhof in seinem Büro zurückkehren zu können. Die Akten vermehren sich nämlich, wenn man sie zu lange unbeaufsichtigt lässt.

Der Bußgeld- und Strafrichter entscheidet allein. Das Schöffengericht ist neben dem Berufsrichter mit zwei ehrenamtlichen Richtern besetzt. Ab Landgericht aufwärts sind die Kammern und Senate mit mehreren Berufsrichtern und meistens auch mit Schöffen besetzt. Es gibt stets einen Vorsitzenden, der die Verhandlung leitet. Dann gibt es einen Berichterstatter, der die Akten gelesen hat und später das Urteil schreiben wird. Ergänzt werden kann die Besetzung durch einen oder mehrere Beischläfer, die während der Verhandlung ihrem Vorruhestand entgegendämmern. Je höherrangig das Gericht ist, desto mehr schwarz berobte Statisten werden hinzugezogen. Das soll dem Bürger die Illusion höherwertiger Rechtsprechung vermitteln.

Der Richter bereitet die Hauptverhandlung vor, leitet sie und fällt anschließend ein Urteil. Im Strafverfahren gilt die Amtsermittlungspflicht, das heißt, der Richter muss alle Tatsachen aufklären, die für die Beurteilung der Tat und des Täters von Bedeutung sind. Nach Art. 97 GG sind die Richter unabhängig und nur dem Gesetz unterworfen. Auf Lebenszeit ernannt sind sie relativ unangreifbar.

Richter werden Sie oft als autoritär und streng erleben. Das bringt ihr Amt, aber auch der Zeitdruck mit sich. Es gibt wie geschildert für jeden Fall eine vorgegebene Bearbeitungszeit. Zieht nun ein Prozessbeteiligter das Verfahren durch weitschweifige Ausführungen oder Anträge in die Länge, wird der Vorsitzende ungehalten reagieren.

Was trägt ein Richter eigentlich unter seiner Robe?, ist eine beliebte Partyfrage. Die Fragestellerin – es sind zumeist Frauen – denkt offenbar an Schottenröcke und erwartet etwas Schlüpfriges. Natürlich Strapse, möchte ich da antworten. Die wenig sexy Antwort ergibt sich aus den Amtstrachtanordnungen der Bundesländer. Vorgeschrieben ist ein weißes Hemd bzw. eine weiße Bluse mit weißem Langbinder, weißer Fliege, weißer Schleife oder weißem Schal. Über Unterwäsche und Beinbekleidung schweigt sich die Anordnung aus. Die meisten Richter tragen eine zur Robe passende schwarze Hose.

Die Schöffen

Das Schöffengericht am Amtsgericht und die Strafkammern des Landgerichts sind neben mit Berufsrichtern auch mit ehrenamtlichen Richtern besetzt. Die Schöffen sind den Richtern gleichgestellt. In meinem Schöffengericht habe ich den Vorsitz und eine Stimme, die beiden Schöffen haben jeder eine Stimme. Sie können mich also überstimmen.

Wir Richter sprechen Recht »im Namen des Volkes«, das normalerweise aber gar nicht an den Entscheidungen beteiligt wird. Deshalb gefällt es mir gut, mit Schöffen zu verhandeln. Links und rechts neben mir steht bei der Urteilsverkündung jeweils ein Bürger, der Volkes Stimme repräsentiert. Durch die Beteiligung von Schöffen wird die Legitimation der Rechtsprechung gesteigert. Im Austausch mit den Schöffen werden Urteile auch lebensnäher. Ich merke, dass ich auf dem Holzweg sein könnte, wenn die Schöffen meinen juristischen Ausführungen nicht folgen können.

Steven Riedel ist wegen mehrerer Kellereinbrüche angeklagt. Ein findiger Mieter hatte eine Fotofalle installiert, die ein schönes Fahndungsfoto von ihm gemacht hatte. Insgesamt 14 Aufbrüche konnten ihm zugeordnet werden. Er hatte es vor allem auf Elektrogeräte abgesehen, die er teils bei An- und Verkaufsgeschäften, teils über eBay zu Geld gemacht hatte. Er bestreitet die Taten auch gar nicht. Ich frage ihn nach dem Grund.
»Ich hatte meinen Job verloren. Die Dumpfbacke vom Jobcenter hat ewig gebraucht, bis sie mir Stütze bewilligt hat. Und dann waren es nur ein paar Kröten. Herr Richter, was sollte ich da tun? Das Jobcenter hat mich zum Klauen gezwungen.«
Ich merkte, wie die Schöffin neben mir sich versteifte.
»Sie geben also dem Jobcenter die Schuld für ihre Taten?«, fragte sie.
»Na klar. Hätte die dämliche Kuh schneller und mehr Knete herausgerückt, hätte ich nicht klauen müssen.«
Hätte der Verteidiger vor der Verhandlung Einsicht in den Schöffenordner genommen, hätte er festgestellt, dass die Schöffin Mitarbeiterin im Jobcenter war. Das hatte er nicht und so wunderte er sich einfach nur,

warum die Schöffin dauernd missbilligend den Kopf schüttelte.

Steven Riedel wurde zu einer hohen Freiheitsstrafe ohne Bewährung verurteilt. Ich werde jetzt nicht das Beratungsgeheimnis verletzen und Ihnen mitteilen, wer wie abgestimmt hat. Aber wahrscheinlich können Sie sich das schon denken.

Es gibt aber auch Nachteile und Risiken bei der Beteiligung von Schöffen. Es handelt sich um juristische Laien. Da sie keine Ahnung vom Recht haben, können sie eigentlich gar nicht juristisch beurteilen, ob ein Angeklagter einen Straftatbestand verwirklicht hat oder nicht. Auch den bisweilen zwischen Richter, Staatsanwalt und Verteidiger diskutierten Verfahrensfragen stehen sie hilflos gegenüber. Sie haben auch keine Aktenkenntnis. Bestenfalls führt der Vorsitzende sie kurz vor der Verhandlung knapp in den Fall ein. Sie sollen allein aufgrund des in der Verhandlung Gehörten eine Entscheidung treffen. Bauchgefühl ersetzt dabei Akten- und Rechtskenntnisse. Sie lassen sich auch eher von einer Stimmungsmache von Staatsanwalt oder Verteidiger beeinflussen. Meist folgen die Schöffen den Vorschlägen des Vorsitzenden, aber im Prinzip könnten zwei Schöffen den Richter überstimmen.

Die Staatsanwälte

»Die Staatsanwaltschaft ist die Kavallerie der Justiz, schneidig, aber dumm«, lautet eine Weisheit. Trotzdem kommt der Sitzungsvertreter nicht auf einem Pferd ins Gericht geritten.

Staatsanwalt wird, wer über eine Inselbegabung im Strafrecht bei nur rudimentären Kenntnissen im bürgerlichen und öffentlichen Recht verfügt. Die Staatsanwaltschaft ist die »Herrin des Ermittlungsverfahrens« und Anklagebehörde.

In der Hauptverhandlung vertritt ein Staatsanwalt das Anklageerhebungsbüro. Markige Worte und schneidige Strafanträge verdecken die Tatsache, dass er den Fall nicht kennt. Meist schickt die Staatsanwaltschaft nicht den Anklageverfasser, sondern irgendeinen Staatsanwalt. Er hat die Akte nie gelesen. In seiner dünnen Handakte ist meist nicht mehr als die Anklageschrift und ein Strafregisterauszug enthalten. Um eine hohe Strafe zu beantragen, stören allzu vertiefte Kenntnisse über den Angeklagten und den Fall aber nur. Während Richter sich gerne als Hüter des Rechtsstaates sehen, sehen sich Staatsanwälte als letztes Bollwerk vor dem endgültigen Sieg der Kriminalität. Das hat ein mitunter schneidiges und lautes Auftreten zur Folge.

Gern kokettiert die Staatsanwaltschaft damit, »die objektivste Behörde der Welt zu sein«. Ich halte das für einen PR-Trick. Ohne Augenmaß beantragt sie Durchsuchungsbeschlüsse, Haftbefehle und hohe Strafmaße. Das sorgfältige Abwägen des Für und Wider, dafür steht die Waage der Justitia, ist oft nicht ihre Sache. Sie identifiziert sich eher mit dem Richtschwert der Justitia.

Dem Eingebunden-Sein in eine Behörde ist eine gewisse Argumentationsresistenz der Staatsanwälte geschuldet. Es gibt eine Hauslinie und manchmal auch Vorgaben für den konkreten Fall. In Diskussionen zeigen sie sich deshalb manchmal stur bis zum Erbrechen. Kann ich sie dennoch zum Anruf beim Abteilungs- oder Behördenleiter überreden, um dort beispielsweise die Zustimmung für eine Einstellung oder eine Verständigung einzuholen, ist ein Nein von ihnen so sicher wie das Amen in der Kirche. Gefangene werden bei der Staatsanwaltschaft grundsätzlich nicht gemacht.

Das Verhältnis zwischen Richtern und Staatsanwälten ist vordergründig kollegial. Allerdings leiden nicht wenige Inhaber des Anklagemonopols unter einem Minderwertigkeitskomplex. Sie dürfen nur Anträge stellen und nicht selbst über die Bestrafung entscheiden. Wenn ein Richter ihnen etwas ablehnt, sind sie schnell gekränkt. Nur ausnahmsweise machen allzu sehr vom Jagdtrieb beseelte Staatsanwälte einem Richter das Leben schwer. Sie decken den Richter fortlaufend mit schneidigen Anträgen aller Art ein. Wenn der sie dann abweist, reagieren sie ungehalten und feuern eine Breitseite Beschwerden gegen den Richter ab.

Die Angeklagten

Wer begeht eigentlich Straftaten? Jeder, würde ich antworten. Wir sind alle Kriminelle. Auch der laut Strafregister unbescholtene Bürger begeht in seinem Leben zahlreiche Straftaten. Schauen Sie mal auf Ihr eigenes Leben. Haben Sie als Schüler vielleicht mal Cannabis probiert, sind ohne Führerschein Mofa gefahren oder haben im Laden mal etwas mitgehen lassen? Schien Ihnen bei der Diplomarbeit copy & paste nicht ein guter Weg, um den Abgabetermin doch noch einzuhalten? Haben Sie sich nie ans Steuer gesetzt, obwohl Sie vorher zu viel Alkohol getrunken haben? Haben Sie alle je konsumierte Musik, Filme oder Computerspiele legal erworben? Nie etwas schwarz aus dem Internet heruntergeladen? Geben Sie bei der Steuererklärung wirklich alles immer akkurat an? Haben Sie noch nie Ihre Versicherung betrogen? Haben Sie bei einem Streit nie beleidigende Worte geäußert? Die Liste ließe sich endlos fortsetzen. Das sind alles Straftaten, mit denen Sie davongekommen sind.

Regel Nr. 7: Jeder Mensch ist ein potenzieller Straftäter.

Die Angeklagten stammen mehrheitlich aus den unteren sozialen Schichten der Gesellschaft. Der typische Angeklagte ist männlich, arbeitslos und in den Zwanzigern. Den Haupt- oder Realschulabschluss hat er gerade noch so geschafft, die angefangene Ausbildung aber abgebrochen. Schon als Jugendlicher beging er die ersten Straftaten. Daran ist natürlich nicht er, sondern seine schwere Kindheit schuld.

Ronny Schubert war wegen Raub angeklagt. Er hatte einer 80-jährigen Rentnerin aufgelauert, die gerade mit ihrem Rollator aus der Sparkasse kam, und es auf das abgehobene Bargeld abgesehen. Er hatte sie niedergeschlagen und ihr die Handtasche mit 500 Euro weggerissen. Die Rentnerin musste mit Kopfverletzungen ins Krankenhaus und hat sich von dem Überfall nie mehr ganz erholt. Zur Verhandlung wird sie im Rollstuhl in den Saal geschoben. Kein schöner, aber wenigstens ein klarer Fall. Es gab Zeugen, der Vorfall war von einer Überwachungskamera festgehalten und die Handtasche in der Wohnung des Angeklagten gefunden worden. Ronny Schubert, der zudem vorbestraft war, drohten drei Jahre Gefängnis.
Heute hat niemand mehr an etwas Schuld. Wer auf der Anklagebank landet, flüchtet nicht selten in die Opferrolle. Ronny Schubert hatte eine schwere Kindheit, führt sein Verteidiger in seinem Plädoyer aus. Er sei in den beengten Verhältnissen eines Plattenbaus aufgewachsen. Beide Eltern seien arbeitslos und Alkoholiker gewesen.

Der Vater sei zudem jähzornig gewesen und habe ihn geschlagen. Die schwere Kindheit sei strafmildernd zu berücksichtigen. Der Verteidiger beantragt eine geringe Strafe, höchstens eineinhalb Jahre, selbstverständlich auf Bewährung. Ronny Schubert nickt seinem Verteidiger mit feuchten Augen dankbar zu. Nur der Anwalt hatte erkannt, wer das eigentliche Opfer hier im Gerichtssaal ist.

Die schwere Kindheit wird von Angeklagten so häufig behauptet, dass sie fast schon ein Klischee ist. Sie ist unangefochten die Nummer eins aller Rechtfertigungsversuche. Als Richter kann ich diese Geschichten aus dem Jammertal nicht mehr hören. Es scheint niemanden mehr mit einer normalen Kindheit zu geben. »Hey, meine Eltern waren super, und ich war als Kind kein Bettnässer«, würde ich gerne mal hören. Ich halte die reflexhafte Strafmilderung, die viele Gerichte bei behaupteter schwerer Kindheit gewähren, für falsch.

Der Strafmilderungsgrund der schweren Kindheit entwertet sich schließlich durch Zeitablauf. Ein jugendlicher und noch im Elternhaus wohnender Angeklagter mag sich noch mit Erfolg darauf berufen können. Einem Erwachsenen wird man die Frage entgegenhalten, welchen Einfluss negative Kindheitserlebnisse vor 20 Jahren auf sein heutiges Handeln haben sollen? Und was hat er getan, um die Defizite seiner schwierigen Kindheit zu überwinden? Wenn seine Kindheit tatsächlich so traumatisch war, hat er einen Psychotherapeuten aufgesucht? Auf solche Fragen folgen nur neue Ausreden. Dem 28-jährigen Ronny Schubert hat die behauptete unglückliche Kindheit nichts genützt. Er wurde zu drei

Jahren Freiheitsstrafe verurteilt. Auch ein ehemaliges Plattenbaukind darf keine Rentnerinnen ausrauben.

Der typische Angeklagte geht keiner Arbeit nach, sondern bezieht Leistungen vom Amt. Dessen karge Zahlungen zwingen ihn nach seiner Ansicht dazu, Straftaten zu begehen. Oft spielen Alkohol- und Drogenprobleme eine Rolle. Er hat Kinder, die bei der Mutter leben und für die er keinen Unterhalt zahlt. Das Einzige, was er sich bisher in seinem Leben erarbeitet hat, ist eine ellenlange Vorstrafenliste. Solche Angeklagten sind gescheiterte Existenzen. Was die Gesellschaft in 25 Jahren bei ihnen nicht erreicht hat, lässt sich in einer Hauptverhandlung mit den Mitteln des Strafrechts auch nicht reparieren.

Ein weniger häufig vorkommender Typ von Angeklagten sind die ganz normalen Leute, die auf die schiefe Bahn geraten sind. Zum Beispiel der Gastwirt, der bei der Steuer trickst. Oder der biedere Familienvater, der nach ein paar Bieren zu viel einen Unfall baut und flüchtet. Oder der zur Weißglut gereizte Mann, der die Beherrschung verliert und seinem Gegenüber eine Ohrfeige versetzt. Wir alle können in Versuchung geraten und vor Gericht landen.

Enrico Wenzel arbeitet in einem Handyshop. Er bemerkt, dass es seine Firma offenbar nicht kümmert, wenn ein Kunde sich ein hochwertiges Handy mit falschen Personalien ergaunert. Erst kürzlich hatte sich der Pass eines Ausländers im Nachhinein als gefälscht herausgestellt. »Ein bisschen Schwund gibt es immer«, sagt der Filialleiter achselzuckend. Also kommt er auf die Idee, mit Fantasienamen oder veränderten Personalien Vertragsabschlüsse vorzutäuschen und in die EDV einzugeben. Er macht das, wenn er allein im Laden ist. Und er tätigt die Eingaben unter dem Benutzernamen und mit dem Passwort des Filialleiters. Den Empfang der teuren Handys quittiert er mit gefälschter Unterschrift selbst oder lässt sie zu einem eingeweihten Freund liefern. Er testet seine Betrugsmasche zunächst nur mit einzelnen Handys im Abstand von jeweils mehreren Wochen. Und tatsächlich gibt es keine Nachfragen.

Nachdem er sich sicher fühlt, startet er richtig durch. Ein bis drei Premium-Handys pro Woche ergaunert er und verkauft sie über eBay. In einem halben Jahr kommen 50 Handys im Gesamtwert von 40000 Euro zusammen. Er kauft sich davon einen 3er BMW.

Inzwischen ist auch in der Zentrale der wundersame Handyschwund aufgefallen. Ein Controller wird entsandt. Durch den Abgleich mit Anwesenheitslisten stellt er fest, dass die fraglichen Verträge immer dann geschlossen wurden, wenn Enrico Wenzel alleine im Laden war. Dann findet er auf Enrico Wenzels eBay-Konto zahlreiche Bewertungen zufriedener Käufer, die sich für die schnelle Lieferung nagelneuer Handys bedanken. Zur Rede gestellt, gesteht Enrico Wenzel die Taten. Er sei durch die Möglichkeit, schnell nebenbei Geld zu machen und sich so seinen Traum von einem eigenen BMW zu erfüllen, zu der Betrugsserie verleitet worden. Er wird später zu zwei Jahren auf Bewährung verurteilt.

Ganz selten stehen Akademiker vor Gericht. Entweder sind sie clever genug, keine Straftaten zu begehen, oder sie stellen sich so geschickt an, dass sie nicht erwischt werden.

Für den Angeklagten ist der Richter der Feind schlechthin. Nicht wenige lassen mich ihre ganze Verachtung spüren, was in Beleidigungen wie »Sie befangenes Stück Scheiße« gipfeln kann. Aus ihrer Sicht bin ich schuld daran, dass sie auf der Anklagebank sitzen und womöglich ins Gefängnis müssen. Der Gedanke, dass die Freiheitsstrafe nicht willkürlich von mir festgelegt werden wird, sondern unmittelbare Folge der von ihnen begangenen Straftaten ist, ist vielen nicht zu vermitteln.

Die Verteidiger

Strafverteidiger sind auf dem Gerichtsflur nicht immer auf den ersten Blick als solche zu erkennen. Vor dem Überwerfen der Robe bevorzugen sie es leger. Jeans, buntes Hemd und farbige Krawatte sind weit verbreitet. Der Gebrauchtwagenhändlerlook soll wohl Mandantennähe erzeugen.

Eine Anwaltspflicht besteht am Amtsgericht für Verbrechen bei voraussichtlichen Freiheitsstrafen von über einem Jahr und wenn der Angeklagte in Haft sitzt. Nur in diesen Fällen bestellt das Gericht dem Angeklagten, der noch keinen Anwalt hat, einen Pflichtverteidiger. Deshalb erscheint zu vielen Verhandlungen des Bußgeld- und Strafrichters gar kein Anwalt. Die Barbara-Salesch-Fernsehakademie ersetzt bekanntermaßen ein Jurastudium, und der Bürger meint, sich selbst erfolgreich verteidigen zu können. Später im Justizschließfach erkennt er seinen Irrtum und holt zumindest seinen Realschulabschluss nach.

Im Gerichtssaal ist der Verteidiger der einzige Freund des Angeklagten. Alle anderen – Richter, Staatsanwalt und Polizisten – halten Abstand oder rümpfen anhand der offenkundigen Hygieneprobleme des Angeklagten sogar die Nase. Der Verteidiger dagegen sitzt nah bei seinem Mandanten und steckt einträchtig den Kopf mit ihm zusammen. Das ist eine Aufgabe des Strafverteidigers, nach außen hin so zu tun, als möge man seinen Mandanten.

Für Strafverteidiger bin ich als Richter der Gegner. Ihr Ziel ist es, einen Freispruch oder eine möglichst milde Strafe für ihren Mandanten zu erzielen. Meine Aufgabe dagegen ist, Schuldige zu einer angemessenen Strafe zu verurteilen. Damit sind Spannungen vorprogrammiert.

Als Student stellte ich mir folgenden Fall vor: Ich bin Anwalt und verteidige einen Kinderschänder. Mir gegenüber gibt er den x-fachen Kindesmissbrauch zu. Er ist einigermaßen stolz auf seine Taten und seine davon gemachten Videos. Ich bin ein sehr guter Strafverteidiger und kann aus einem Totenschein eine Geburtsurkunde machen. »Hau mich raus!«, sagt Harry S. beim Betreten des Gerichtssaals. Wegen seiner Vorstrafen steht er mit einem Bein im Gefängnis. Mit ein paar cleveren Anwaltstricks gelingt es mir tatsächlich, seinen Freispruch zu erringen. Beim Verlassen des Gerichtssaals klopft Harry S. mir dankbar auf die Schulter.
Ein paar Tage später lese ich in der Zeitung: »Sechsjährige vergewaltigt! Harry S. hat wieder zugeschlagen!« Ob ich dann noch unbefangen in den Spiegel schauen und gut schlafen könnte, fragte ich mich. Verteidiger wollte ich deshalb nicht werden. Das stand für mich

schon früh fest. Ich persönlich könnte keinen unmoralischen Beruf ausüben, in dem Lügen zum Tagesgeschäft gehört. Gebrauchtwagenverkäufer, Versicherungsmakler, Politiker oder eben Strafverteidiger – das wäre für einen ehrlichen Menschen wie mich nichts.

Die Einstellungen von Richtern und Strafverteidigern zu Moral und Ethik sind gegensätzlich. Richter glauben daran, dass es grundsätzlich eine gute Sache ist, Täter zu verurteilen und ins Gefängnis zu stecken und die Stadt damit ein Stück sicherer zu machen. Anwälte dagegen versuchen, dafür zu sorgen, dass Verbrecher nicht die Strafe bekommen, die sie verdient haben. »Als Strafverteidiger hast du alles richtig gemacht, wenn der Mandant freikommt, obschon du um seine Schuld weißt«, sagt der bekannte Verteidiger Burkhard Benecken.[12] Die Verteidiger fühlen sich auch keineswegs mitschuldig, wenn der mit ihrer Hilfe davongekommene Täter wieder zuschlägt. Und dann wundern sich diese Anwälte, wenn man sie als professionelle Strafvereiteler bezeichnet. Mir scheint, diese Aufgabe ist zumindest moralisch nicht lohnenswert. Warum versuchen Anwälte trotzdem, Menschen die Freiheit zu verschaffen, die hinter Gittern gehören? Weil es das gute Recht der Angeklagten ist und weil es für die Verteidiger lukrativ ist.

Es gibt unterschiedliche Verteidigertypen:

Der Feld-Wald-und-Wiesen-Anwalt

Er arbeitet als Einzelkämpfer. Es hat sich über die Jahre kein Rechtsgebiet herauskristallisiert, in dem er genug Mandanten gewinnen konnte, um sich darauf zu spezialisieren. Also macht der Generalist alles. Ob die fristlose Kündigung des Arbeitsvertrages, komplizierte Baurechtsfälle, höchst streitige Scheidungen samt Sorgerecht oder eben eine Strafverteidigung. Er ist wie der Arzt, der vom Hühnerauge bis zum Gehirntumor einfach alles behandeln kann. Der Alleskönner weiß Rat in allen Rechtsfragen. Mangelnde Rechtskenntnisse ersetzt er durch joviales Auftreten. »Strafrecht kann jeder«, sagt er, was er allerdings auch über alle anderen Rechtsgebiete sagt. Eine allzu engagierte und fundierte Verteidigung kann von dem Universaldilettanten nicht erwartet werden.

Der Pflichtverteidiger

Er ist ebenfalls Einzelkämpfer und kann sich oft keine Anwaltsgehilfin leisten. Alles an ihm wirkt etwas schäbig, von seiner Kleidung über sein Auto bis zu seiner Kanzlei. Verteidigung zu den gesetzlichen Gebühren macht nicht reich.

Neumandate gewinnt er durch das Verteilen von Visitenkarten im Knast. Eine moderne Variante ist, sich in den sozialen Medien als die einzige Rettung vor »lebenslang auf Alcatraz« zu verkaufen. »Ich hole Sie aus dem Gefängnis, versprochen!« Es wird auf die sehr hohe Freispruchquote hingewiesen. Andere sind in den kriminellen Kreisen bestens vernetzt und gewinnen dadurch ständig neue Mandate.

Verteidiger, die Richter um Berücksichtigung bei Pflichtverteidigungen bitten, sind in Anwaltskreisen als »Gerichtsnutten« verschrien. Ihnen wird nachgesagt, sie würden sich ihre Mandate mit Pralinenschachteln, Geld oder sexuellen Gefälligkeiten erkaufen. Von »Beiordnungsprostitution« ist die Rede. Es liege auf der Hand, dass diese Rechtsanwälte dem Gericht wenig entgegensetzen werden, um weiterhin Pflichtverteidigungen zu bekommen. Ich frage mich, was wir Richter in diesem Weltbild sind. Gerichtszuhälter? Mit Verlaub, das ist kompletter Unsinn. Kein Richter nimmt eine

Gegenleistung für eine Beiordnung entgegen. Und er erwartet auch keinen Verzicht einer Verteidigung. Der Richter nimmt in der Regel einfach eine Liste mit ortsansässigen Pflichtverteidigern, ordnet den nächsten bei, der »dran ist«, und erwartet, dass dieser den Angeklagten entsprechend den Regeln der Strafprozessordnung verteidigt.

Und warum benennen Angeschuldigte auf gerichtliche Anfrage nicht einfach ihren Wunschanwalt, wenn sie Sorge haben, das Gericht würde ihnen sonst einen schlechten, weil hörigen Verteidiger beiordnen? Dann würde es diese ganze unsägliche Diskussion nicht geben.

Der Konfliktverteidiger

Der Krawall-Anwalt befindet sich ständig im Kampfmodus. »Strafverteidigung ist Kampf« lautet sein Berufsmotto. Er beginnt jede Verhandlung mit einem Torpedofächer von Besetzungsrügen und Einwänden gegen die Anklageschrift. Er versucht, das Gericht in einer Flut von Befangenheits- und Beweisanträgen zu ertränken. Jede einzelne Handlung des Gerichts wird beanstandet. Andere Prozessbeteiligte lässt er überhaupt nicht zu Wort kommen. Wenn hier einer redet, dann nur er. Dazwischenschreien ist sein Stilmittel. Er provoziert die Richter und schüchtert Belastungszeugen ein. Oft ist er auch verhindert, zum Beispiel krank. Mit allerlei Winkelzügen versucht er, die Hauptverhandlung unendlich zu verzögern.

Christian R. ist so ein Anwalt im Terrormodus. Er vertritt Alexander K., dem sexueller Missbrauch an seiner damals achtjährigen Tochter vorgeworfen wird. Die Verhandlung beginnt im Juli 2020 am Landgericht München unter dem Vorsitz der Richterin Sigrun Broßardt. Christian R. war mit ihr ebenfalls in einem Missbrauchsprozess bereits ein halbes Jahr zuvor aneinandergeraten. Er wusste, er würde kein leichtes Spiel mit ihr haben. Ebenfalls bekannt war ihm aber auch, dass Broßardt Ende des Jahres in Pension gehen würde. Ein guter Anwalt wie er würde schon einen Weg finden, den Prozess bis dahin zu verschleppen.

Seine Verteidigungsstrategie bestand in Beleidigungen und Anbrüllen. Er wollte eine unsachliche Atmosphäre schaffen und das Verfahren dadurch verschleppen. Die Vorsitzende Richterin bezeichnete er als »Komplettniete« und »anwaltsbekannte Lügnerin«. Er warf ihr wörtlich vor: »Sie sind psychisch schwer angeschlagen. Sie sind richtig, richtig krank.« Er verwendete Begriffe wie »geistig wirr«, »völlig irre«, »starke kognitive Fehlfunktion«, »Denkstörungen« und »Lügnerin«.[13] Außerdem stellte er ein mögliches Krankheitsbild in den Raum, das sich aus dem Verhalten der Richterin während der bisherigen Verhandlung ergebe: »eine hebephrene Schizophrenie«, eine Unterform der Schizophrenie. »Sie brauchen dringend Hilfe und sollten sich an einen Facharzt wenden«, rief er mit lauter Stimme. Er war der Meinung, die Richterin sei geisteskrank, gehöre nicht auf die Richterbank und solle sich sofort in den Ruhestand verabschieden.

Den Staatsanwalt, der sich einmischen wollte, bezeichnete er als »Schreiaffe«, der sofort den Mund halten solle. Seine Kollegin sei »schmierig« und eine »Premium-Rechtsverletzerin«.

Christian R. erreichte es, dass der Kindesmissbrauch schon bald keine große Rolle mehr spielte. Die Verhandlungstage zogen sich schleppend dahin und waren geprägt von Wortgefechten zwischen dem Verteidiger, der Vorsitzenden und dem Staatsanwalt sowie Dutzenden Beweisanträgen der Verteidigung.
Schließlich kam es zum Eklat. Christian R. trat ohne Maske ans Richterpult und hustete laut. Den notwendigen Mindestabstand zum Schutz vor Corona unterschritt er bewusst. Vier Wachtmeister stellten sich zum Schutz der Richter vor das Pult. Als Christian R. ihnen gegenüber handgreiflich wurde, rangen sie ihn zu Boden, legten ihm Handschellen an und zerrten ihn aus dem Saal. Damit war der Verhandlungstag geplatzt.
Schließlich ging der Plan auf. Der Prozess hatte sich derart in die Länge gezogen, dass die Vorsitzende Richterin Broßardt in Pension ging, ohne das Verfahren noch abschließen zu können. Es muss unter dem Vorsitz eines anderen Richters neu aufgerollt werden.

Der Konfliktverteidiger ist der Albtraum aller Richter, obwohl er nicht häufig vorkommt. Oft ist er auch verhindert, zum Beispiel bis ins 23. Jahrhundert austerminiert oder krank. Warum benimmt der sich so daneben, frage ich mich manchmal. Er könnte versuchen, das Gericht durch seine aggressive Strafverteidigung zu einem Fehler zu provozieren, der in der Revision Pluspunkte bringt. Vielleicht prüft das Gericht entnervt den 41. Beweisantrag nicht so gründlich, wie es sollte, weshalb das Urteil später vom Bundesgerichtshof aufgehoben wird. Oder er will Druck aufbauen, um das Gericht zu einem Entgegenkommen zu bewegen. Irgendwann werden die Richter mürbe genug sein, um der angeregten Einstellung zuzustimmen. Oder vielleicht leidet der Krawallverteidiger nur an einer unbehandelten Aggressionsstörung und müsste mal dringend in Therapie.

Die Konfliktverteidiger existieren nur, weil Angeklagte von einem verteidigt werden wollen. Viele glauben, nur ein besonders »harter« sei ein guter Verteidiger. Gerade in der Knasti-Szene kursieren die immer gleichen Namen knallharter Anwälte. Was mag der Tipp eines Langzeitsträflings wert sein, frage ich mich. Möchte der Angeklagte ebenfalls zwölf Jahre aufgebrummt bekommen wie sein tippgebender Knastbruder? Wenn man das Gericht gegen sich aufbringt, kann der Schuss jedenfalls bei klarer Beweislage nach hinten losgehen. Eine konfrontative Verteidigung kann zu einer Verärgerung des Gerichts führen und diese dann bewusst oder unbewusst in die Strafzumessung einfließen. Das Gericht sitzt in jedem Fall am längeren Hebel, egal, welchen Krawall der Verteidiger vorher veranstaltet hat.

Regel Nr. 8: Wenn der Konfliktverteidiger Schiffe-Versenken spielt, ist oft der Einzige, den er versenkt, der eigene Mandant.

Der Clubanwalt

Der Clubanwalt vertritt einen bestimmten Club, Verein oder eine Organisation. Manche Clubs haben derart häufig und viele strafrechtliche Probleme, dass sie einen eigenen Anwalt brauchen. Wir reden hier nicht von einem Kaninchenzüchterverein, sondern von der Organisierten Kriminalität, wie die Hells Angels oder Arabischen Clans. Wenn eins ihrer Mitglieder ein Strafverfahren hat, wird immer derselbe Anwalt geschickt, der aus der Clubkasse bezahlt wird. Was diese kriminellen Organisationen verkennen: Auch wir Richter kennen die Clubanwälte. Wenn einer der bekannten Namen auftritt, könnte der Angeklagte auch gleich gestehen, dass er Mitglied der Hells Angels oder eines Arabischen Clans ist. Dies zu leugnen, macht nur wenig Sinn.

Der Polizei- und Justizhasser

Gerade Junganwälte glauben, dass ihre Mandanten fast alle unschuldig sind. In der Ideologie mancher Anwälte sind Polizisten alle Rambos, die eine primitive Freude daran haben, Unschuldige niederzuknüppeln und ihnen Straftaten anzuhängen. Die Staatsanwälte und Richter würden gemeinsame Sache mit der Polizei machen. Aus ihrer Sicht produziert die Justiz eine unendliche Kette von Fehlurteilen. Das eigentliche Opfer sitzt in Wahrheit auf der Anklagebank.

Solche Verteidiger sind aus meiner Sicht die schlimmsten. Mit einem Anwalt, der das System der Strafverfolgung ablehnt, ja sogar hasst, kann man kein vernünftiges Gespräch über den Strafprozess führen. Jedes Wort des Richters wird als Anlass für eine Abrechnung mit dem System genommen. Weitschweifige Erklärungen ohne Fallbezug sind die Folge. Die Hauptaufgabe von Richtern ist aus ihrer Sicht, Polizeigewalt abzusegnen. Eigentlich gehören die Richter und nicht ihr Mandant zusammen mit den Polizisten auf die Anklagebank.

Der Starverteidiger

Er ist bekannt aus Presse, Internet und Fernsehen. Er ist ein narzisstischer Typ mit Hang zur Selbstdarstellung. Äußerlich ist er an dem dreiteiligen Maßanzug, dem Musketierbart und der goldenen Rolex zu erkennen. Bekannt geworden ist er durch die Verteidigung einiger Prominenter. Weil die Anzahl kriminell gewordener Prominenter überschaubar groß ist, verteidigt er auch ganz normale Leute, sofern sie sich seine hohen Honorare leisten können.

Der Verteidiger trug einen dunkelblauen dreiteiligen Anzug und zog einen Rollkoffer hinter sich her, als er den Saal 112 des Amtsgerichts Dessau-Roßlau betrat. Er war einer der Platzhirsche aus der Bundeshauptstadt. Beim Hereinkommen erzählte er von seinem Arbeitsfrühstück mit Frau Justizministerin, einer erfolgreichen Revision beim Bundesgerichtshof sowie davon, dass er Lehrbeauftragter an der Uni Berlin sei und von dieser in Bälde zum Professor ernannt werden würde. Er habe viele sehr wohlhabende und prominente Mandanten, deren Namen er mir selbstredend nicht verraten dürfte. Ich ließ den Anwalt weiterreden, während er sich seine Robe anzog, seine Sachen auf dem Verteidigertisch ausbreitete und sich hinsetzte. Auf der *Focus*-Liste der Top-Anwälte würde er schon seit Jahren auf den Spitzenplätzen stehen. Ich hatte es fraglos mit einem der besten und bekanntesten Strafverteidiger in Deutschland zu tun.
Irgendwann endete sein Redefluss, und er sah mich mit einem Gewinnerlächeln an. So als ob der Fall mit diesem Auftritt schon eingestellt sei.
»Wie kommt es, dass ein Staranwalt wie Sie eine Bußgeldsache vor einem popeligen Amtsgericht vertritt?«, fragte ich.
Sein Lächeln erstarb.

Der vorbildliche Verteidiger
Er kommt unprätentiös daher. Er ist gut, aber nicht auffällig gekleidet. Alles an ihm strahlt Seriosität aus. Er hat sehr gute strafrechtliche Kenntnisse und kann daher mit Staatsanwälten und Richtern auf Augenhöhe verhandeln. Seine Spezialisierung belegt er dadurch, dass er Fachanwalt für Strafrecht ist. Er hält eine professionelle Distanz sowohl zum Gericht als auch zu seinem Mandanten. Er schätzt nach Aktenlektüre die Beweislage und die sich daraus ergebenden Prozesschancen für seinen Mandanten realistisch ein. Daraus entwickelt er eine für den Fall und den Angeklagten passende Verteidigungsstrategie. Lässt die Beweislage Lücken erkennen, kämpft er engagiert für einen Freispruch seines Mandanten. Er kämpft aber nur, wenn der Fall Anlass dafür bietet, nicht um des Kämpfens willen. Ist dagegen die Beweislage erdrückend, rät er seinem Mandanten zur Schadensbegrenzung zu einem Geständnis. Gegenüber den Prozessbeteiligten verhält er sich stets höflich und respektvoll, auch wenn er in der Sache ganz anderer Meinung ist.

Sie werden in diesem und anderen Kapiteln Kritik von mir an Verteidigern lesen. Tatsächlich sind Konfliktverteidiger und Co. aber in der Minderheit. Die Mehrheit der Verteidiger ist seriös; sie versuchen einfach nur, ihre Mandanten entsprechend den Regeln der Strafprozessordnung ordentlich zu verteidigen. Ich empfinde solche Anwälte durchaus als Gewinn für ein Strafverfahren.

Die Zeugen

Zeugen sind in Strafprozessen gleichzeitig das häufigste, aber auch das unzuverlässigste Beweismittel. Das häufigste mangels anderer Beweismittel und das unzuverlässigste, weil sie Geschehen falsch wahrnehmen, sich falsch erinnern oder einfach lügen. Selten handelt es sich um neutrale Zeugen, sondern sie stammen meist aus dem Lager entweder des Angeklagten oder des Opfers. Sie sitzen auf der Holzbank vor dem Saal wie Hühner auf einer Stange.

Die sogenannten Opferzeugen erkennen sie an den ängstlichen und verweinten Gesichtern. Sie stehen kurz davor, ihrem Peiniger nochmals gegenüberzutreten und ihr Trauma durch ihre Aussage nochmals zu reaktivieren. Sie fürchten zu Recht auch fiese Fragen des Verteidigers.

Dann gibt es noch die Entlastungszeugen, die einträchtig mit dem Angeklagten zusammenstehen. Letzte Details des falschen Alibis werden abgesprochen.

Die zahlenmäßig häufigsten Zeugen sind Polizeibeamte. Routiniert berichten sie über Festnahmen, Durchsuchungen und Verfolgungsjagden. In der Tendenz finden Polizeibeamte irgendwie alles strafbar und die Justiz zu lasch.

Während ich in der Bahnhofsbuchhandlung Zeitschriften durchblätterte, sprachen mich die Bundespolizisten Fischer und Pohl an. »Den Maik Siebert habt ihr ja wieder laufen lassen«, beschwerte sich Fischer.

Sie hatten Siebert auf dem Bahnsteig kontrolliert, weil er keine Maske trug. Er hatte versucht, sich durch ein Attest herauszureden, das die Beamten auf den ersten Blick als gefälscht erkannten. Da er keine Maske bei sich hatte, forderten die Beamten ihn auf, den Bahnhof zu verlassen. Daraufhin war Siebert ausgerastet. Er hatte die Polizisten beleidigt und den Staat infrage gestellt. Die beiden Polizisten hatten sich darauf entschlossen, den Mann auf die Wache abzuführen. Als sie ihn ergreifen wollten, sprang der Mann ins Gleisbett und warf mit Schottersteinen nach den Polizisten. Fischer wurde am Kopf getroffen und erlitt eine Platzwunde, die im Krankenhaus genäht werden musste. Weitere Polizisten kamen hinzu, und es gelang ihnen, den Randalierer zu überwältigen. Ein halbes Jahr später wurde er zu zehn Monaten Freiheitsstrafe auf Bewährung verurteilt.

»Wir fangen die Verbrecher, die Justiz lässt sie wieder laufen«, stimmte ihm Pohl murrend zu.

Das ist ein Vorwurf, den man als Richter von Polizisten immer wieder hört.

»Das wird schon seine Gründe haben«, antwortete ich vorsichtig. Ich hatte zwar von dem Fall gehört, kannte aber die Akte und das Urteil nicht, wusste also nicht, was den Kollegen zur Milde bewogen hat.

»Das war ein versuchter Totschlag. Der hätte mindestens vier Jahre bekommen müssen«, sagte Fischer und deutete auf seine Schläfe, auf der eine Narbe zu sehen war.

»Das Gericht hat es als gefährliche Körperverletzung in Tateinheit mit tätlichem Angriff auf Vollstreckungsbeamte gewertet«, sagte ich. Ich ersparte es mir, die Voraussetzungen eines versuchten Totschlags im Lichte der aktuellen BGH-Rechtsprechung zu erläutern.

»Es kann doch nicht sein, dass wir unter Einsatz unserer Gesundheit und unseres Lebens Straftäter einfangen und sie alle wieder als freier Mann den Gerichtssaal verlassen.«

»Ihr wisst ganz genau, dass nicht jede Straftat gleich eine Gefängnisstrafe nach sich zieht.«

»Wenn Täter und Verurteilte sowieso nicht mehr bestraft werden, dann macht unsere ganze Arbeit auch keinen Sinn mehr«, regte sich Fischer auf.

»Ernsthafte Strafverfolgung findet bei Gericht nicht statt«, stimmte ihm Pohl zu.

»Ihr übertreibt. Es ist ja nicht so, dass wir gar keine Angeklagten mehr ins Gefängnis stecken.«

Das Funkgerät von Pohl quäkte und erlöste mich aus dieser unangenehmen Gesprächssituation. Die Polizisten eilten zu ihrem nächsten Einsatz.

Ich hatte Verständnis für die beiden Bundespolizisten. Sie riskieren tatsächlich ihre Gesundheit bei ihren Einsätzen, und es muss frustrierend für sie sein, wenn die Täter später nicht die aus ihrer Sicht angemessene Strafe bekommen.

Aus Sicht von Zeugen sind Richter lästig, denn sie laden sie zu Gerichtsterminen vor, zu denen sie nicht kommen wollen. Dann lassen sie sie stundenlang auf dem Gerichtsflur warten und überhäufen sie schließlich noch mit inquisitorischen Fragen.

Die Wachtmeister

Sofern es Eingangskontrollen an den Gerichten gibt, werden diese von Wachtmeistern durchgeführt. Generell obliegt es ihnen, Sicherheit und Ordnung im Gericht aufrechtzuerhalten. Eine weitere Aufgabe ist es, Untersuchungshäftlinge zu den Gerichtsverhandlungen zu bringen und sie zu bewachen. Es ist auch noch Aufgabe von Wachtmeistern, die Akten im Gericht zu transportieren. Schließlich sind sie auch noch Hilfshausmeister, da die hauptamtlichen Hausmeister wegrationalisiert wurden. Sie sehen, wie unwichtig Wachtmeister für das Funktionieren eines Gerichts sind. Deshalb ergibt es durchaus Sinn, aus Kostengründen möglichst auf sie zu verzichten. Gott bewahre, wenn das Gericht sowohl sicher als auch funktionstüchtig wäre. Wo kämen wir denn da hin?

Wachtmeister mögen Richter nicht, denn sie haben sie klar als Arbeitsverursacher erkannt. Es sind Richter, die andauernd Akten bekommen und wieder abgetragen haben möchten. Es sind Richter, die Vorführungen von Gefangenen anordnen. Es sind Richter, die Einlasskontrollen fordern, damit gefährliche und bewaffnete Menschen nicht ungehindert in den Gerichtssaal gelangen. Das Leben von Wachtmeistern könnte sehr viel ruhiger sein, wenn ihnen die Richter nicht ständig so viel Arbeit bescheren würden. Ihr Habitat ist die Wachtmeisterei, in der sie ungestört bleiben wollen. Als Richter sollte man sich gut überlegen, mit einem Anliegen in dieses Reservat von Bewegungsallergikern einzudringen.

Geschäftsstellenkräfte

In den Geschäftsstellen verwalten Justizangestellte die Akten und erledigen die Post. Sie sind eine Kreuzung aus Schildkröte und Bulldogge. Der Richter ist ihnen gegenüber nicht weisungsbefugt, was dazu führt, dass sie nur dann arbeiten, wenn sie Lust dazu haben. Als Richter stellt man sich mit seiner Geschäftsstelle besser gut, wenn man seine Sachen erledigt haben möchte. Es hilft, wenn man weiß, welche Kuchensorte die Damen bevorzugen. Eine Portion Drachenfutter wirkt wie ein Turbo für die Aktenbearbeitung.

Die Geschäftsstelle ist erster Anlaufpunkt für den rechtsuchenden Bürger. Die Damen gestalten den Kundenkontakt überwiegend schroff abweisend. Das ist einerseits gut, denn sie filtern viele Bürgeranliegen weg, mit denen ich mich sonst beschäftigen müsste. Einmal kräftig angeraunzt, kommt der Bürger so schnell nicht wieder. Andererseits missfällt es mir, wenn der Bürger abgewimmelt wird. Als Steuerzahler hat er eigentlich ein Recht darauf, die Dienste des Gerichts in Anspruch zu nehmen und dabei einigermaßen freundlich behandelt zu werden.

Protokollantinnen

Sie sitzen in der Regel rechts neben dem Richter und schreiben das Protokoll. Sie machen das nicht gerne, weil das Protokollführen sie von ihrer Arbeit in Geschäftsstelle oder Kanzlei abhält. Ich bin schon ein paarmal gefragt worden, warum ich das Protokoll nicht selbst schreibe, wie es Bußgeld- und Zivilrichter schon lange tun. So sieht maximale Arbeitsmotivation aus.

Die Qualität der Protokolle kann sehr streuen. Meine Hauptprotokollantin zum Beispiel schreibt klein und unleserlich. Ihre Hieroglyphenschrift zu entziffern gelingt mir nicht immer. Immerhin leistet sie durch ihre Mikroschrift einen wertvollen Beitrag zur Papiereinsparung. Sie entlastet damit den Justizhaushalt und tut außerdem etwas Gutes für die Umwelt. Es wird grundsätzlich ein Inhalts- und kein Wortprotokoll geschrieben. Manchmal weicht das von der Protokollantin Verstandene und Notierte erheblich von meinen Wahrnehmungen ab. Ich schreibe während der Verhandlung selbst auch mit und bin bisweilen erstaunt, wie unterschiedlich die beiden Protokolle sind.

Sachverständige

Sachverständige können in einer ganzen Reihe von Fallgestaltungen zum Einsatz kommen. Unfallanalytiker untersuchen die Schuldfrage bei tödlichen Verkehrsunfällen. Rechtsmediziner klären durch Obduktionen Todesursachen auf. Psychiatrische Sachverständige untersuchen, ob der Angeklagte zur Tatzeit schuldfähig war. In Glaubwürdigkeitsgutachten wird der Frage nachgegangen, ob ein Zeuge die Wahrheit sagt oder lügt. Ein Schriftsachverständiger prüft, ob eine Unterschrift echt oder gefälscht ist. Die Beauftragung eines Sachverständigen kommt immer dann in Betracht, wenn die Entscheidung von einer besonderen Sachkunde abhängt, die dem Richter fehlt. Allerdings werden so wesentliche Entscheidungen an die »Richter in Weiß« ausgelagert. Richter folgen in der Regel den Gutachten.

Sachverständige mögen Richter, denn sie verschaffen ihnen lukrative Aufträge. Und ich mag Sachverständige, weil sie oft Licht ins Dunkel des Falles bringen.

Sie haben gesehen, es bedarf vieler Beteiligter, um einen Strafprozess durchzuführen. Nur dumm, dass außer meinen Freunden in Weiß fast alle gegen mich sind. Manchmal komme ich mir vor wie Asterix in seinem gallischen Dorf, der verbissen den Römern trotzt. Gleichwohl versuche ich jede Woche wieder neu, Strafprozesse gegen alle Widerstände durchzuführen.

6

Die Top Ten des Verbrechens – die Bestseller aus dem Strafgesetzbuch

Wenn man den Fernsehkrimis glaubt, ist Mord die mit Abstand häufigste Straftat. Selbst in den abgelegensten Dörfern an der Küste oder in den Alpen geht der Serienmörder um. In der Realität kommen Mord und Totschlag mit einem statistischen Anteil von 0,1 Prozent nur höchst selten vor. Nicht der Mörder beschäftigt die Gerichte, sondern der Hühner- und Eierdieb. Die Spitzenreiter der jährlich knapp sechs Millionen erfassten Straftaten sind folgende:[14]

Platz 1: Diebstahl

Ladendiebstahl

Der einfache Diebstahl ist mit ca. 17 Prozent aller begangenen Diebstähle das Topdelikt. Meist handelt es sich um Ladendiebstahl. Über 250 000 Ladendiebstähle werden jährlich in Deutschland angezeigt. Allerdings gibt es eine hohe Dunkelziffer von mindestens 98 Prozent. Zur Anzeige gebracht wird der Diebstahl nur, wenn er sofort bemerkt wird und die Personalien des Täters festgestellt werden können. Doch nur zu oft wird der Warenschwund erst später im Rahmen einer Inventur bemerkt.

Aus Richtersicht sind Ladendiebstähle einfache Fälle, denn die Beweislage ist sehr gut. Meist hat der Ladendetektiv den

Dieb zunächst auf der Videoüberwachungsanlage beobachtet. Moderne Geschäfte haben an ihren Decken eine ganze Batterie Kameras, die die gesamte Ladenfläche abdecken. Auf dem Video ist zu sehen, wie der Täter die Ware aussucht, sich sichernd umschaut und sie dann in Jacke oder Rucksack steckt. Wenig später ist er zu sehen, wie er, ohne zu bezahlen, die Kasse passiert. Am Ausgang wird er schon vom Ladendetektiv erwartet und ins Büro geführt. Es wird ein Diebstahlsprotokoll aufgenommen und es werden Fotos der Diebesbeute gemacht. Die meisten Ladendiebe versuchen gar nicht erst, die Tat zu bestreiten.

Ladendiebstähle werden meist mit Geldstrafen belegt.

Fahrraddiebstähle

Auch Fahrraddiebstähle sind ein Massendelikt. Im Jahr 2021 wurden der Polizei 233 584 Fälle angezeigt.[15] Es gibt allerdings eine hohe Dunkelziffer, da die Bestohlenen eine Strafanzeige angesichts einer mageren Aufklärungsquote von 10 Prozent nur erstatten, wenn sie sie zur Vorlage bei der Versicherung brauchen. Ist das Fahrrad wie so oft nicht versichert, sparen sie sich die Mühe.

Muss vor der Mitnahme ein Fahrradschloss geknackt werden, handelt es sich um einen besonders schweren Fall des Diebstahls gemäß § 243 Strafgesetzbuch, der mit einer Freiheitsstrafe von drei Monaten bis zu zehn Jahren bestraft wird.

> Die Lehrerin Gesine Tietze, 46 Jahre, sieht aus einem Fenster im dritten Stock des Gymnasiums, wie ein Mann sich an einem Fahrrad auf dem Schulhof zu schaffen macht. Sie geht runter. Als sie sich ihm nähert,

erkennt sie, dass er gerade dabei ist, mit einem Bolzenschneider die Kette durchzuschneiden, mit der das Rad am Ständer angeschlossen ist. Den jungen Mann schätzt sie auf Anfang zwanzig, und er ist offensichtlich kein Schüler.

»Was machen Sie da?«, fragte Tietze.

Ich wünschte, ich hätte auch Lehramt studiert, damit mir eine so clevere Frage einfällt.

»Meine Nichte hat ihren Schlüssel versumst. Ich soll das Fahrrad losmachen und ihr bringen.«

Inzwischen hat der Mann die Kette durchtrennt und zieht das Rad aus dem Ständer.

Die Lehrerin schiebt ihre Brille den Nasenrücken hoch in die korrekte Position.

»In welche Klasse geht Ihre Nichte?«

»In die vierte.«

»Am Gymnasium gibt es keine vierte Klasse.«

Der Fahrraddieb erkennt, dass er aufgeflogen ist. Er steigt auf das Fahrrad auf, um davonzufahren.

Die resolute Lehrerin macht gleichzeitig zweierlei. Mit der linken Hand hält sie das Fahrrad am Lenker fest und holt mit der rechten ihr Smartphone aus ihrer Umhängetasche. Sie hält ihm ihr Handy vors Gesicht und macht ein Foto.

Der junge Mann holt mit dem Bolzenschneider aus und trifft Gesine Tietze an der Schläfe. Sie lässt das Rad los und taumelt zurück.

Der junge Mann tritt in die Pedale und flüchtet.

Tietze läuft noch Blut von der Schläfe über die Wange und tropft auf das bordeauxfarbene Kleid, als der Streifenwagen eintrifft. Stolz präsentiert sie das Täterfoto.

»Das ist Marvin Kruse«, erkennt der Polizist. Er hatte wegen Drogendelikten schon mal mit ihm zu tun.
Als die Polizisten Marvin Kruse zehn Minuten später in seiner Wohnung aufsuchen, ist er gerade dabei, das entwendete Fahrrad zu zerlegen.
Er wird wegen räuberischen Diebstahls zu einer Freiheitsstrafe von einem Jahr und sechs Monaten auf Bewährung verurteilt.

Einbruch

Dem Täter genügt erstaunlicherweise oft ein Schraubenzieher, um eine Tür oder ein Fenster aufzuhebeln. Im Gebäude sucht er dann nach stehlenswerten Sachen. Strafrechtlich ist auch dies ein besonders schwerer Fall des Diebstahls gemäß § 243 Strafgesetzbuch. Handelt es sich um eine ständig bewohnte Wohnung, ist es ein Wohnungseinbruchdiebstahl mit einer Mindestfreiheitsstrafe von einem Jahr, § 244 Abs. 4 Strafgesetzbuch.

Einbrüche traumatisieren die Opfer oft erheblich. In einem von mir verhandelten Fall wachte die Wohnungsbesitzerin nachts davon auf, dass der Einbrecher direkt neben ihrem Bett den Nachttisch durchsuchte. Dauerhafte Albträume und Schlafstörungen waren die Folge.

Platz 2: Verkehrsdelikte

Im Straßenverkehr kann auch der unbescholtene Bürger schnell mal zum Straftäter werden. Dies liegt daran, dass die meisten auch fahrlässig begehbar sind. Verkehrsübertretungen kommen massenhaft vor, dabei kann die Schwelle zur Strafbarkeit schnell überschritten werden.

Trunkenheit im Verkehr

Ab 1,1 Promille liegt eine absolute Fahruntüchtigkeit vor. Die Folge ist in der Regel eine Geldstrafe von meistens 30 Tagessätzen, das heißt ein monatliches Nettogehalt, und Führerscheinentzug für mindestens sechs Monate. Die Tücke dieses Straftatbestandes liegt darin, dass Alkohol am Steuer nicht grundsätzlich verboten ist. Es gibt abgestufte Promillegrenzen. Bereits ab 0,3 Promille kann eine relative Fahruntüchtigkeit des Fahrers vorliegen, wenn er alkoholtypische Ausfallerscheinungen zeigt, also zum Beispiel Schlangenlinien fährt. Ab 0,5 Promille liegt eine Ordnungswidrigkeit vor. Und spätestens ab 1,1 Promille macht sich der Fahrer strafbar. Doch nur wenige Autofahrer haben eine realistische Vorstellung darüber, welche Menge Alkohol welche Promillewerte ergibt. Auf der Anklagebank sagen fast alle, sie hätten nicht gedacht, dass »die paar Bier« zu so hohen Promillewerten führen.

Lars Breuer wohnt in Dessau-Nord und will an dem jährlichen Schifferfest in Roßlau teilnehmen. Die beiden kleinen Städte liegen fünf Kilometer auseinander. Lars Breuer weiß von vorangegangenen Besuchen, dass es auf dem Fest feuchtfröhlich zugehen wird. Also lässt er sein Auto stehen und nimmt sein Fahrrad, um keinen Ärger mit der Polizei zu bekommen.
Nachdem Feuerwerk und Musik gegen 23.00 Uhr verklungen sind, macht er sich auf seinem Fahrrad auf

den Heimweg. Es waren einige Biere und noch ein paar Schnäpse, doch er fühlt sich gut. Er schätzt, dass er in 15 Minuten zu Hause sein wird. Auf dem Radweg entlang der Bundesstraße erreicht er problemlos Dessau. Gleich habe ich es geschafft, denkt er.

Kurz hinter dem Ortseingang halten ihn zwei Polizisten an einer Bushaltestelle an.

»Haben Sie alkoholische Getränke getrunken?«, will ein Polizist wissen.

Blöde Frage, denkt Lars Breuer. Jeder, der um diese Uhrzeit vom Schifferfest auf dem Heimweg ist, hat getrunken. Das werden auch die Polizisten wissen. Welchen anderen Grund sollte es für sie geben, genau jetzt an dieser vereinsamten Bushaltestelle Radfahrern aufzulauern?

Nachdem Lars Breuer die Frage bejaht hat, wird er zur Blutprobenentnahme ins Krankenhaus gebracht. Einige Wochen später bekommt er einen Strafbefehl. Der Vorwurf lautet Trunkenheit im Verkehr, denn er hatte 1,7 Promille Alkohol im Blut. Er soll eine Geldstrafe in Höhe eines Monatsgehalts zahlen und den Führerschein abgeben. Lars Breuer versteht die Welt nicht mehr. Er hatte doch extra das Auto stehen lassen und ist mit dem Rad zum Fest gefahren, um genau das zu vermeiden. Wütend legt er Einspruch ein.

Als Lars Breuer auf der Anklagebank sitzt, erkläre ich ihm die Rechtslage. Eine Trunkenheit im Verkehr begeht nicht nur, wer ein Kraftfahrzeug führt. Auch ein Fahrradfahrer mit 1,6 Promille oder mehr ist absolut fahruntüchtig und begeht eine Straftat. Der Führerschein kann selbst dann eingezogen werden, wenn

man die Trunkenheitsfahrt gar nicht mit einem Auto begangen hat.
Ich glaube dem Angeklagten, dass er all das nicht gewusst und sich reinen Gewissens auf sein Fahrrad gesetzt hat. Mir selbst erscheint die Strafe zu hart. Ich habe schon Dutzende solcher Fälle verhandelt, aber noch nie hat ein betrunkener Radfahrer jemand anderen als sich selbst gefährdet oder verletzt. Sie stürzen schlimmstenfalls und bleiben verletzt im Straßengraben liegen, bis der Rettungswagen sie einsammelt. Mir scheint von promillegeschwängerten Radlern keine große Gefahr für die Allgemeinheit auszugehen. Ich frage die Amtsanwältin, ob sie sich eine geringere Strafe als die im Strafbefehl vorgesehene oder gar eine Einstellung gegen Geldauflage vorstellen kann. »Selbstverständlich nicht«, antwortet sie entrüstet. Ich kenne auch die Rechtsprechung des Landgerichts in diesen Fällen. Wenn ich von der Strafe des Strafbefehls erheblich nach unten abweiche, wird das Urteil voraussichtlich einkassiert werden. Nachdem ich dem Angeklagten erklärt habe, dass ich wenig machen kann, nimmt er zähneknirschend seinen Einspruch zurück.

Ganz ähnlich kann es den Fahrern von E-Scootern gehen. Viele wissen nicht, dass für E-Scooter die gleichen Promillewerte wie für Autos gelten. Dafür weiß aber die Polizei, dass die meisten, die nachts mit dem E-Scooter unterwegs sind, alkoholisiert sind. Interessante Rechtskundeveranstaltungen in Gerichtssälen sind damit vorprogrammiert.

Fahren ohne Fahrerlaubnis

Da gibt es Autofahrer, die hatten noch nie einen Führerschein. Andere haben ihn durch eine Trunkenheitsfahrt oder ein anderes Verkehrsdelikt verloren. Oder ein hoher Punktestand in Flensburg hat zum Führerscheinverlust geführt. Auf das Autofahren wollen diese Menschen trotzdem nicht verzichten. Eine beliebte Einlassung ist: »Ich brauche keinen Führerschein, denn ich bin ein guter Fahrer.«

Pascal Steinecke kommt zehn Minuten verspätet zu seiner Verhandlung. Als ich ihn nach dem Grund dafür frage, sagt er, er habe keinen Parkplatz gefunden. Er fügt noch an, er habe sein Auto direkt vor dem Gericht im Parkverbot abgestellt, um nicht noch später zu erscheinen. Interessiert begebe ich mich zum Fenster. Direkt vor dem Gericht steht ein alter silberner VW Golf. Es ist der gleiche, in dem der Angeklagte vor ein paar Wochen von einer Radarfalle fotografiert worden war, was zu der Anklage wegen Fahrens ohne Fahrerlaubnis geführt hatte. Seinen Führerschein hatte er letztes Jahr wegen zu vielen Punkten in Flensburg verloren. Danach war er einfach weiter Auto gefahren und schon fünfmal deswegen verurteilt worden. Er gab die Tat zu, bat aber wortreich um eine letzte Chance, sprich noch mal Bewährung. Die Staatsanwältin verstand keinen Spaß und beantragte vier Monate ohne Bewährung. So lautete dann auch das Urteil. Außerdem leitete sie wegen der führerscheinlosen Fahrt zum Gericht ein neues Ermittlungsverfahren ein.

Unerlaubtes Entfernen vom Unfallort
Auch dies ist ein Jedermannsdelikt. Häufigster Fall ist der Parkplatzrempler. Manchmal hat der Fahrer den Anstoß tatsächlich nicht bemerkt. Über die Bemerkbarkeit schreibt später ein Sachverständiger lange und schlaue Gutachten. Oder er hält ihn für eine Bagatelle und nicht für einen Unfall. So kann auch der unbescholtene Bürger wegen eines Missgeschicks auf der Anklagebank landen. In letzter Zeit sehe ich dort öfter Senioren von über 80 Jahren mit dicken Brillengläsern und Hörgerät sitzen. Wenn sie behaupten, sie hätten das rauchende Autowrack hinter sich nicht gesehen, bin ich fast geneigt, das zu glauben. Eine ganz andere Frage ist, ob man noch Auto fahren sollte, wenn man fast blind und taub ist. Jüngere sind dagegen mit Alkohol oder ohne Führerschein unterwegs und wollen deswegen keine Polizei rufen. Aber ein aufmerksamer Bürger hat den Unfall gesehen und sich das Kennzeichen des davonrasenden Autos gemerkt.

Platz 3: Betrug

Häufig landet der eBay-Betrug vor Gericht. Der Verkäufer stellt eine sogenannte »Kauffalle« auf. Er inseriert eine gefragte Ware, zum Beispiel ein hochwertiges Handy. Das Angebot wirkt seriös. Der Käufer leistet Vorkasse. Doch der Verkäufer versendet die Ware niemals. Oft besitzt er die Ware gar nicht. Sobald das Geld bei ihm eingegangen ist, reagiert er nicht mehr auf Nachrichten des Käufers. Doch die Spur des Geldes führt zu seinem Konto.

Die umgekehrte Variante besteht im Versandhandelsbetrug. Der Käufer bestellt im Internet Waren, bekommt sie, bezahlt sie aber nicht. Oftmals werden die Bestellungen unter falschen

Namen aufgegeben und falsche Klingelschilder angebracht, um die wahre Identität zu verschleiern.

Platz 4: Sachbeschädigung

Sie ist mit 11 Prozent eine der häufigsten Straftaten. Oft ist sie Begleittat einer anderen Straftat. Der Einbrecher begeht sie zwangsläufig, wenn er Türen aufbricht oder Fenster einschlägt. Eigenständige Sachbeschädigungen kommen in Form des Vandalismus vor. Männliche Jugendliche leben ihre Aggressionen und ihren Frust aus, indem sie blindwütig Sachen zerstören. Oder sie fühlen sich künstlerisch talentiert und verzieren ungefragt Gebäude mit Graffiti.

Platz 5: Körperverletzung

Wem die Argumente ausgehen, der greift gerne zur Gewalt. Sie kann von der einfachen Ohrfeige bis zum Messerstich reichen. Entsprechend abgestuft sind auch die Körperverletzungsdelikte.

§ 229 Strafgesetzbuch Fahrlässige Körperverletzung: Freiheitsstrafe bis zu drei Jahren oder Geldstrafe

Sie liegt vor, wenn der Täter unabsichtlich jemanden verletzt. So etwa der Autofahrer, der einen Fußgänger auf dem Zebrastreifen übersieht und ihn auf den Kühler nimmt.

§ 223 Strafgesetzbuch Körperverletzung: Freiheitsstrafe bis zu fünf Jahren oder Geldstrafe

Sie begeht der Täter, der das Opfer absichtlich verletzen will, zum Beispiel durch eine Ohrfeige oder einen Faustschlag.

§ 224 Strafgesetzbuch Gefährliche Körperverletzung: Freiheitsstrafe von sechs Monaten bis zu zehn Jahren

Ihr häufigster Fall ist die Verwendung einer Waffe oder eines gefährlichen Werkzeugs. Waffe kann ein Küchenmesser, gefährliches Werkzeug eine über den Schädel gezogene Glasflasche sein. Ab jetzt gibt es keine Geldstrafe mehr.

§ 226 Strafgesetzbuch Schwere Körperverletzung: Freiheitsstrafe von einem Jahr bis zu zehn Jahren

Sie ist bei schweren Folgeschäden, wie Verlust des Augenlichts, eines wichtigen Gliedes des Körpers oder bei dauerhafter Entstellung, zu bejahen.

§ 227 Strafgesetzbuch Körperverletzung mit Todesfolge: Freiheitsstrafe von drei Jahren bis zu fünfzehn Jahren

Bei einem Messerstich in die Brust könnte man an versuchten Mord oder Totschlag denken, denn so eine Stichverletzung ist potenziell lebensgefährlich. Doch auch solche Fälle werden meist als gefährliche Körperverletzung beim Amtsgericht beerdigt.

Die Beweisaufnahmen können schwierig sein. Wer hat zuerst geschlagen oder zugestochen? Hat sich der Angeklagte nur verteidigt, also in Notwehr gehandelt? Geraten Gruppen aneinander, ist zu klären, wer überhaupt was gemacht hat.

Platz 6: Rauschgiftdelikte

Drogen aller Art beschäftigen Strafrichter massiv. Alkohol, Nikotin und Koffein sind noch erlaubt, alles andere ist verboten. Während die Justiz bei Besitz von Kleinmengen für den Eigenkonsum oft noch ein Auge zudrückt, wird der Drogenhandel mit hohen Freiheitsstrafen geahndet. Richtig bekämpfen lässt sich der Drogenhandel aber auch mit drakonischen Strafen nicht. Fängt man einen Dealer weg und sperrt ihn für Jahre ins Gefängnis, stehen an derselben Stelle morgen drei andere Dealer. Auch der Betäubungsmittelabhängige lässt sich durch Strafen nicht abschrecken. Seine Sucht zwingt ihn zu weiterem Konsum.

Die Drogenabhängigen sind Stammkunden der Justiz. Sie kommen nur schwer wieder von ihrer Sucht los. Zudem müssen sie im Prinzip täglich Straftaten begehen, um ihren Stoff zu finanzieren. Eine Tagesdosis harter Drogen wie Kokain oder Crystal Meth kostet den meist Arbeitslosen 70 bis 100 Euro – Geld, das er nicht hat. So ist ein Großteil der oben geschilderten Diebstähle nichts anderes als Beschaffungskriminalität. Das Leben der Drogensüchtigen ist ein ständiger Kreislauf aus Straftaten, Drogenbeschaffung und Rausch.

Platz 7: Beförderungserschleichung

Schwarzfahren fällt unter Erschleichen von Leistungen gemäß § 265a Strafgesetzbuch. Erfahrungsgemäß besitzen drei Prozent aller Fahrgäste keinen gültigen Fahrschein. Den Verkehrsunternehmen entsteht hierdurch ein Schaden in dreistelliger Millionenhöhe jedes Jahr. Schwarzfahren wird regelmäßig mit einer Geldstrafe geahndet. Wenn die nicht bezahlt wird, kommt der Schwarzfahrer ins Gefängnis.

Platz 8: Ausländerrechtliche Verstöße

Das sind beispielsweise die verbotene Einreise ohne Visum oder der Aufenthalt ohne Aufenthaltserlaubnis sowie Verstöße gegen die Residenzpflicht. Vieles davon wird im Strafbefehlswege erledigt. Kommt es zur Verhandlung, ist oft ein Dolmetscher notwendig. Ein Problem ist, den richtigen Namen und das richtige Geburtsdatum des Angeklagten herauszufinden. Mehrere Aliasnamen und offensichtlich willkürlich festgelegte Geburtsdaten sind häufig. Die Einlassungen der Ausländer sind oft kreativ und von einer völligen Ahnungslosigkeit des deutschen Rechts geprägt.

Platz 9: Wirtschafts- und Steuerstraftaten

Zu ihnen kommt es, wenn ein Unternehmen in die wirtschaftliche Krise gerät. In der Not werden nur noch Lieferanten bezahlt, weil man ohne Ware den Betrieb gleich schließen müsste. Nicht mehr gezahlt werden dagegen die Sozialversicherungsbeiträge der Mitarbeiter. Vorenthalten und Veruntreuen von Arbeitsentgelt lautet dazu der § 266a im Strafgesetzbuch. Auch Steuerzahlungen werden eingestellt, und damit wird eine Steuerhinterziehung gemäß § 370 Abgabenordnung verwirklicht. Daran schließen sich zwanglos Insolvenzdelikte, wie Insolvenzverschleppung oder Bankrott, an. Solche Fälle sind bei Richtern unbeliebt. In der Krise hat der

Unternehmer diverse Straftatbestände durch Dutzende Taten verwirklicht. Lange Anklageschriften sind die Folge. Dazu ist oft die Beweislage schwierig. Eine ordnungsgemäße Buchhaltung existiert in der Regel nicht. Buchhalter und Steuerberater haben mit als die Ersten ihre Mitarbeit aufgekündigt, nachdem sie nicht mehr bezahlt wurden. Die Polizei hat im Betrieb Festmeter Unterlagen und alle Computer beschlagnahmt sowie Kontoauszüge bei Banken gesichert. In der Folge werden dem Richter ein oder mehrere Umzugskartons Beweismittel ins Dienstzimmer gestellt, die er bitte auswerten möchte. Das sind die Momente, in denen auch harte Richter beginnen, über eine Verständigung nachzudenken.

Platz 10: Sexualdelikte

Sexualdelikte sind häufig, aber schwierig nachzuweisen. Hört man von einer Vergewaltigung, denkt man an einen maskierten Täter, der eine Frau nachts auf dem Heimweg anfällt und in ein Gebüsch zerrt. Doch der unbekannte Täter ist nur ein Mythos. Die meisten Vergewaltigungen finden in Beziehungen und fast immer in der eigenen Wohnung statt. Mann und Frau kannten sich. Der Angeklagte behauptet, es habe sich um einen einvernehmlichen Geschlechtsverkehr gehandelt. Die Frau lässt die Vergewaltigung meist über sich ergehen. Es gibt deshalb keine objektiven Spuren wie Abwehrverletzungen. Typisch für diese Fälle ist auch, dass sie von der Geschädigten nicht sofort, sondern erst nach einer gewissen Überlegungsfrist angezeigt werden. Zwischen der Tat und der Anzeige wird mindestens einmal ausgiebig geduscht, damit die Frau sich nicht mehr schmutzig fühlt. Verständlich, aber ein Rechtsmediziner kann dann nichts mehr feststellen.

Und im heimischen Schlafzimmer gab es auch keine Zeugen. Solche Fälle laufen regelmäßig auf Aussage gegen Aussage hinaus. Hinzu kommt, dass die Mindeststrafe für eine Vergewaltigung zwei Jahre beträgt. Solche Fälle sind der Horror für den Richter.

Ich hatte eine Vergewaltigung in der Ehe zu verhandeln. Das Paar lebte bereits getrennt und stritt sich vor Gericht um Haus, Vermögen und Tochter. Die Frau war mit ihrer Tochter nach der Trennung in dem gemeinsamen Einfamilienhaus verblieben, der Mann hatte sich eine Zweizimmerwohnung gemietet.
Die Frau hatte ihren Mann angezeigt. Er hätte sie eines Abends besucht, um einige Dinge zu besprechen. Aus heiterem Himmel hätte er sie in der Küche niedergeschlagen und auf dem Fußboden vergewaltigt. Die Staatsanwaltschaft erhob Anklage zum Schöffengericht. Die Mindeststrafe für eine Vergewaltigung beträgt zwei Jahre Freiheitsstrafe, § 177 Abs. 6 Strafgesetzbuch.
Die Beweislage lief auf eine Aussage-gegen-Aussage-Konstellation hinaus. Das Paar hatte sich alleine in dem Haus befunden, sodass es keine weiteren Zeugen gab. Die Frau hatte erst mal eine Nacht darüber geschlafen, am nächsten Tag ein Vollbad genommen und sich mit ihrer Mutter besprochen. Erst am Nachmittag des Folgetages war sie zur Polizei gegangen, die sie zur Untersuchung ins Krankenhaus brachte. Die Rechtsmedizinerin konnte keine Spuren einer Vergewaltigung oder auch nur eines Geschlechtsverkehrs am Körper der Frau mehr feststellen. Einziger Befund war ein Hämatom an ihrem Kopf. Die Rechtsmedizi-

nerin konnte weder dessen Entstehungszeitpunkt bestimmen – sie schätzte dessen Alter auf ein bis vier Tage – noch eine Aussage machen, wodurch es entstanden war. Sie konnte einen Schlag durch den Mann am Vortag weder bestätigen noch ausschließen.

Der Angeklagte war ein Geschäftsmann Anfang fünfzig; er erschien im dunkelgrauen Anzug zur Verhandlung. Er sah durch und durch seriös aus. Er schilderte den Abend gänzlich anders. Sie hatten sich zusammengesetzt, um über das Haus zu sprechen. Die Frau wünschte, dauerhaft darin wohnen zu bleiben. Es war allerdings finanziert, und die Frau würde es mit ihren Einkünften nicht abbezahlen können. Der Mann wiederum sah nicht ein, weiter Raten für ein Haus zu zahlen, in dem er nicht mehr lebte. Sie hätten zu diesem Punkt keine Einigung erzielt. Er sei dann gegangen. Eine Vergewaltigung in der Küche hätte nicht stattgefunden. Wozu auch? Sie würden schon ein Jahr getrennt leben, und alle früheren Gefühle seien längst erkaltet. Sein Verteidiger fügte hinzu, die Frau habe sich die Vergewaltigung womöglich nur ausgedacht, um bessere Karten in dem sich anbahnenden Rosenkrieg vor dem Familiengericht zu haben. Unter anderem stritten sie dort um das Sorgerecht für die Tochter.

Die Frau wiederholte in der Verhandlung ihre bereits vor der Polizei gemachte Aussage. Sie hielt den Vorwurf einer Vergewaltigung aufrecht. Sie wirkte ruhig und gefasst, und ich konnte auch keinen Belastungseifer bei ihr erkennen. Sie ließ sich auch durch kritische Nachfragen des Verteidigers nicht von ihrer Aussage abbringen.

Die Staatsanwältin forderte drei Jahre Freiheitsstrafe, der Verteidiger plädierte auf Freispruch. Ich zog mich mit meinen Schöffen zur Urteilsberatung zurück. Wir waren alle drei ratlos. Die Aussage der Frau war isoliert betrachtet nachvollziehbar und glaubhaft, aber genauso die Aussage des Mannes. Es gab nichts Objektives, mit dem wir eine der Aussagen bekräftigen oder widerlegen hätten können. Wir taten uns schwer, den Geschäftsmann zu einer Freiheitsstrafe zu verurteilen, obwohl wir nicht hundertprozentig von seiner Schuld überzeugt waren. Sie hätte seine bürgerliche Existenz vernichtet, und mit über fünfzig würde er sich davon auch nicht mehr erholen. Auf der anderen Seite tat uns aber auch die Frau leid. Wenn es diese Vergewaltigung wirklich gegeben hat und wir den Angeklagten freisprechen, würden wir ihr dadurch ein zweites Trauma zufügen. Wie furchtbar muss es sein, vergewaltigt worden zu sein und vom Gericht für eine Lügnerin gehalten zu werden. Wir sprachen den Angeklagten schließlich nach dem Grundsatz »in dubio pro reo – im Zweifel für den Angeklagten« frei.

Die Geschichte ist aber hier noch nicht zu Ende. Die Staatsanwaltschaft legte Berufung ein. Das Landgericht rollte den Fall neu auf. Die Frau und der Mann wiederholten ihre schon beim Amtsgericht gemachten Aussagen. Neue Beweismittel gab es keine. Doch diesmal verurteilte das Landgericht den Angeklagten zu einer Freiheitsstrafe von zwei Jahren auf Bewährung.

Der Fall liegt schon ein paar Jahre zurück, er geistert aber weiter durch meinen Kopf. Ich frage mich, ob wir mit dem Freispruch einen Fehler gemacht haben oder ob das Landgericht möglicherweise einen Unschuldigen verurteilt hat.

Wie schwierig der Tatnachweis bei Vergewaltigungen ist, zeigt auch die Freispruchquote von 25 Prozent, die damit fast zehnmal höher als die durchschnittliche Freispruchquote von 3 Prozent ist.[16]

7

Danebenbenehmen vor Gericht leicht gemacht

Mit einem Bein im Gefängnis zu stehen ist schlimm genug. Manchem Angeklagten reicht das aber nicht. Er versucht alles, um seine Lage durch störendes Verhalten noch mehr zu verschlimmern. Störungen durch Anwälte werden hier einbezogen, weil sie im Namen ihrer Mandanten handeln.

Zu-spät-Kommen oder Nichterscheinen

Etwa ein Drittel meiner Verhandlungen kann nicht zur festgesetzten Zeit oder überhaupt nicht stattfinden. Am häufigsten liegt das an säumigen Angeklagten. In ihrer schlichten Denkungsweise hoffen sie, dass sie einer Bestrafung entgehen können, wenn sie die Verhandlung einfach ignorieren. Oder sie machen sich überhaupt keine Gedanken. Das Gericht wartet erst einmal eine Viertelstunde ab. Die Hoffnung ist, dass sich der Angeklagte nur verspätet hat. Wenn er nicht pünktlich erscheint, kommt er jedoch meist gar nicht. Als Richter kann ich beim Fernbleiben des Angeklagten seine sofortige polizeiliche Vorführung anordnen. Ein Streifenwagen wird zu seiner Wohnung geschickt. Doch wer sich der Verhandlung entziehen will, wird nicht zu Hause auf die Polizei warten. Scheitert die polizeiliche Vorführung, kann ein Haftbefehl gegen den Angeklagten erlassen werden. Irgendwann wird er festgenommen und muss in der Justizvollzugsanstalt auf seine Verhandlung warten. Die aktuelle Verhandlung ist damit geplatzt. Alle Anwesenden werden nach Hause geschickt.

Am zweithäufigsten erscheinen Zeugen nicht, obwohl es ihre staatsbürgerliche Pflicht ist, vor Gericht zu erscheinen. Sie können für Fernbleiben mit einem Ordnungsgeld bis zu 1000 Euro belegt und auch polizeilich vorgeführt werden.

So beginnen Verhandlungen immer öfter damit, silberblaue Taxis zu Angeklagten und Zeugen zu schicken.

In den letzten Jahren beobachte ich ganz allgemein eine abnehmende Zuverlässigkeit der Menschen. So kommt es, dass auch andere Verfahrensbeteiligte fehlen, wie Schöffen, Verteidiger und sogar Staatsanwälte. Das hat es früher nicht gegeben. Da sind jedenfalls die noch zuverlässig erschienen.

Eine Unsitte ist der Handyanruf fünf Minuten vor Beginn der Verhandlung. »Habe verschlafen«, »Stehe im Stau«, »Finde keinen Parkplatz« und »Habe den Zug verpasst« sind die üblichen Ausreden dafür, nicht ausreichend für ein rechtzeitiges Erscheinen vor Gericht vorgesorgt zu haben. Wenn sich zum Beispiel ein Verteidiger verspätet, warten Vorsitzender, zwei Schöffen, eine Staatsanwältin, eine Protokollantin, möglicherweise ein Sachverständiger sowie Zeugen. Sie alle verschwenden ihre Arbeitszeit, die sie anderweitig sinnvoller nutzen könnten. Würde man ihre Stundenlöhne zusammenrechnen, würde das ein paar Hundert Euro ergeben.

Bei Verspätungen gerät der Zeitplan des Gerichts durcheinander. Alles verschiebt sich entsprechend nach hinten. Die Durchführung der späteren Verhandlungen gerät in Gefahr. Fällt die Verhandlung aus, war die Terminvorbereitung umsonst. Kommt es Monate später zu einem neuen Versuch, habe ich die Details längst vergessen und muss mich neu einlesen. Leerlauf und doppelte Terminvorbereitung sind angesichts der allgemeinen Überlastung ärgerlich.

So besteht ein Teil des Gerichtsalltags im Warten. Ausharren auf verspätete Angeklagte und Zeugen, abwarten des Ergebnisses des Vorführungsversuchs. Meine Geduld wird dadurch manchmal überstrapaziert. In solchen Momenten wünsche ich mir, Zeitdiebstahl wäre auch strafbar.

Der 28-jährige Max Kurzhals war wegen unerlaubten Drogenanbaus angeklagt. Er wohnte noch bei seiner Mutter und hatte sein Kinderzimmer in eine Cannabis-Indoorplantage verwandelt. Auf den Polizeifotos sah es aus wie ein kleiner grüner Urwald. Außer einer Matratze auf dem Boden war wirklich alles mit Cannabispflanzen in verschiedenen Wachstumsstadien vollgestellt.
Max Kurzhals erschien nicht. Wir warteten 15 Minuten ab, er kam weiterhin nicht. Also schickte ich ein silberblaues Taxi zu ihm. Nach 30 Minuten rief die Polizei an. Der Angeklagte hätte sich heftig gewehrt, die beiden Beamten seien zu Boden gegangen. Sie fragten, was sie tun sollten. Interessante Frage. Die Vorführung vergessen und Kaffee trinken? »Holen Sie Verstärkung«, schlug ich vor.
Nach weiteren 30 Minuten kam der nächste Anruf. Sie hätten Kurzhals im Polizeitransporter vor der Tür, er würde sich aber weigern, mit ins Gericht zu kommen. Also begab ich mich nach draußen. Kurzhals hockte mit Handschellen auf dem Rücken im Wagen und schimpfte vor sich hin. Die Polizei hatte ihn aus dem Schlaf gerissen, und er wisse überhaupt nicht, worum es gehe. Gutes Zureden von mir, wir würden die Sache im Gerichtssaal klären, half nichts. Ich bat die inzwischen fünf Beamten, den Angeklagten in den Saal zu bringen.

»Fickt euch!«, rief Max Kurzhals, als er in den Saal geführt wurde. Er weigerte sich, sich hinzusetzen. Normalerweise lasse ich die Handschellen im Saal abnehmen, aber bei ihm erschien mir das zu gefährlich. Auf meine Bitte stand die Staatsanwältin auf und begann, die Anklage zu verlesen. »Die soll aufhören, solche Lügen zu erzählen«, rief Kurzhals dazwischen. Als ich ihn aufforderte, das zu unterlassen, sagte er: »Du Penner hast hier gar nichts zu sagen.« Die Staatsanwältin setzte die Verlesung der Anklageschrift fort. »Die durchgeknallte Tante soll damit aufhören! Sofort!«, brüllte er. Doch die Anklagevertreterin las stoisch weiter. Kurzhals schaffte es, seine auf dem Rücken gefesselten Hände nach vorne zu bringen und seine Jeans zu öffnen. Sie rutschte ein Stück herunter und entblößte seinen Penis. Unterwäsche trug er nicht. »Jetzt muss ich nackt vor ihnen stehen. Das ist menschenunwürdig.« Er drehte sich einmal im Halbkreis, damit auch ja jeder seinen Penis sehen konnte. Die Staatsanwältin war schockiert und hörte mit der Verlesung auf.

Mir drängte sich angesichts seines Auftretens die Frage auf, ob er überhaupt verhandlungsfähig war. Er wirkte wie von Sinnen. Möglicherweise konsumierte er auch härtere Drogen als Cannabis. Ich fragte die Polizisten, ob sie einen Drogenschnelltest dabeihätten, was sie bejahten. Die Speichelprobe verweigerte Kurzhals. Wieder fragten die Polizeibeamten, was sie tun sollten. Vielleicht ihn provozieren, damit er sie anspuckt? Ich schlug die Speichelprobenentnahme mittels einfacher körperlicher Gewalt vor. Die Polizisten brachten den Angeklagten zu viert zu Boden, der fünfte entnahm

die Speichelprobe. Währenddessen schrie der Angeklagte, er werde vergewaltigt. Nach wenigen Minuten lag das Testergebnis vor. Es war positiv für drei von fünf Drogenarten.
Nach Beratung mit den Schöffen erließ ich einen Haftbefehl und setzte einen neuen Termin vier Wochen später fest. Die geplatzte Verhandlung, in der nicht einmal die Anklageschrift hatte verlesen werden können, hatte mich und die anderen Prozessbeteiligten 2 Stunden 15 Minuten gekostet. Zu dem nächsten Termin wurde der Angeklagte zwangsläufig drogenfrei vorgeführt. Er entschuldigte sich sogar für sein Verhalten, und es war eine ganz normale Verhandlung möglich.

Kleidungsmängel

In der Regel ist der Angeklagte erst mal nur ein Name in der Akte. Ich kenne ihn nicht, und es existieren auch keine Fotos von ihm in der Akte. Sobald er den Gerichtssaal betritt, wird aus dem gesichtslosen Angeklagten ein echter Mensch. Mit dem Tragen gerichtsgeeigneter Kleidung könnte er ein paar Pluspunkte sammeln. Man könnte eine Strafverhandlung auch als Vorstellungsgespräch für die eigene Freiheit auffassen und sich entsprechend kleiden. Viele nutzen diese Chance nicht. Die meisten erscheinen in saloppper Freizeitkleidung. T-Shirt und Shorts im Sommer, Kapuzenjacke und Jeans im Winter müssen reichen. Dazu zertretene Turnschuhe. Die verkehrt herum getragene Baseballkappe wird im Saal erst auf meine Aufforderung hin abgesetzt. Stolz wird die Kleidung so gewählt, dass sie möglichst viele der zahlreichen Tätowierungen entblößt. Warum nur legen es die Angeklagten darauf an, von Anfang an einen schlechten Eindruck zu machen?

Weibliche Angeklagte verwechseln die Gerichtsverhandlung mit einem Casting für *Germany's Next Topmodel.* Sie zeigen ein tief ausgeschnittenes Dekolleté, ihren nackten Bauch oder von einem Minirock kaum verhüllte Beine. Als wenn viel nackte Haut Pluspunkte beim Strafmaß bringen würde.

Manche Anwälte passen sich über die Jahre kleidungstechnisch ihrer Klientel an. Sie erscheinen zum Beispiel ohne Robe. Oder sie werfen eine zerknitterte, abgewetzte Robe über ihre Freizeitkleidung, die sich kaum von der des Angeklagten unterscheidet. Mein Favorit ist ein feuerwehrrotes Hemd, das sich bedrohlich über einen gewaltigen Bauch spannt. Dazu bindet sich der Verteidiger eine Micky-Maus-Krawatte um. Die Robe kann der Anwalt wegen seines Bauchs nicht mehr schließen, sodass Micky-Maus auf rotem Hintergrund mir während der ganzen Verhandlung zuwinkt. Aber auch mit solchen Klamaukanwälten muss man leben. Ich persönlich finde, ein Anwalt sollte aussehen wie ein Anwalt. Darunter verstehe ich einen Anzug mit weißem Hemd und neutraler Krawatte unter der Robe.

Das klingelnde Handy

Selbstverständlich gilt im Saal ein Handyverbot. Schilder weisen darauf hin. Es sollte beim Betreten des Gerichtssaales ausgeschaltet werden. Aber gerade für jüngere Leute ist ein Handy wie ein Zweithirn, auf das sie nicht verzichten können. So wird manche Verhandlung durch eine laut klingelnde

Taschenplärre unterbrochen. Die Klingeltöne sind Spiegel ihrer Persönlichkeit. Was beispielsweise will ein Angeklagter seiner Umwelt mit der *Terminator*-Melodie mitteilen? Oder ein Anwalt, der sich der Filmmusik aus *Der Pate* bedient? Tödlich für Verhandlungen sind Smartphones in Handtaschen. Sie sind mit dem Kofferrauminhalt eines VW Golf gefüllt, und die Besitzerin braucht ewig, bis sie ihres ganz unten in der Tasche gefunden, herausgeholt und abgestellt hat. Die wirkliche Krönung ist, wenn der Angerufene den Anruf auch noch entgegennimmt und den Gerichtssaal mit den Worten »Sorry, muss mal kurz telefonieren« verlässt. So als ob dies keine Gerichtsverhandlung, sondern ein zwangloses Treffen ist, das man verlassen und zu dem man wiederkommen kann, wie man will.

Immer häufiger erscheinen Angeklagte mit XXL-Wasserflaschen und eingepackten Schnitten, die sie vor sich auf den Tisch stellen. Was glauben sie, was das hier ist? Ein Picknick? Sobald sie zur Flasche oder Schnitte greifen, muss ich sie ernsthaft ermahnen, dass während der Gerichtsverhandlung nicht gegessen und getrunken wird.

Nicht aufstehen

Traditionell erheben sich alle Anwesenden beim Eintreten des Gerichts, bei Vereidigungen und bei der Urteilsverkündung. Mit dem Aufstehen sollen der Ernst und die Bedeutung einer Strafverhandlung unterstrichen werden. Doch manche Angeklagte bleiben sitzen. Meist reicht es, sie finster anzublicken, um sie zum Aufstehen zu bewegen. Irgendwann merken sie, dass sie als Einzige noch sitzen. Falls nicht, muss ich dazu auffordern.

Unterbrechen des Richters

Der Richter hat die Verhandlungsleitung. Er muss für einen geordneten Ablauf der Verhandlung und die Einhaltung aller Förmlichkeiten sorgen. Außerdem gehört es zu seinem Selbstverständnis, der Chef im Gerichtssaal zu sein. Deshalb schätzt er es gar nicht, unterbrochen zu werden.

Einige Angeklagte finden, es sei eine gute Idee, dem Vorsitzenden ständig ins Wort zu fallen. Manche steigern sich in ein ununterbrochenes Schimpfen hinein. Nichts, was der Richter sagt, bleibt ohne ihren Widerspruch. Die Stimmung im Saal wird dann schnell gereizt, und die Verhandlung zieht sich dahin.

Krawallverteidiger neigen ebenfalls zum Dazwischenreden und zu Zwischenrufen. Mit ihrem lauten Stimmorgan kritisieren sie die Anordnungen des Richters und kommentieren Erklärungen der Verfahrensbeteiligten. Manche steigern sich in ein cholerisches Schreien hinein. In mehreren Verfahren hatte ich es mit einem Verteidiger mit einer lauten Feldwebelstimme zu tun, der mich ständig unterbrach. Am Ende lagen die Nerven aller Verfahrensbeteiligten blank.

Patzige Antworten

Als Richter muss man dem Angeklagten viele Fragen stellen, zum Beispiel nach seinen Personalien, nach Familienstand, Beruf, Einkommen usw. Und nach der vorgeworfenen Tat, sofern der Angeklagte nicht von seinem Schweigerecht Gebrauch macht. Das wäre die Gelegenheit für den Angeklagten, sich selbst und die Tat in einem günstigen Licht erscheinen zu lassen. Doch weit gefehlt. Eine beliebte Gegenfrage ist: »Warum wollen Sie das wissen?« Weil mir langweilig ist? Weil ich krankhaft neugierig bin? Weil ich persönliche Daten sammle und an die CIA oder Facebook verkaufe? Unausrottbar ist auch der Einwand: »Können Sie nicht lesen? Das steht doch alles in der Akte.« »Nein, ich bin Analphabet«, möchte ich spontan antworten. Leider besagt das Mündlichkeitsprinzip gemäß § 261 Strafprozessordnung, dass das Urteil nur auf dem beruhen darf, was in der Hauptverhandlung mündlich erörtert wurde. Deshalb müssen Informationen aus der Akte mündlich in die Verhandlung eingeführt werden.

Keine Pluspunkte bringt es auch, wenn der Angeklagte auf meine Frage »Bereuen Sie die Tat?« mit »Nö« antwortet.

Die Pausenbettler

Manchmal besteht die Verteidigungsstrategie von Anwälten in einer Verzögerungstaktik. Neben zahlreichen Beweis- und Befangenheitsanträgen zeigt sich diese in dem häufigen Wunsch nach Pausen. Mit schöner Regelmäßigkeit werden Toiletten-, Raucher-, Beratungs- und Kaffeepausen beantragt. Auf Nachfrage werden diese natürlich weitschweifig mit Blasenschwäche, Nikotin- bzw. Koffeinabhängigkeit usw. begründet. In Coronazeiten sind auch Lüftungspausen beliebt geworden. Kaum eine Stunde kann noch durchverhandelt werden, ohne dass eine Pause verlangt wird. Und nicht selten werden die Pausen auch noch erheblich überzogen. Hat man es mit einem Pausenbettler zu tun, weiß man, man kann seinen Verhandlungsplan vergessen, und es wird ein langer Tag.

Beleidigungen

Es gibt Angeklagte, die werfen mit Beleidigungen nur so um sich. Die Verlesung der Anklageschrift kommentieren sie in Richtung Staatsanwältin mit »Die lügt, die blöde Kuh«. Drohe ich darauf Ordnungsmittel an, kontern sie mit »Scheiß drauf, du Wichser«. Die Aussage einer Belastungszeugin unterbrechen sie mit »Die Schlampe soll aufhören, hier so rumzulügen«. Polizisten halten sie grundsätzlich für »korrupt« oder »brutale Schläger«. Natürlich lügen auch sie wie gedruckt. Sind sie mit meiner Verhandlungsleitung unzufrieden, rufen sie: »Du befangenes Stück Scheiße!« Ich werde als »Vollidiot« oder »Rechtsbeuger« betitelt. Mit meiner Entscheidung würde ich ganz klar eine »massive Rechtsbeugung« begehen. Manche Angeklagte meinen, »sie wären beim Volksgerichtshof« oder ich sei wie Roland Freisler. Als Strafrichter muss man sich schon ein ziemlich dickes Fell zulegen. Einer meiner früheren Vorgesetzten meinte, das sei alles mit dem monatlichen Schmerzensgeld, sprich dem Gehalt, abgegolten.

Anlässlich einer Durchsuchung seiner Zelle hatte Erik Brozek einen Beamten als »Nazi« und »Hitler« beschimpft. Außerdem werde er dessen Frau und Kinder »ficken«. Brozek saß wegen eines bewaffneten Raubüberfalls eine siebenjährige Freiheitsstrafe ab. Zur Verhandlung über den Beleidigungsvorwurf wurde er in Handschellen aus dem Gefängnis vorgeführt. Brozek ist ein kleiner, stämmiger Mann mit kahl rasiertem Schädel. Unter dem Ärmel seines schwarzen T-Shirts lugt ein Totenkopf-Tattoo hervor. Außerdem hatte er vier Aktenordner dabei. Das ließ mich Böses ahnen. Den Staatsanwalt unterbrach er bei der Verlesung der Anklageschrift mehrfach: »Dieser Justizpinguin soll aufhören, hier solche Lügen über mich zu verbreiten.« Sobald ich ihm das Wort erteilte, legte er los. Er sei ein Justizopfer. Er fing an, in den Aktenordnern zu blättern, die diverse Anzeigen und Beschwerden gegenüber der Justizvollzugsanstalt und anderen Stellen enthielten, und begann daraus zu zitieren. Er sitze zu Unrecht ein und werde dort Repressalien ausgesetzt. Ich wies den Angeklagten darauf hin, dass dies keine Anhörung über die Haftbedingungen, sondern eine Hauptverhandlung über den Vorwurf einer Beamtenbeleidigung sei. Er meinte, falls er »Nazi« und »Hitler« gesagt hätte, was er abstritt, sei die »kleine Missgeburt« noch sehr gut damit weggekommen. Das mit dem »Ficken« hätte er nicht ernst gemeint, denn »wahrscheinlich ist die Alte von dem Schließer fett und scheiße hässlich«. Als ich Brozek zur Mäßigung ermahnte, schimpfte er in meine Richtung: »Wegen solch inkontinenten Wichsern wie dir sitze ich überhaupt im Knast.«

Die beiden Vollzugsbeamten wurden als Zeugen gehört und bestätigten die Beleidigung. Auf meine Frage, ob Brozek öfter ausfällig werde, antwortete einer, eigentlich könnte er jeden Tag Strafanzeige gegen Brozek erstatten, nur würde er dann zu nichts anderem mehr kommen. Im konkreten Fall hatte er das nur getan, weil es auch gegen seine Frau und seine Kinder ging. Das war ihm dann zu weit gegangen.

»Jetzt erzählt dieser Bastard schon wieder solche Lügen über mich«, kommentierte Brozek das Plädoyer des

Staatsanwalts. Sein Pflichtverteidiger sagte wenig und bat um eine milde Bestrafung. In seinem letzten Wort überschüttete Brozek noch einmal mich, den Staatsanwalt und die JVA-Beamten mit Vorwürfen. Die Wahrheit sei darin verborgen, er klopfte bedeutungsvoll auf seine Aktenordner, und werde irgendwann ans Licht kommen.

Erik Brozek bekam einen Nachschlag von sechs Monaten Freiheitsstrafe. »Was für ein Scheiß-Rechtsstaat«, schimpfte er, als er abgeführt wurde.

Der Fanclub

Manche Angeklagte bringen ihren Fanclub, bestehend aus Familie, Freunden und Bekannten, zur Verhandlung mit. Diese lümmeln sich hinten auf den Zuschauerbänken und kommentieren das Geschehen. Es fängt harmlos mit Gesten wie Daumen rauf oder runter an. Die Verlesung der Anklageschrift oder die Aussagen von Belastungszeugen bedenken sie mit Buhrufen. Hält sich der Angeklagte für unschuldig oder hat ein Entlastungszeuge ausgesagt, applaudieren sie. Der Angeklagte freut sich sichtbar über die Unterstützung seines Fanclubs. Nach dem jahrelangen Konsum von Barbara Salesch & Co. halten sie Gerichtssitzungen für Klaumaukveranstaltungen. In ihrer Einfalt erkennen sie nicht, dass sie letztlich nur dem Angeklagten schaden, auf den ihr störendes Verhalten zurückfällt.

Dummdreiste Ausreden

Der Angeklagte hat das Recht zu lügen, denn es gilt der Grundsatz, dass sich niemand selbst belasten muss. Wenn es nur nicht die immer gleichen dummdreisten Ausreden wären. Der Angeklagte versucht, seinen Kopf durch eine Ausrede aus der Schlinge zu ziehen. Doch meist macht er es nur schlimmer, denn mit solchen Ausreden beleidigt er die Intelligenz des Richters.

»Das war ich nicht!«
Das ist die Standardausrede bei allen Straftaten. Sie wird selbst dann gebracht, wenn es scharfe Tatvideos gibt, auf denen der Angeklagte deutlich zu erkennen ist. Oder auch wenn der Angeklagte durch DNA-Spuren überführt wurde.

»Ich habe nur zwei Bier getrunken.«
Auch wenn ein Autofahrer mehr Promille als sein Auto Hubraum hat, waren es stets nur zwei Bier. Gern wird auch die Ausrede »Betrunken fahre ich viel besser als nüchtern« genommen.

»Habe ich gefunden.«
Wenn bei jemandem Diebesgut sichergestellt wird, hat er es selbstverständlich nicht selbst geklaut, sondern er hat es gefunden. Im Unterschied zu uns weniger glücklichen Zeitgenossen findet er ständig Wertsachen auf dem Bürgersteig. Er lagert sie nur zu Hause zwischen, bis er die Adresse des Fundbüros herausgefunden hat.

»Er schuldete mir Geld.«
Die Ausrede wird gerne bei Raubüberfällen im Milieu gebraucht. Das Opfer hatte angeblich Drogenschulden beim Täter.

»Ich wollte ja bezahlen.«
Der Ladendieb will keiner gewesen sein. Irgendwie hat er die in seinen Rucksack eingesteckten Waren nur vergessen, als er schnellen Schrittes die Kasse passierte.

»Ich habe nicht geschlagen. Wenn ich wirklich geschlagen hätte, dann wäre er für Wochen im Krankenhaus.«
Wenn keine Gesichtsknochen gesplittert sind, kann der schlagkräftige Angeklagte es nicht gewesen sein. Das überzeugt natürlich auch den Richter.

»Die Drogen haben mir die Bullen untergeschoben.«
Das ist eine typische Einlassung, wenn beim Angeklagten Betäubungsmittel gefunden werden. Wie das weiße Pulver an ihre Nase und ihre Fingerabdrücke auf die Drogenpackung gekommen sind, können sie dann weniger gut erklären.

»Das Auto wollte ich zurückbringen.«
Heute klaut ja keiner mehr Autos. Sie werden nur für eine kurze Spritztour, die auch mehrere Monate dauern kann, ausgeliehen.

»Ich war nicht der Fahrer.«
Häufige Ausrede nach einer Trunkenheitsfahrt mit Crash. Der wahre Fahrer hätte unter Schock gestanden und sei gleich weggelaufen. Nein, seinen Namen kenne man nicht.

»Das Strafgesetzbuch gilt nicht.«
Inzwischen auch schon ein Klassiker ist die Reichsdeppen-Ausrede. Danach besteht das Deutsche Reich fort, und die Bundesrepublik Deutschland existiert überhaupt nicht. Deshalb gelten auch alle deutschen Gesetze gar nicht.

»Ich wusste nichts von den Kinderpornos. Die hat ein Dritter auf meinen Computer geladen.«
Der unbekannte Dritte war dann noch so umsichtig, den passenden Ordner für Kinderpornos auf der Festplatte zu suchen und ein paar Unterordner anzulegen.

Die fadenscheinigen Ausreden werden gerne mit den Worten »ich schwöre« bekräftigt. Da der Angeklagte keinen Eid ablegen kann, bleibt sein falsches Schwören folgenlos.

Gern werden auch Amnesien behauptet. Die Tat ist schließlich schon so lange her. Außerdem hätten sie unter Alkohol- oder Drogeneinfluss gestanden. Sie können sich deshalb nicht an den genauen Verlauf ihrer Taten erinnern. Genau zur Tatzeit hätten sie einen Filmriss oder einen Blackout. Alle mildernden Umstände können sie dafür aber umso detaillierter schildern: von der schlechten Kindheit über falsche Freunde bis hin zu Drogen. Ein Richter weiß sehr wohl, was er von einer selektiven Erinnerung zu halten hat.

Regel Nr. 9: Mit dummdreisten Ausreden macht der Angeklagte es nur schlimmer.

Niedermachen von Zeugen

Eine verbreitete Unsitte von Verteidigern sind ehrenrührige Fragen an Zeugen. Dies wird mit der angeblichen Prüfung der Glaubwürdigkeit der Zeugen bemäntelt. Männer werden nach ihrer kriminellen Vergangenheit befragt, wobei unterstellt wird, wer schon mal eine Straftat begangen hat, sagt vor Gericht immer die Unwahrheit. Opfer von Sexualstraftaten werden ausufernd nach ihren sexuellen Gewohnheiten befragt. Wie viele Männer sie schon hatte, wie schnell es nach dem Kennenlernen Geschlechtsverkehr gab. Ziel dieser inquisitorischen Befragung ist es, der Zeugin einen lockeren Lebenswandel anzudichten. Sie sei eine, »die mit jedem ins Bett geht«. Also war es keine Vergewaltigung, sondern einvernehmlicher Sex.

Der Abgang

Zum gelungenen Gerichtsauftritt gehört ein guter Abgang. Sobald der Urteilstenor verlesen wurde, springt der Angeklagte erregt auf und ruft: »Diesen Schwachsinn höre ich mir nicht länger an.« Beliebt sind auch Schimpftiraden, in denen die Worte »Unrecht« und »Willkür« vorkommen. Dann stürmt er aus dem Saal und wirft hinter sich die Tür knallend zu.

Reaktionen des Richters

Wie reagiert man als Richter auf solche Störungen? Wenn es ganz kunterbunt wird, könnte ich damit drohen, den Saal räumen zulassen. »Ruhe! Oder ich lasse den Saal räumen!« Einmal in meinem Richterleben möchte ich das in den Saal rufen. Aber ich weiß, es gibt an meinem Gericht keine Wachtmeister, die das umsetzen könnten. Ich könnte natürlich beim Polizeirevier anrufen, ob sie sich gerade langweilen und mal vorbeischauen könnten.

Das Gerichtsverfassungsgesetz sieht bei ungebührlichem Verhalten vor Gericht die Verhängung eines Ordnungsgeldes von bis zu 1000 Euro oder Ordnungshaft bis zu einer Woche vor. Doch das Prozedere ist kompliziert, hält die Verhandlung weiter auf, provoziert oft weitere Ausfälligkeiten, und der Beschluss kann auch noch angefochten werden.

Manche Richter lassen es einfach zu, dass sich die Angeklagten und ihre Anwälte nach Herzenslust danebenbenehmen. Irgendwann geht ihnen die Puste aus, und sie hören von selbst auf. Im Geiste addieren die Richter Monat um Monat zu der Strafe, solange die Störungen andauern. In seiner Freude über den aggressiven Auftritt seines Verteidigers merkt der Angeklagte gar nicht, wie sehr er ihm bei der Strafzumessung schaden wird. Schlechtes Benehmen kann strafschärfend berücksichtigt werden, obwohl das nie ein Richter so sagen würde.

Regel Nr. 10: Schlechtes Benehmen wird strafschärfend berücksichtigt.

8

Richter sind praktisch immer befangen

Wenn der Satz »Ich lehne Sie wegen der Besorgnis der Befangenheit ab« fällt, zuckt der abgelehnte Richter zusammen. Ein Befangenheitsantrag ist eine Kampfansage an das Gericht. Bei Rechtsmitteln gegen Gerichtsentscheidungen – sei es Beschwerde, Berufung oder Revision – geht es um die Sache. Ein Ablehnungsgesuch ist dagegen direkt gegen den Richter gerichtet. Es fällt schwer, ihn nicht persönlich zu nehmen. Er trifft den Richter auch in seiner Berufsehre. Kein Richter will sich nachsagen lassen, er sei voreingenommen. Dabei sind sie es in den meisten Fällen tatsächlich.

Gleichzeitig sind Befangenheitsanträge Verzögerungswaffen der Verteidigung. Der abgelehnte Richter darf nur noch unaufschiebbare Handlungen vornehmen. Er hat eine dienstliche Äußerung zu dem Ablehnungsgesuch abzugeben, die wiederum dem Verteidiger zur Stellungnahme zuzuleiten ist. Über die Ablehnung müssen dann andere Richter entscheiden. Durch einen Befangenheitsantrag gerät der Prozess zwangsläufig ins Stocken.

Befangenheitsanträge sind nur ausnahmsweise erfolgreich, und das wissen auch die Anwälte. Nur ganz selten kann mit ihnen ein Richterwechsel erzwungen werden. Ziemlich sicher sorgen sie aber für eine vergiftete Verhandlungsatmosphäre. Ob diese einem günstigen Verfahrensausgang für den Angeklagten förderlich ist, müssen die Anwälte selbst einschätzen.

Begründet werden die Ablehnungsgesuche mit Zweifeln an der Unvoreingenommenheit des Vorsitzenden Richters. Dies oft als Reaktion auf Äußerungen des abgelehnten Richters oder seine Verhandlungsführung. Sobald der Richter durchblicken lässt, dass er an etwas anderes als einen Freispruch denkt, wird der Verteidiger hellhörig. Ein unbedachtes Wort des Richters und schon wird der Befangenheitsantrag rausgefeuert. In der Vorstellung der Angeklagten und ihrer Verteidiger darf der Richter sich bis zur Urteilsberatung überhaupt keine Gedanken über die Schuld- und Straffrage machen.

Gibt es unbefangene Richter?

In der Robe steckt ein Mensch. Ich glaube, es gibt keine neutralen Menschen. Jeder Richter ist durch Biografie und Erfahrungen vorgeprägt und hat dadurch seine höchst subjektive Sicht auf die Dinge entwickelt. Wer einen wirklich neutralen Richter will, muss einen Roboter-Richter bauen. Dessen Silikon-Chips könnten völlig frei von Vorurteilen und Emotionen entscheiden.

Der Strafprozess ist schon strukturell parteiisch angelegt. Das ganze Strafverfahren ist darauf gerichtet, Täter zu überführen und zu einer Strafe zu verurteilen. Das beginnt bereits bei der Polizei. Mit der Strafanzeige hat sie einen Anfangsverdacht und versucht, diesen durch ihre Ermittlungen zu bestätigen. Die Ausgangshypothese lautet gerade nicht, wir wissen nicht, ob sich jemand einer Straftat schuldig gemacht hat. Sondern die Polizei geht davon aus, dass der Beschuldigte eine Straftat begangen hat, und sucht nach Beweisen dafür. Die Staatsanwaltschaft soll zwar gemäß § 160 Abs. 2 Strafprozessordnung nicht nur die zur Belastung, sondern auch die zur Entlastung dienenden Umstände ermitteln. Tatsächlich sieht sie sich aber als Anklagebehörde. Eine Anklage wird als Erfolg, eine Einstellung als Niederlage betrachtet. Der Strafrichter nimmt Staatsanwälte als kompetente Kollegen wahr und kann leicht dem Schulterschlusseffekt unterliegen. Das heißt, er wird eher der Anklage der Staatsanwaltschaft als den Unschuldsbeteuerungen des Angeklagten folgen.

Der Richter ist noch aus anderen Gründen strukturell befangen. Im Strafrecht hat er gemäß § 244 Abs. 2 Strafprozessordnung eine Aufklärungspflicht. Im Unterschied dazu gilt im Zivilprozess der Beibringungsgrundsatz, nach dem es den Parteien obliegt, alle relevanten Tatsachen vorzubringen, auf deren Grundlage das Gericht dann eine Entscheidung fällt, § 282 Zivilprozessordnung. Im Strafverfahren kann sich der Richter wegen seiner Aufklärungspflicht nicht auf den Standpunkt zurückziehen, die Staatsanwaltschaft habe keinen ausreichenden Beweis für eine Schuld des Angeklagten erbracht. Der Strafrichter muss vielmehr selbst aktiv nach weiteren Beweisen suchen. Der Amtsermittlungsgrundsatz ist ein Überbleibsel des Inquisitionsprozesses. Wie unvoreingenommen kann ein Richter sein, dem die Strafprozessordnung aufgibt, selbst gegen den Angeklagten zu ermitteln?

Der aus meiner Sicht wesentlichste Grund gegen eine Unvoreingenommenheit des Richters ist die automatische juristische Bewertung aller aufgenommenen Informationen. Im Studium stand unter den Aufgabentexten: »Wie hat T sich strafbar gemacht?« Das hat jeder Jurastudent ein paar Hundert Mal durchexerziert. »T könnte sich eines Diebstahls gemäß § 242 Strafgesetzbuch schuldig gemacht haben, indem er …« Nach einer Ausbildung von zehn Jahren und mehrjähriger Berufserfahrung haben sich im Gehirn des Volljuristen vollautomatische Prüfungsroutinen ausgebildet. Als Richter schaltet man vor und während der Verhandlung sein Gehirn nicht aus. Während man die Strafakte liest und später in der Hauptverhandlung, nimmt das juristisch trainierte Gehirn die Informationen nicht einfach wertfrei auf, sondern wertet sie automatisch aus. Das kann man gar nicht unterdrücken. Fakten werden nicht einfach unbefangen und neutral aufgenommen, sondern sogleich unter dem Gesichtspunkt einer Strafbarkeit analysiert. Aus dem Nebel des zunächst ungelösten Falles schält sich irgendwann eine Idee heraus, wohin die Reise gehen könnte. Und dies geschieht meist vor den Plädoyers, also zu einem Zeitpunkt, an dem der Richter nach Ansicht des Angeklagten noch unvoreingenommen sein sollte. Lassen Sie uns eintauchen in die richterliche Welt der Voreingenommenheit.

Erfahrungswissen

Von welcher Verurteilungswahrscheinlichkeit geht der Richter bei einem beliebigen Fall aus? Die Staatsanwaltschaft ist keine Anklagebehörde, wie sie selbst behauptet, sondern eine Einstellungsbehörde. Die Anklage ist die Ausnahme, die Einstellung die Regel. Die Anklagequote beträgt nur noch 7 Prozent[17] und sinkt kontinuierlich. In weiteren 10,7 Prozent wird ein Strafbefehl beantragt.[18] In den verbleibenden 82,3 Prozent wird das Ermittlungsverfahren eingestellt oder auf andere Weise erledigt. Es konnte kein Täter ermittelt werden, oder die Beweislage ist schlecht, oder die Schuld des Täters ist gering. Die Staatsanwaltschaft klagt nur dann an, wenn sie angesichts der Aktenlage eine Verurteilung für wahrscheinlich hält. Die zweifelhaften Fälle hat sie schon vorher aussortiert und eingestellt. Wenn ich neue Anklagen auf den Tisch bekomme, weiß ich, dass die Anklagen nur die Spitze des Eisberges sind.

Der Richter liest die Ermittlungsakte. Er muss prüfen, ob angesichts der Aktenlage der Angeschuldigte einer Straftat hinreichend verdächtig erscheint, also ob die Wahrscheinlichkeit der späteren Verurteilung besteht, § 203 Strafprozessordnung. Das Gesetz schreibt also vor, dass der Richter sich bereits vor der Verhandlung eine Meinung bildet. Schon das Aktenstudium erzeugt eine Voreingenommenheit, denn der Richter speichert den Ersteindruck von dem Fall in seinem Gedächtnis ab. Bejaht er den hinreichenden Tatverdacht, beschließt er die Eröffnung des Hauptverfahrens. Mit dem Eröffnungsbeschluss hat sich das Gericht ebenfalls dahingehend festgelegt, dass es angesichts der Aktenlage eine Verurteilung für wahrscheinlich hält. Von der Unschuldsvermutung verbleibt zu diesem Zeitpunkt wenig mehr als ein verfassungsrechtliches Nullum.

Die von Verteidigern gern und häufig ins Feld geführte Unschuldsvermutung bedarf ein paar erklärender Worte. In der Strafprozessordnung und anderen deutschen Gesetzen ist die Unschuldsvermutung nicht explizit erwähnt. Genannt wird sie erst in Art. 6 Abs. 2 der Europäischen Menschenrechtskonvention (EMRK): »Jede Person, die einer Straftat angeklagt ist, gilt bis zum gesetzlichen Beweis ihrer Schuld als unschuldig.« Offenbar hält der deutsche Gesetzgeber es nicht für erforderlich, sie in die Strafprozessordnung zu transferieren. Die Strafprozessordnung kennt die Unschuldsvermutung nicht. Dies zeigt sich zum Beispiel an der Untersuchungshaft, die aufgrund dringenden Tatverdachts auch ohne den endgültigen Beweis der Schuld des Beschuldigten möglich ist.

Es ist für mich ein Widerspruch, wenn ich als Richter den hinreichenden Tatverdacht im Eröffnungsbeschluss bejahen und gleichzeitig bis zur rechtskräftigen Verurteilung von der Unschuld des Angeklagten ausgehen soll. Beides passt nicht zusammen.

Regel Nr. 11: Die Unschuldsvermutung kann man vergessen.

In den Gerichtsshows von Salesch, Hold und Co. kommt es ständig zu überraschenden Wendungen. Plötzlich steht ein Zuschauer im Gerichtssaal auf und ruft: »Ich war's, der Angeklagte ist unschuldig!« Oder die Polizei, die während des laufenden Prozesses fröhlich weiter ermittelt, findet ein Beweismittel, das dem Prozess eine ganz neue Richtung gibt. Oder während die Plädoyers schon gehalten werden, stürmt ein Überraschungszeuge in den Saal, der weiß, wer wirklich der Täter war. Im realen Leben kommen Abweichungen vom Akteninhalt in der Verhandlung höchst selten vor. Die Zeugen sagen das aus, was sie bereits bei der Polizei ausgesagt haben. Sachverständige wiederholen die Ergebnisse ihres bereits vorliegenden schriftlichen Gutachtens. Auf Videos ist nichts anderes zu sehen als bei ihrer Aufnahme zur Tatzeit.

Die Freispruchquote beträgt durchschnittlich magere drei Prozent.[19] Der Freispruch ist die absolute Ausnahme, die Verurteilung die Regel. Er erfolgt mangels Beweises, das heißt, die Straftat konnte nicht nachgewiesen werden. So gut wie nie erfolgt ein Freispruch wegen erwiesener Unschuld.

Wer angeklagt wird, wird meist auch verurteilt. Jedenfalls in meiner Zuständigkeit spielen Einstellungen keine signifikante Rolle, da diese nach §§ 153, 153 a Strafgesetzbuch nur bei Vergehen, nicht aber bei den von mir zu verhandelnden Verbrechen möglich sind. Diese Realität scheinen Verteidiger ihren Mandanten oft vorzuenthalten. Anders sind viele verblüffte Gesichter bei der Urteilsverkündung nicht zu erklären.

Aus der selektiven Anklagepraxis der Staatsanwaltschaft, der Bejahung des Tatverdachts im Eröffnungsbeschluss, der Überraschungsarmut von Strafprozessen und einer Freispruchquote von nur drei Prozent ergibt sich für den Richter eine allgemein hohe Verurteilungswahrscheinlichkeit. Das ist auch die Berufserfahrung von Strafrichtern: Strafprozesse enden ganz überwiegend mit einer Verurteilung. Sie ist seine Ausgangshypothese bei Beginn der Hauptverhandlung.

Regel Nr. 12: Die meisten Angeklagten sind tatsächlich schuldig.

Von der Verurteilungshypothese abzuweichen fällt Richtern wegen des Inertia-Effekts nicht leicht. Als Trägheitseffekt (lat. inertia = Trägheit) bezeichnet die Psychologie das Phänomen, dass einmal getroffene Entscheidungen auch gegen widersprechende Informationen weitgehend unverändert (»immun«) bleiben.[20] Dabei werden die eigene These bestätigende Informationen über- und ihr widersprechende Informationen unterbewertet. Sprechen Beweise oder Indizien für die mit dem Eröffnungsbeschluss bejahte Verurteilungswahrscheinlichkeit, werden sie überschätzt, sprechen sie dagegen, werden sie unterschätzt.

Verstehen Sie mich nicht falsch: Dies bedeutet nicht, dass der Richter bereits vor der Hauptverhandlung endgültig von der Schuld des Angeklagten überzeugt ist. Allerdings bestätigt sich die Ausgangshypothese einer Schuld des Angeklagten viel häufiger, als dass sie durch die Beweisaufnahme oder Verteidigungsvorbringen widerlegt wird. Lassen Sie mich das an ein paar Beispielen erläutern.

Die Vorbefassung des Richters

Ein Beschuldigter wird auf frischer Tat ertappt, vorläufig festgenommen, und die Staatsanwaltschaft beantragt Untersuchungshaft. Der Richter liest die Akte und vernimmt den Beschuldigten. Schließlich bejaht er einen dringenden Tatverdacht und erlässt den Haftbefehl. Später bekommt derselbe Richter die Anklage auf den Tisch. Die weiteren Ermittlungen haben nichts Neues ergeben. Warum sollte der Richter von dem im Haftbefehl attestierten dringenden Tatverdacht abrücken? Er beschließt die Eröffnung des Hauptverfahrens und Haftfortdauer. Es ist naheliegend, dass dieser Richter davon ausgeht, dass der Angeklagte die Tat begangen hat. Natürlich kann die Hauptverhandlung etwas ganz anderes ergeben, meistens tut sie das aber nicht.

Die Stammkunden

David Wenske hat keinen Schulabschluss und war auch nie berufstätig. Eine Psychiaterin attestiert bei ihm einen niedrigen Intelligenzquotienten. Er hat ein Drogenproblem und braucht deshalb erheblich mehr Geld, als das Jobcenter zahlt. Er hat sich deshalb auf das »Kupfern« verlegt. Er entwendet Kabel aus verlassenen Gebäuden, von Baustellen und Bahnanlagen. Er schneidet die Kabel in transportable Stücke und schmilzt die Plastikummantelung ab. Dann wandelt er sie bei einem Altmetallankauf in Bargeld um. »Kupfern« ist das Einzige, was David Wenske kann. Er ist ziemlich gut darin und auch stolz darauf. Er weiß genau, wo er Kabel entwenden kann, wie er sie bearbeiten muss und wo er sie verkaufen kann. Ich hatte ihn bereits sechsmal wegen Diebstahl in einem besonders schweren Fall verurteilt. Da landet Anklage Nummer sieben mit dem gleichen Delikt auf meinem Schreibtisch. Der Gedanke »Ach, der schon wieder« lässt sich kaum unterdrücken.

Jeder Strafrichter hat Stammkunden in seinem Dezernat. Sie bleiben oft einem Delikt treu. Wenn ich so jemanden schon mehrfach wegen immer dem gleichen Straftatbestand verurteilt habe und bekomme einen neuen Fall mit wiederum dem gleichen Straftatbestand vorgelegt, kommt der Gedanke einer Wiederholungstat ganz automatisch.

Die lückenlose Beweiskette

Aufgeregt meldet der Anrufer einen Einbruch in sein Haus. Er habe den Täter sogar auf Video. Die Polizei stellt vor Ort fest, dass in der Türklingel eine Videokamera mit Bewegungsmelder eingebaut ist. Sie liefert ein gestochen scharfes Bild des Einbrechers. Auf dem Video ist zu sehen, wie der Täter die Hoftür aufhebelt und hineingeht. Eine zweite Videokamera mit Bewegungsmelder überwacht den Innenhof. Der junge Mann geht zielstrebig zu der nach hinten liegenden Haustür. Er trägt Latexhandschuhe, um keine Fingerabdrücke zu hinterlassen. Er versucht, auch die Haustür aufzuhebeln. Das ist gar nicht so einfach, denn sie ist nagelneu und massiv. Einmal rutscht er mit dem Schraubenzieher ab, durchsticht seinen Latexhandschuh und verletzt sich an der Hand. Blut tropft auf den Boden. Schließlich gelingt es ihm, die Tür zu öffnen. Er durchsucht das Wohnzimmer und findet dort Bargeld sowie Schmuck im Schrank, unter anderem den Ehering der Frau. Aus dem Kühlschrank in der Küche nimmt er noch eine Flasche Bier. Auf den Aufnahmen der Außenkamera ist zu sehen, wie er mit einer Bierflasche in der Hand wieder herauskommt. Er trinkt sie aus, wirft die Flasche in den Straßengraben, steigt auf sein Fahrrad und fährt weg. Der Kripobeamte kopiert aus den Tatvideos ein Standbild des Einbrechers heraus und gibt es intern in den Umlauf. Kurze Zeit später meldet sich ein Kollege und sagt, bei dem Einbrecher handelt es sich um Ronny Nowak. Ein Vergleich mit vorhandenen Fotos in der Polizeidatenbank zeigt denselben Mann. Laut Vorstrafenregister ist er mehrfach wegen Einbruch vorbestraft. Bei den früheren Taten ist er auch jeweils in Einfamilienhäuser eingebrochen. Der Ermittlungsrichter erlässt einen Durchsuchungsbeschluss. In der Wohnung wird der gesuchte Schmuck gefunden, unter anderem der gravierte Ehering der Frau. Daneben noch ein Rucksack mit Einbruchswerkzeug. An einem Schraubenzieher werden weiße Lackabplatzungen festgestellt, die durch eine Laboranalyse der aufgehebelten Haustür zugeordnet werden können. Der Kommissar schickt die Bierflasche aus dem Straßengraben sowie die unten an der Haustür gesicherten Blutspuren ebenfalls ins Labor. Die DNA-Analyse ergibt, dass der Speichel an der Flasche sowie das Blut mit einer Wahrscheinlichkeit von 99,9999 Prozent vom Beschuldigten stammen.

Ein paar Wochen später landet der Fall mit einer Anklage auf meinem Tisch. Der Angeklagte lässt über seinen Verteidiger erklären, er habe den Einbruch nicht begangen. Lassen Sie mich die Ermittlungsergebnisse noch einmal zusammenfassen: Der Angeklagte ist einschlägig vorbestraft; es gibt zwei Videos von ihm, auf denen er beim Aufhebeln von Türen zu sehen ist; der entwendete Schmuck sowie das eingesetzte Einbruchswerkzeug wurden in seiner Wohnung gefunden, und zwei am Tatort gesicherte DNA-Spuren stammen von ihm. Bei dieser lückenlosen Beweiskette drängte sich mir schon beim Aktenstudium auf, dass der Angeklagte des Einbruchs schuldig sein könnte. Er wurde übrigens wegen dieser und anderer Taten zu einer mehrjährigen Freiheitsstrafe verurteilt.

Überführung in der Hauptverhandlung

Selten gibt es Fälle, die nach Aktenlage nicht eindeutig sind. Nehmen wir das Beispiel einer Messerstecherei. Ein Mann mit Migrationshintergrund soll bei einer Prügelei vor einem Club plötzlich ein Messer gezogen und zugestochen haben. Die Zeugen haben den Täter bei der Polizei uneinheitlich beschrieben. Manche Beschreibungen treffen auf den Angeklagten zu, andere nicht. Bei der Wahllichtbildvorlage haben manche den Angeklagten wiedererkannt, andere nicht. In der Hauptverhandlung zeigt sich dann, dass es ein Unterschied ist, ob man eine Person nur beschreiben oder auf einem älteren Foto wiedererkennen soll oder ob man ihr gegenübersitzt. Fünf Zeugen zeigen nacheinander mit dem Finger auf den Angeklagten und sagen: »Der war's.« Der Angeklagte lächelt verlegen. Da rückt ein Freispruch in weite Ferne. Häufig verdichtet sich irgendwann in einer Beweisaufnahme mein Eindruck, dass dort auf der Anklagebank die richtige Person sitzt.

Als Fazit bleibt festzustellen, dass der Strafrichter systembedingt meist befangen ist. Er kann nichts dafür, denn die Strafprozessordnung und der Verfahrensablauf machen eine vorgefasste Meinung unvermeidlich.

Regel Nr. 13: Richter sind praktisch immer befangen.

9

Falsche Geständnisse, lügende Zeugen und andere Beweismittel

Die Wahrheitssuche vor Gericht ist gar nicht so einfach. In diesem Kapitel widmen wir uns der Frage, welche Beweismittel es überhaupt gibt und welche Bedeutung sie haben.

Der CSI-Effekt

Die Täter wollten morgens um 3.05 Uhr den Geldautomaten einer Sparkasse aufsprengen. Sie hatten eine Propangasflasche mit Schlauch sowie eine Autobatterie mit Kabel mitgebracht. Beim Aufbohren des Automaten lösten sie Alarm aus und flohen. Zur Sprengung kam es nicht mehr. Als die Polizei wenige Minuten später erschien, traf sie niemanden mehr an. Die Täter ließen nur die Autobatterie mit Kabel zurück.
Die Kripo übernahm den Fall. Zeugen gab es keine. Die Überwachungskamera des Supermarktes gegenüber zeigte schemenhaft zwei Personen, die in den Raum mit dem Geldautomaten gingen und sich an ihm zu schaffen machten. Identifizierbar waren die Personen wegen der miserablen Bildqualität nicht. Später im

Labor wurde an einem Klebestreifen eine DNA-Spur gesichert. Sie konnte Dmitri Petrow zugeordnet werden, und er wurde wegen der versuchten Geldautomatensprengung angeklagt.
Dmitri Petrow ließ über seine Verteidigerin die Tat abstreiten. Das einzige gegen ihn sprechende Indiz war der Klebestreifen mit seiner DNA-Spur. Doch keiner der Kripobeamten konnte angeben, wo er gefunden wurde. Wäre er beispielsweise zur Befestigung des Zündkabels am Geldautomaten verwendet worden, könnte man daraus auf eine Täterschaft des Angeklagten schließen. Was aber, wenn er einfach nur auf dem Supermarktparkplatz herumgelegen hatte? Um aus dem Klebestreifen Honig zu saugen, musste ein Zusammenhang zur versuchten Automatensprengung hergestellt werden, was aber misslang.
Ich erwog einen Freispruch. Die beiden Schöffen waren dagegen. Sie fragten nach weiteren Beweisen. Ob wir das Überwachungsvideo nicht »schärfer machen könnten«. Das hatte die Kripo schon erfolglos versucht. Aus einer grobkörnigen Aufnahme aus einiger Entfernung nachts kann auch der beste Techniker kein scharfes Bild zaubern. Sie schlugen vor, den Tatort noch mal mit dieser Speziallampe abzusuchen, mit der auch kleinste Spuren gefunden werden können. Diese Speziallampe gibt es nicht. Dann fragten sie nach einer Satellitenaufnahme. In den US-Serien und Filmen kreisen ständig Satelliten über uns, die bei Bedarf nachträglich Luftbilder von jedem beliebigen Ort zu jeder beliebigen Zeit liefern. Dann würde man bestimmt das Kennzeichen des Fluchtfahrzeugs ablesen können, meinte

ein Schöffe. In der Wirklichkeit gibt es diese flächendeckende Satellitenüberwachung, auf die die Ermittlungsbehörden jederzeit Zugriff haben, nicht. Nachdem ich den Schöffen all das erklärt hatte, konnten wir die Beweisaufnahme beenden und den Angeklagten freisprechen.

Wer regelmäßig *CSI: Den Tätern auf der Spur* und ähnliche Serien sieht, glaubt wahrscheinlich, Verbrechen lassen sich mithilfe modernster Forensik in wenigen Stunden aufklären. Ein Ermittler mit Adleraugen entdeckt kurz nach dem Eintreffen am Tatort ein Haar auf dem Teppichboden. Eine Stunde später ist das Ergebnis da. Der Täter ist durch die DNA-Analyse so gut wie überführt. In der Wirklichkeit wird eine Spurensicherung nur bei schweren Straftaten durchgeführt. In der Masse der Fälle werden keine Spuren gesichert, die im Labor kriminaltechnisch untersucht werden könnten. Unrealistisch ist auch das Testergebnis binnen einer Stunde. Die Labore sind überlastet, und es dauert Monate, bis ein Ergebnis vorliegt. Ein anderes Beispiel ist die Auswertung von Überwachungsaufnahmen. In den Serien können die Bilder beliebig vergrößert werden, während sie in der Wirklichkeit schnell verpixelt sind. In der Menschenmenge entdeckt der Ermittler dann klein und ganz am Rand eine verdächtige Person. Ein Computer, wie ihn die NASA gern hätte, identifiziert den Verdächtigen dann in Sekundenbruchteilen. Im wirklichen Leben gibt es keinen Polizeicomputer mit einer Datenbank, in der die Gesichter aller Bürger eingespeichert sind. Gott sei Dank kann man da nur sagen.

Der Konsument entwickelt durch das CSI-Phänomen unrealistische Erwartungen an die Beweisführung auch im Strafprozess. Immer wieder fragen Schöffen mich, warum bestimmte forensische Untersuchungen nicht gemacht wurden, warum keine Laborergebnisse vorliegen usw. Weil es all dies nur im Fernsehen gibt. In der Realität sind die Beweismittel ziemlich old school. Oder sie fehlen ganz.

Das Geständnis

Es gilt als die Königin der Beweismittel. Insbesondere wenn Täterwissen offenbart wird, kann sich der Richter sicher sein, dass der Angeklagte wirklich schuldig ist. Wenn er Tatangaben macht, die nur dem Täter bekannt sein können, wird er auch die Tat begangen haben.

Nach der Rechtsprechung des Bundesgerichtshofs muss das Gericht, selbst wenn ein Geständnis des Angeklagten vorliegt, dieses auf seine Glaubhaftigkeit hin überprüfen, denn es sind schon falsche Geständnisse vorgekommen. Beispielsweise um den wahren Täter zu schützen. So hat der Schauspieler Günther Kaufmann den Überfall und die Tötung des Steuerberaters Hartmut Hagen gestanden.[21] Tatsächlich hatte seine kranke Ehefrau drei Männer zu der Tat angestiftet. Kaufmann wollte sie schützen und wurde aufgrund seines falschen Geständnisses zu 15 Jahren Haft verurteilt. Daneben gibt es taktische Geständnisse. Der Angeklagte gesteht, damit er endlich aus der U-Haft entlassen wird. Oder er fürchtet eine unbedingte Freiheitsstrafe und gesteht, um wenigstens Bewährung zu bekommen.

Jedenfalls verkürzt ein frühzeitiges Geständnis die Beweisaufnahme erheblich. Dem Angeklagten bringt es eine deutliche Strafmilderung ein. Ein Geständnis wird als erster Schritt zur Reue angesehen. Doch es kann schwierig werden, wenn der

Angeklagte mehrere, der jeweiligen Prozesssituation angepasste Geständnisse ablegt, wie der folgende Fall zeigt.

Der Kasseler Regierungspräsident Walter Lübcke wurde am 1. Juni 2019 auf der Terrasse seines Hauses erschossen.[22] In Verdacht geriet der Rechtsextremist Stephan Ernst. Lübcke hatte sich 2015 für die Aufnahme von Flüchtlingen eingesetzt und war dadurch in den Fokus von rechten Kreisen geraten.
Stephan Ernst gestand den Mord vor der Polizei. Er habe die Tat allein verübt. Er sei wütend über Lübckes Aussagen zur Flüchtlingspolitik gewesen.
Vor dem Ermittlungsrichter am Bundesgerichtshof widerrief Ernst sein Geständnis.
In einem zweiten Geständnis stellte er seinen Helfer Markus H. als ausführenden Täter dar. Dieser und nicht er selbst habe den tödlichen Schuss abgefeuert.
In der Hauptverhandlung gestand er jedoch, er habe selbst geschossen. Markus H. sei zwar mit dabei gewesen, hätte aber nicht geschossen.
In dem Mordfall Lübcke lagen gleich drei verschiedene Geständnisse vor. Das warf für das Gericht die Frage auf, welches das glaubhafteste war. Letztlich kam es für das Oberlandesgericht Frankfurt am Main bei der Verurteilung darauf nicht an, da DNA-Spuren am Hemd von Lübcke sowie an Pistole und Munition Ernst als Mörder überführten. Er wurde für den Mord an Walter Lübcke zu einer lebenslangen Freiheitsstrafe verurteilt. Markus H. dagegen wurde freigesprochen.

Zeugen

Zeugen sind gleichzeitig das häufigste wie auch das unzuverlässigste Beweismittel. Sie sind das häufigste Beweismittel, weil es meist keine anderen gibt. In den Massenfällen der Alltagskriminalität rückt die Spurensicherung erst gar nicht aus. Die Polizei beschränkt sich auf das Aufnehmen von Zeugenaussagen.

Zeugen sind das unzuverlässigste Beweismittel. Die Wahrnehmung ist subjektiv. Der Mensch nimmt Geschehen nicht objektiv, sondern durch den Filter seiner Persönlichkeit selektiv und subjektiv wahr. Das Gehirn kann nicht jedes Erlebnis dauerhaft korrekt abspeichern. Mit der Zeit verblasst die Erinnerung. Unbewusst können Erinnerungslücken mit tatsächlich so nicht Erlebtem gefüllt werden.

Exemplarisch für die Unzuverlässigkeit von Zeugenaussagen sind für mich Verkehrsunfälle. Zwei Autos krachen mitten auf der Kreuzung zusammen. Es gibt nicht nur die Fahrzeuginsassen, sondern auch zufällig an der Kreuzung anwesende unbeteiligte Zeugen. Jeder schildert den Unfall ein bisschen anders. Manchmal kommen sie schon bei der Frage nach dem Fahrzeugtyp ins Schwimmen. Die Ampel war mal rot, mal grün, mal gelb. Manchmal frage ich mich, ob die Zeugen überhaupt den gleichen Unfall schildern. Die Krönung sind dann die sogenannten Knallzeugen. Sie sind erst durch das Kollisionsgeräusch auf den Unfall aufmerksam geworden und haben sich zu ihm umgedreht. Aber statt zuzugeben, dass sie den Unfall selbst überhaupt nicht gesehen haben, ziehen sie aus der Endstellung der Fahrzeuge Schlussfolgerungen, wie der Unfall zustande gekommen sein muss.

Darüber hinaus sind die meisten Zeugen nicht unbeteiligt und damit neutral, sondern stehen im Lager eines der Beteiligten.

Da gibt es die Belastungszeugen. Bei ihnen handelt es sich um den Geschädigten und ihm nahestehende Personen. Das Tatopfer hat meist auch Strafanzeige erstattet und damit das Ermittlungsverfahren erst in Gang gesetzt. Es will den Täter hinter Gitter sehen. Entsprechend negativ fällt seine Aussage für den Angeklagten aus. Der Opferzeuge kann die Tat und die Folgen für ihn übertrieben schildern. Erst recht, wenn er gleichzeitig Adhäsionsklage erhoben hat und sich ein hohes Schmerzensgeld erhofft.

Entlastungszeugen stammen meist aus dem Umfeld des Angeklagten. Mutter, Ehefrau und Freunde des Angeklagten sind gerne bereit, mit einem Alibi oder zumindest einem guten Leumund auszuhelfen. Den Satz »Mein Sohn macht so etwas nicht« habe ich Mütter schon dutzendfach sagen hören.

Dann gibt es noch die unwilligen Zeugen. Sie haben keine Lust, vor Gericht auszusagen. Sie ziehen sich darauf zurück, sich an nichts mehr zu erinnern. Morbus Alzheimer ist schon bei 20-Jährigen erschreckend weit verbreitet. Therapeutisch wende ich gegen Erinnerungsverluste die Beugehaft mit erstaunlich hohen Heilungsraten an. Andere unkooperative Zeugen antworten pampig, sie hätten schon alles bei der Polizei gesagt. Gerne erläutere ich ihnen den Mündlichkeitsgrundsatz, nach dem sämtlicher Akteninhalt in die Hauptverhandlung eingeführt werden muss, um für die Entscheidung verwertet werden zu können.

Ein Trick bei sich nicht erinnernden Zeugen ist der Vorhalt. Der Richter liest ihm seine damalige Aussage bei der Polizei vor. »Erinnern Sie sich jetzt wieder?«, fragt er anschließend. »Wenn ich das damals so gesagt habe, war das auch so«, antwortet der Zeuge häufig. Und schon liegt trotz Erinnerungsverlusten eine verwertbare Zeugenaussage vor.

Schließlich sind da noch die lügenden Zeugen. Es ist nicht immer einfach, eine Lüge zu erkennen. Anzeichen für eine unwahre Aussage können sein:

- Unaufgefordertes und theatralisches Schwören (»beim Augenlicht meiner Kinder«)
- Die Aussage enthält kaum Details. Diese können auch auf Nachfrage nicht genannt werden.
- Die Aussagen mehrerer Zeugen stimmen auffallend überein. Sie klingen wie abgesprochen und auswendig gelernt.
- Die Aussage vor Gericht weicht erheblich von derjenigen bei der Polizei ab.
- Die Aussage lässt sich nicht in Übereinstimmung mit den Spuren bringen.

Ein ohrenbetäubender Knall zerriss um zwei Uhr morgens die nächtliche Stille in Dessau-Nord. Steven Böttcher hatte aus dem Inhalt mehrerer Polenböller eine Sprengladung gebastelt und diese in den Ausgabeschacht eines Zigarettenautomaten gesteckt. Der Automat wurde durch die Wucht der Explosion von der Wand gerissen und auf die andere Straßenseite katapultiert. Zigarettenschachteln und Bargeld waren über die Straße verteilt. Steven Böttcher machte sich daran, seine Beute einzusammeln. Doch durch den Knall waren die Bewohner der umliegenden Häuser aus den Betten geworfen worden. Drei von ihnen erkannten Steven Böttcher, der in der Nachbarschaft wohnte.

Ein paar Monate später saß Steven Böttcher wegen Herbeiführens einer Sprengstoffexplosion und Diebstahl auf der Anklagebank. Sein Verteidiger trug vor, sein Mandant sei zur Tatzeit nicht am Tatort gewesen, sondern habe mit seiner Schwester und deren Freundin ein Musikzelt besucht. Die drei Zeugen müssen den Angeklagten mit jemandem verwechselt haben, was bei der Dunkelheit nachts kein Wunder sei. Ich vertagte die Verhandlung und lud die beiden Alibizeuginnen zum Fortsetzungstermin.

Die Schwester des Angeklagten machte von ihrem Zeugnisverweigerungsrecht Gebrauch. Wenn sie ihrem Bruder das Alibi verweigert, wird sie schon einen guten Grund dafür haben, dachte ich.

Als Nächstes nahm Janine Rosenthal auf dem Zeugenstuhl Platz. Sie sagte aus, sie sei mit der Schwester des Angeklagten befreundet, ihn kenne sie nur flüchtig. Auf Fahrrädern seien sie in der fraglichen Nacht zu dritt zu dem Musikzelt am Flughafen geradelt. Dort hätten sie bis morgens um drei Uhr gefeiert und jede Menge Alkohol getrunken. Dann seien sie zurückgeradelt und hätten sich gegen 3.30 Uhr getrennt. Ich fragte sie, warum sie sich an dieses Datum und die Uhrzeiten so genau erinnern konnte. Darauf hatte sie keine Antwort, beharrte jedoch darauf, dass es genau so gewesen sei. Die Sitzung wurde für die Mittagspause unterbrochen.

Die Staatsanwältin fragte die Zeugin anschließend, ob sie wirklich nur mit der Schwester des Angeklagten befreundet sei. Dies bejahte sie. Eigentlich sei sie mit dieser verabredet gewesen und zum Musikzelt gefahren, der Angeklagte habe sich ihnen nur angeschlossen.

»Wie erklären Sie dann dieses hier?«, fragte die Staatsanwältin und hielt ihr Smartphone hoch. Darauf war ein Paarfoto des Angeklagten und der Zeugin auf

Facebook zu sehen. Janine Rosenthal errötete. »Wir sind erst viel später zusammengekommen.« Die Staatsanwältin scrollte auf ihrem Smartphone. »Ach ja? Und wie erklären Sie den ›In einer Beziehung mit‹-Post ein halbes Jahr vor der Automatensprengung?« Das konnte sie nicht. Aber sie war sich sicher, in der fraglichen Nacht mit dem Angeklagten im Musikzelt gewesen zu sein. Da sie bereits über ihre Beziehung zum Angeklagten gelogen hatte, glaubten weder Staatsanwältin noch Richter der Alibi-Zeugin mehr.
Steven Böttcher wurde zu einer Freiheitsstrafe von zwei Jahren ohne Bewährung verurteilt.

Eine geheime Beweisregel lautet:

Regel Nr. 14: Wer einmal lügt, dem glaubt man nicht mehr.

Hat der Richter den Zeugen beim Lügen ertappt, wird er den weiteren Aussagen, auch wenn sie der Wahrheit entsprechen sollten, möglicherweise keinen großen Glauben mehr schenken.

Asservate

Wenn die Polizei Beweismittel sicherstellt, werden die oft der Akte beigefügt. Da kann dann das blutverschmierte Messer einer Messerstecherei in einem Plastikbeutel auf dem Richtertisch liegen. Oder diverse Betäubungsmittel in Klarsichtbeuteln. Oder das Brecheisen, mit dem in ein Einfamilienhaus eingebrochen wurde. Wenn an ihnen auch noch DNA-Spuren des Angeklagten gefunden wurden, wird ein Bestreiten der Tat schwierig.

Urkunden

Sie galten früher mal als sicheres Beweismittel. Doch Computer mit Scanner und Laserdrucker ermöglichen es inzwischen selbst einem Laien, auf den ersten Blick überzeugende Fälschungen von Verträgen, Quittungen und Zeugnissen herzustellen. Sollen es Pässe, Führerscheine und Ausweise sein, lassen sich diese bequem im Darknet bestellen. Die Fälschungen sind der Regel so gut, dass es eines Sachverständigen bedarf, um sie festzustellen.

Überwachungsvideos

Sowohl ihre Verbreitung als auch ihre Qualität nehmen zu, was sie zu einem immer wichtigeren Beweismittel macht. Es gehört zum Standardvorgehen bei Ermittlungen, abzuprüfen, ob die Tat nicht zufällig von einer Videokamera in der Nähe aufgenommen worden ist.

Die 25-jährige Chinesin Li Yangjie studierte im fünften Semester Architektur an der Hochschule Anhalt in Dessau. Am Abend des 11. Mai 2016 ging sie joggen. Nachdem sie nicht zurückgekehrt war, wurde sie vermisst gemeldet. Zwei Tage später fand die Polizei ihre übel zugerichtete Leiche unweit ihrer Wohnung. Die Studentin war erst mehrfach vergewaltigt und dann umgebracht worden. Es wurde Fremd-DNA an ihrem Körper gefunden.

Am 23. Mai 2016 erschien ein junges Paar, Sebastian F. und Xenia I., bei der Polizei. Die beiden gaben an, dass die DNA, die an Li Yangjies totem Körper gefunden wurde, von ihnen stammen könne, da sie in der Nacht vor ihrem Verschwinden einvernehmlichen Sex mit ihr gehabt hätten.

Was wirklich passiert war, brachte ein Überwachungsvideo vom Tag des Verschwindens von Li Yangjie ans Licht. In dem Mietshaus, in dem Sebastian F. und Xenia I. wohnten, befand sich ein Antiquitätengeschäft. Dessen Videokamera war nach draußen auf die Straße gerichtet. Auf der Aufnahme ist zu sehen, wie Xenia I. die Studentin zu sich herwinkt, auf eine Wohnung im zweiten Stock deutet und sie bittet, ihr zu helfen. Zu sehen ist, wie sich Li Yangjie zweifelnd umblickt, dann jedoch mitgeht. Mit dem In-die-Falle-Locken auf dem Video war die Einlassung, sie hätten sich bereits am Tag davor für Sex zu dritt getroffen, widerlegt. Das Video zeigt die erste Begegnung der Studentin mit Xenia I. Nach dem weiteren Ermittlungsergebnis wartete hinter der Eingangstür Sebastian F. und überwältigte sie. Er schleppte Li Yangjie in den ersten Stock und vergewaltigte die junge Frau zusammen mit seiner Freundin. Später brachte er sie alleine um.

Am 4. August 2017 wurde Sebastian F. wegen Vergewaltigung und Mord vom Landgericht Dessau-Roßlau zu lebenslanger Haft verurteilt. Xenia I. erhielt wegen sexueller Nötigung eine Jugendstrafe von fünf Jahren und sechs Monaten.

DNA-Spuren

Die Einbrecher in meinen Verfahren achten penibel darauf, keine Spuren von sich am Tatort zu hinterlassen. Sie tragen Handschuhe, um Fingerabdrücke zu vermeiden. Dazu eine Maske, um auf etwaigen Überwachungsvideos nicht erkannt zu werden. Doch so ein Einbruch ist anstrengend, und irgendwann machen sie eine Pause. Sie trinken etwas und rauchen. Flaschen und Kippen lassen sie achtlos zurück. Die Polizei sammelt sie ein und schickt sie ins Labor. Dieses meldet später DNA-Treffer.

Sachverständige

Wenn einem Richter das notwendige Fachwissen fehlt, schaltet er einen Sachverständigen ein. Häufig sind dies Rechtsmediziner, die etwas zum Alkoholisierungsgrad des Angeklagten und dessen Auswirkungen auf seine Schuldfähigkeit aussagen können. Oder zu den Verletzungen der Opfer. Unfallanalytiker untersuchen, ob der tödliche Unfall vermeidbar war oder nicht. Fachärzte für Psychiatrie untersuchen Angeklagte auf ihre Schuldfähigkeit. Ein Identitätsgutachter kann feststellen, ob die von der Überwachungskamera beim

Banküberfall aufgenommene Person mit dem Angeklagten identisch ist.

Man nennt die Sachverständigen auch »Richter in Weiß«, denn sie bestimmen mit ihrem Gutachten die Gerichtsentscheidung maßgeblich mit. Ist es plausibel und nachvollziehbar, wird das Gericht ihm regelmäßig folgen. So werden wesentliche Teile des Urteils an die Sachverständigen ausgelagert.

Die Richter können den damit einhergehenden Machtverlust durch die Auswahl des Sachverständigen kompensieren. Es gibt für jedes Fachgebiet meist nur eine Handvoll Experten. Mit der Zeit lernt der Richter die Arbeitsweise und Ergebnisse eines einzelnen Sachverständigen kennen. Er kann einschätzen, zu welchem Ergebnis er in einem bestimmten Fall voraussichtlich kommen würde. Die Sachverständigen können deshalb nach dem gewünschten Ergebnis beauftragt werden und liefern dieses dann meist auch.

Regel Nr. 15: Der Richter steuert das Gutachtenergebnis durch Auswahl des Sachverständigen.

Dazu ein Beispiel aus meiner Zeit als Bußgeldrichter. Sachverständiger A scheint ein Problem mit Radarfallen zu haben. Er untersucht verbissen mit fast schon wissenschaftlicher Akribie jede Messung so lange, bis er einen Fehler oder zumindest Zweifel aufwerfende Unstimmigkeiten findet. Weil er sehr gründlich arbeitet, sind seine Gutachten teuer, liegen erst nach Monaten vor und sind ausgesprochen lang. Sachverständiger B ist für sehr viele Gerichte tätig. Er schreibt sehr schnell kurze Gutachten, nach denen die Messung nicht zu beanstanden ist. Zu Recht geht er davon aus, dass viele überlastete Bußgeldrichter genau das wollen, ein schnelles und schlankes, die Messung bestätigendes Gutachten. Sie können sich jetzt unschwer vorstellen, wie verschieden das

Gutachten über eine Geschwindigkeitsmessung in einem x-beliebigen Fall ausfallen würde, je nachdem, ob der Richter den Sachverständigen A oder B beauftragt.

Ein Sachverständigengutachten verbessert nicht in jedem Fall die Qualität einer richterlichen Entscheidung, sondern kann durchaus auch zu Justizirrtümern führen, denn niemand prüft die Qualifikation der Sachverständigen. Es gibt keine Stelle innerhalb der Justiz, die Lebenslauf, Zeugnisse und Berufserfahrung der sich um Aufträge bewerbenden Sachverständigen prüft. So kann es passieren, dass auch inkompetente Gutachter beauftragt werden. Und dadurch besteht die Gefahr von Fehlurteilen.

Die Bankkassiererin blickt in den Lauf einer Pistole. Der auffallend große und korpulente Mann vor ihrem Schalter, mit dunklem Mantel, Hut und Sonnenbrille bedrohlich wirkend, verlangt Geld. Die Kassiererin stopft 54 000 DM in eine Plastiktüte und schiebt sie dem Bankräuber rüber. Währenddessen macht die Überwachungskamera Fotos durch das Panzerglas. Der Mann nimmt eine Angestellte als Geisel und entkommt mit einem Taxi. Dabei hinterlässt er einen Fingerabdruck am Holm der Beifahrertür.
Nach einer Ausstrahlung des Falles in der Sendung *Aktenzeichen XY ... ungelöst* glaubt ein Polizeibeamter Donald Stellwag, den er flüchtig kennt, als möglichen Täter auf dem Bild der Überwachungskamera wiederzuerkennen. Wie der gesuchte Bankräuber ist der 34-jährige Stellwag mit 1,95 m auffallend groß und mit knapp 200 kg auffallend dick. Er meldet sich, als er hört, dass nach ihm gesucht wird, freiwillig auf dem

Polizeipräsidium. Es folgt eine Gegenüberstellung. Der war's, sagen die Zeugen, der ist genau so dick und so groß wie der Räuber. Im Februar 1993 ergeht Haftbefehl gegen Stellwag, und er wird in Untersuchungshaft genommen.

Anfang 1994 beginnt der Strafprozess gegen Stellwag vor dem Landgericht Nürnberg/Fürth. Fünf Zeugen erkennen in Donald Stellwag den Täter, zehn waren sich nicht sicher. Stellwag bestreitet die Tat. Er gibt an, zur Tatzeit als Chef einer Drückerkolonne im 220 Kilometer entfernten Leuna gewesen zu sein. Er hat Zeugen dafür, doch ihnen wird nicht geglaubt.

Zum Verhängnis wird Stellwag Dr. S., Sachverständiger für anthropologische Vergleichsgutachten[23]. In seinem schriftlichen Gutachten kommt er zu dem Ergebnis, dass Stellwag mit »sehr großer Wahrscheinlichkeit« mit der Person auf den Täterbildern identisch ist. Das in der Hauptverhandlung mündlich erstattete Gutachten fiel für Stellwag noch verheerender aus. Dr. S. sprach über eine charakteristische Ohrform, die bei dem Bankräuber auf dem Foto und bei dem Angeklagten identisch sei. »Sie lügen!«, schrie Stellwag. »Ach, geben Sie es doch zu«, sagte Dr. S. und lächelte, »ich habe Sie erkannt.« Die Wahrscheinlichkeit für Stellwags Täterschaft sei oben im 90er-Bereich angesiedelt, über 98 Prozent. Allein aus formalen Gründen habe er keine 100 Prozent Wahrscheinlichkeit angenommen, für ihn bestehe an der Täterschaft des Angeklagten jedoch keinerlei Zweifel. Es sei nach seiner Berufserfahrung unvorstellbar, dass eine andere Person als Täter in Betracht kommen könne.

Das Landgericht verurteilte Stellwag am 16.02.1994 wegen des Überfalls auf die Bank sowie einer Urkundenfälschung zu einer Gesamtfreiheitsstrafe von acht Jahren. Die Kammer wurde insbesondere durch das Identitätsgutachten von der Täterschaft des Angeklagten überzeugt.
Donald Stellwag hat von den acht Jahren sechs abgesessen. 2.186 Tage hinter Gittern hat er für den Banküberfall verbüßt.
Drei Wochen nach seiner Entlassung wurde ein großer und dicker Mann gefasst, der gerade eine Bank überfallen hatte. Bei der Gelegenheit gestand er auch den Überfall auf die Nürnberger Sparkasse 1991. Der Fingerabdruck am Taxi, das der Bankräuber damals benutzte, stammt von ihm, wie die Polizei nun feststellte. Er wurde für mehrere Raubüberfälle zu einer Freiheitsstrafe von elfeinhalb Jahren verurteilt. Er entschuldigt sich bei seinem »Doppelgänger«, der an seiner Stelle zu Unrecht im Gefängnis gesessen hat.
Stellwag wurde im Wiederaufnahmeverfahren 2001 freigesprochen. Dieser Fall zeigt eindrucksvoll, wie falsch ein Sachverständigengutachten sein kann.

Eine Besonderheit sind psychologische und psychiatrische Gutachten. Es kann in ihnen um die Schuldfähigkeit des Angeklagten, seine Unterbringung in einer Entziehungsanstalt oder die Beurteilung der Glaubhaftigkeit einer Zeugenaussage gehen. Diese Gutachten weisen eine gewisse Fehlerquote auf, denn es handelt sich bei der Psychologie und Psychiatrie um keine exakte Wissenschaft. Ein Chirurg beispielsweise kann die Diagnose eines Knochenbruchs mit einem Röntgenbild belegen. Ein Psychologe oder Psychiater hat dagegen keine objektiven Befundtatsachen. Er kann nicht in den Kopf des zu Untersuchenden schauen. Er kann lediglich aus seinen Äußerungen und seinem Verhalten Schlussfolgerungen ziehen. Diese können richtig sein, müssen es aber nicht. Auffällig ist, wenn mehrere Sachverständige zu völlig unterschiedlichen Ergebnissen kommen. So wurden in dem Kachelmann-Prozess mehrere Sachverständige dazu gehört, ob die Aussage von Claudia D., von Kachelmann vergewaltigt worden zu sein, glaubhaft sei. Das wurde mal bejaht und mal verneint. Oder in dem Fall Gustl Mollath gab es sowohl Gutachter, die ihn für gefährlich hielten, woraus sich für sie die Notwendigkeit einer jahrelangen Zwangsunterbringung in der Psychiatrie ergab, als auch welche, die ihn für einen harmlosen Spinner hielten, der in die Freiheit entlassen werden könnte. Um beim Beispiel des Knochenbruchs zu bleiben: Hier könnten zwei Sachverständige kaum zu völlig entgegengesetzten Ergebnissen kommen. Der Knochen ist gebrochen oder nicht – und das wäre durch ein Röntgenbild auch nachweisbar.

Der Indizienbeweis

Er ist kein eigentlicher Beweis, sondern eine Frage der Beweiswürdigung. Er ist ein Beweis, bei dem von einer mittelbar bedeutsamen Tatsache auf eine unmittelbar entscheidungserhebliche Tatsache geschlossen wird.[24] Er wird angewendet, wenn direkte Beweise fehlen.

Die hochschwangere Maike T. verschwand im Juli 1997 nach einer Vorsorgeuntersuchung im Krankenhaus spurlos. Lange blieb die Sache unaufgeklärt. Doch dann gerieten ihr Ex-Freund Michael S., der mutmaßliche Vater des ungeborenen Kindes, und dessen Mutter Christine durch eine Zeugenaussage in den Fokus der Ermittlungen. Die Zeugin gab an, Michael S. habe ihr vor Jahren den Mord gestanden.
16 Jahre nach dem Verschwinden von Maike T. kommt es zu einem Indizienprozess vor dem Landgericht Neuruppin.[25] Angeklagt wegen Mordes sind Michael S. und dessen Mutter Christine. Doch es ist ein Mord ohne Leiche. Maikes sterbliche Überreste wurden nie gefunden.
Das Landgericht geht davon aus, dass die Mutter ihren Sohn zu dem Mord angestiftet hat, um zu verhindern, dass er Unterhalt für das Kind zahlen müsse. Er habe Maike nach der Untersuchung im Krankenhaus abgepasst und sie in seinem Auto in ein Waldstück gefahren. Dort habe ein Auftragsmörder sie von hinten erwürgt, während Michael S. ihr den Mund zugehalten habe. Anschließend hätten sie die Leiche entsorgt.
Aus Sicht des Gerichts wiegen die Indizien schwer: Die Mutter hatte sich das Datum des Vorsorgetermins auf einem Zettel notiert. Michael S. hat den Mord gegenüber zwei verschiedenen Freundinnen gestanden. Allerdings hat eine der beiden Zeuginnen psychische Probleme, was ihre Glaubwürdigkeit infrage stellt. Und eine Zeugin hat Michael S. am Morgen des Verschwindens von Maike T. in der Nähe des Kranken-

hauses gesehen. Außerdem hat Michael S. vor und nach dem Verschwinden von Maike T. Geld vom Konto abgehoben, wahrscheinlich der Lohn für den Auftragsmörder. Dem Landgericht genügten diese Indizien, und es verurteilte Michael S. und seine Mutter Christine jeweils zu einer lebenslänglichen Freiheitsstrafe.

Beim Indizienbeweis kann der Strafrichter zum Krimiautor werden. Er hat nur wenig Anhaltspunkte für die Schuld des Angeklagten. Doch mit ein wenig Fantasie kann es ihm gelingen, die Lücken zu schließen und aus den Indizien eine plausible Geschichte zu stricken.

Rudolf Rupp wird vermisst. Zuletzt wurde er gesehen, wie er betrunken ein Wirtshaus verließ und mit seinem Mercedes wegfuhr.[26] Der ermittelnde Staatsanwalt war davon überzeugt, dass Rupp nach dem Wirtshausbesuch nach Hause gefahren sein musste. Deshalb sei der Täter in der Familie zu suchen. Und der Staatsanwalt fand auch Motive. Nach der Vernehmung der Beschuldigten und der Befragung von Dorfbewohnern stellten sich ihm die familiären Verhältnisse so dar: Rudolf Rupp war ein herrschsüchtiger Hoftyrann gewesen, der seine Töchter missbrauche und »weg müsse«. Den Mercedes hätte die Familie in einer Schrottpresse entsorgt, vermutete der Staatsanwalt. Das Anwesen wird erfolglos durchsucht. Immer wieder wurden die Familienmitglieder ohne anwaltlichen Beistand vernommen, bis der Schwiegersohn gesteht, den Bauern mit einem Vierkantholz erschlagen, zerstückelt und an die Hunde verfüttert zu haben. Auch die Ehefrau und eine Tochter legten Geständnisse ab. Alle Geständnisse werden später widerrufen, weil sie unter Druck zustande gekommen waren.

Das Landgericht Ingolstadt hatte nur drei Indizien: Rudolf Rupp wurde weiter vermisst, es gab Mordmotive in der Familie, und die Angeklagten hatten bei der Polizei gestanden. Sachbeweise gab es keine. Doch dem Landgericht reichten diese Indizien, und es verurteilte Hermine Rupp und Matthias E. am 13. Mai 2005 wegen gemeinschaftlichen Totschlags zu einer Freiheitsstrafe von jeweils acht Jahren und sechs Monaten. Die Töchter wurden wegen Beihilfe zum Totschlag zu Jugendstrafen von drei Jahren und sechs Monaten und zwei Jahren und sechs Monaten verurteilt. Nachdem die Revisionen zurückgewiesen worden waren, wurde das Urteil rechtskräftig.

Am 13. März 2009 wurde ein Mercedes aus der Donau geborgen. Darin saß die erstaunlich gut konservierte Leiche von Rudi Rupp. Nichts deutete auf eine Fremdeinwirkung hin, die zum Tode von Rudolf Rupp geführt haben könnte. Vielleicht war es einfach nur ein Unfall gewesen. War Rudolf Rupp schlicht nach acht großen Gläsern Weißbier mit schätzungsweise 2,5 Promille betrunken in die Donau gefahren?

Jedenfalls stand mit dem Auffinden der Leiche fest, dass die Geständnisse falsch waren. Rudolf Rupp konnte nicht mit einem Vierkantholz ins Genick erschlagen worden sein, denn seine Nackenwirbel waren unverletzt. Auch war die Leiche nicht zerstückelt, sondern saß in einem Stück auf dem Fahrersitz. Schließlich war der Mercedes auch nicht in einer Schrottpresse entsorgt worden, stattdessen wurde er unbeschädigt aus der Donau gezogen.

Das gesamte der Verurteilung zugrunde gelegte Tatgeschehen hatte sich nicht ereignet, und die Horrorgeschichte aus Inzest, Mord, Zerstückeln und Verfütterung an die Hunde war vom Gericht frei erfunden worden.

10

Die grenzenlose Freiheit der Beweiswürdigung

In diesem Kapitel widmen wir uns der Frage: Wie kommt ein Richter zu seiner Entscheidung?

Freiheit der Beweiswürdigung

Die Anklageschrift ist gleichsam der Arbeitsauftrag für den Strafrichter. In ihr behauptet die Staatsanwaltschaft, der Angeklagte habe durch einen bestimmten Sachverhalt einen konkreten Straftatbestand verwirklicht. Der Richter hat die Anklagehypothese zu bestätigen oder zu verneinen. Doch wie macht er das?

Das Hauptproblem ist, den Sachverhalt festzustellen. Steht der Tathergang erst einmal fest, ist die rechtliche Würdigung meist ein Kinderspiel.

»Über das Ergebnis der Beweisaufnahme entscheidet das Gericht nach seiner freien, aus dem Inbegriff der Verhandlung geschöpften Überzeugung«, heißt es in § 261 Strafprozessordnung. Im Klartext bedeutet das, der Richter ist keinen festen Beweisregeln unterworfen. »Das Geständnis bindet das Gericht« gilt ebenso wenig wie »Ein Zeuge, kein Zeuge« oder »DNA schlägt Fingerabdruck«. Den Laien erstaunt das, gibt es doch sonst für alles Gesetze, in denen alles haarklein geregelt ist. Der Richter kann im Prinzip urteilen, wie er will.

Seine Beweiswürdigung darf nur nicht gegen Denkgesetze und gesicherte Erfahrungssätze verstoßen. Dass der Richter insoweit allmächtig ist, drückt folgende Regel aus:

Regel Nr. 16: Der Richter entscheidet wie ein kleiner Gott allein, was die Wahrheit ist.

Die Freiheit der Beweiswürdigung verschafft dem Richter maximale Freiräume. Sie führt aber auch dazu, dass dieselben Beweise nicht bei allen Richtern zum selben Ergebnis führen. Die innere, höchstpersönliche Überzeugung kann durchaus entgegengesetzte Entscheidungen zur Folge haben. Sie birgt ein hohes Fehlerpotenzial. Genau das meint der Volksmund mit dem Spruch: »Vor Gericht und auf hoher See ist dein Leben in Gottes Hand.« Der Ausgang eines Gerichtsverfahrens wird ausschließlich vom Richter entschieden und kann unvorhersehbar sein.

Könnte ein Richter überhaupt die ganze Wahrheit herausbekommen? Nein, das kann er aus zwei Gründen in der Regel nicht:

Erstens muss er mit den begrenzten, tatsächlich zur Verfügung stehenden Beweismitteln arbeiten. Eine am Tattag unterlassene Spurensicherung kann er nicht erfolgreich Monate später nachholen. Er kann nicht in die Köpfe von Angeklagten, Zeugen und anderen Prozessbeteiligten schauen. Wenn diese schweigen oder lügen, kann er kein vollständiges Bild gewinnen. Führen Ermittlungsfehler zu Beweisverwertungsverboten, muss er das hinnehmen.

Zweitens wird die Wahrheitssuche durch die Zeitvorgaben begrenzt. Die Minutenwerte nach PEBB§Y zwingen den Richter dazu, Beweisaufnahmen zu begrenzen und nicht ausufern zu lassen. Die Suche nach der Wahrheit darf nur Minuten und keine Monate dauern.

Vorverständnis von dem Fall

Ich hatte oben über die strukturelle Befangenheit des Strafrichters geschrieben. Mit dem Eröffnungsbeschluss hat er bereits eine überwiegende Verurteilungswahrscheinlichkeit bejaht. Mit seinem Erlass segelt das Gericht auf Verurteilungskurs. Wenn der Richter die Verhandlung eröffnet, geht er eben nicht gedanklich von der Unschuld des Angeklagten aus, sondern er hat dessen wahrscheinliche Schuld mit der Eröffnung bereits bejaht. Eine ergebnisoffene Wahrheitsfindung ist deshalb kaum zu erwarten.

Wahrnehmungsselektion

Regelmäßig hat der Strafrichter es mit komplexen Lebenssachverhalten zu tun. Zum Beispiel bei einer Schlägerei mit Vorgeschichte und mehreren Beteiligten. Angeklagte und Zeugen erzählen ungefragt ihre ganze Lebensgeschichte. Der gesamte Tag der Tat wird ausführlich geschildert, obwohl die Schlägerei, um die es geht, nur fünf Minuten gedauert hat. In den Monaten danach haben die Beteiligten noch ganz oft über die Schlägerei gesprochen, berichten sie. In epischer Breite wird von allerlei negativen Gefühlen und Befindlichkeiten berichtet. »Nur die Fakten bitte«, versuche ich ausufernde Berichte aus dem Gefühlsleben abzukürzen. Hunderte Seiten dicke Ermittlungsakten enthalten Spuren, die in Sackgassen führten, und viel Nebensächliches. Es ist dem Richter nur schwer möglich, alle Details zu erfassen, sich zu merken und in die Entscheidung einfließen zu lassen. Er schützt sich vor dem Überangebot an Informationen unterbewusst durch eine selektive Wahrnehmung. Der Anklagevorwurf gibt das Prüfungsprogramm vor. Das juristisch trainierte Gehirn filtert automatisch diejenigen Informationen heraus, die für den Anklagevorwurf relevant sind, und ignoriert diejenigen, die dafür keine Relevanz haben. Das fällt mir oft bei Diskussionen mit Schöffen auf, die sich bei einer Aussage ganz andere Dinge als ich gemerkt haben.

Persönlichkeit und Lebenserfahrung des Richters

Richter sind keine Urteilsautomaten, sondern auch nur Menschen. Es liegt in der Natur des Menschen, Informationen nicht ausschließlich objektiv aufzunehmen. Deshalb fließen durchaus auch subjektive Elemente in die Urteilsfindung ein.

In den Medien haben Sie bestimmt schon mal vom »Richter Gnadenlos« und vom »Kuschelrichter« gehört. Damit werden Extreme in der Bandbreite von Richterpersönlichkeiten beschrieben. Doch es gibt sie tatsächlich. Die Persönlichkeit des Richters kann ein ausschlaggebender Faktor bei dem Entscheidungsprozess sein. »Richter Gnadenlos« ist stolz auf seine niedrige Freispruchquote. Er wird wahrscheinlich auch bei schwacher Beweislage kurzen Prozess mit dem Angeklagten machen und ihn schlicht verurteilen. Der »Kuschelrichter« dagegen hat generell ein Problem damit, Angeklagte ins Gefängnis zu schicken. Kommen noch Zweifel an der Schuld des Angeklagten dazu, neigt er zur Einstellung des Verfahrens oder zum Freispruch.

Neben der Persönlichkeit spielt auch die Lebenserfahrung eine große Rolle, denn die Richter dürfen nach ihr urteilen. Dazu der illustrative Fall einer Bahnsteigschubserei.[27]

Der drogenabhängige Angeklagte begab sich in einen Berliner U-Bahnhof, um sich Rivotril-Tabletten zu beschaffen. Der Ort war als Umschlagplatz für Drogen in der Szene bekannt. Er verlangte von einem ihm bekannten Dealer, die Tabletten umsonst zu bekommen, was dieser ablehnte. Es kam darüber zu einem lautstarken Streit. Der spätere Geschädigte trat zwischen die beiden Streitenden und zog damit die Aggression des Angeklagten auf sich. Der Drogendealer und der spätere Geschädigte entfernten sich zum anderen Ende des Bahnsteigs.

Der Angeklagte näherte sich dem Geschädigten laufend von hinten und stieß aus vollem Lauf gegen seinen Rücken. Der Geschädigte hatte den herannahenden Angeklagten nicht bemerkt und wurde von dem Stoß überrumpelt. Durch dessen Wucht wurde er nach vorn in Richtung der Bahnsteigkante »katapultiert«. Wie von dem Angeklagten beabsichtigt, stürzte er in das 1,20 Meter tiefe Gleisbett. In dem Moment des Stoßes fuhr auf dem Gleis eine U-Bahn aus dem Tunnel ein. Der Geschädigte wurde von ihr zwei Sekunden nach seinem Sturz ins Gleisbett erfasst und tödlich verletzt.

Das Landgericht Berlin verneinte einen Mord oder einen Totschlag, weil es keinen Tötungsvorsatz sah. Denn dem Angeklagten konnte nicht nachgewiesen werden, dass er den gerade einfahrenden Zug wahrgenommen hat. Es verurteilte den Angeklagten nur wegen versuchter Körperverletzung mit Todesfolge zu einer Freiheitsstrafe von vier Jahren und drei Monaten.

Der Bundesgerichtshof hob das Urteil auf. Denn es entspricht der Lebenserfahrung, dass ein Mensch durch den Stoß in das Gleisbett einer stark befahrenen U-Bahn-Linie zu Tode kommen kann, weil es jederzeit möglich ist, dass ein Zug einfährt. Dem ist nichts hinzuzufügen.

Zum Problem wird die Lebenserfahrung des Richters allerdings, weil sie höchst individuell ist. Jeder macht im Laufe seines Lebens gute und schlechte Erfahrungen, die seinen Blick auf die Welt prägen. Mir ist zum Beispiel als Student ein nagelneues Rennrad gestohlen worden. Es war rot mit weißen Lenkergriffen. Ich hatte es mir mühsam zusammengespart, und es war nicht versichert. Ich kann mich noch genau an mein Entsetzen erinnern, als ich nach draußen ging und statt meines Fahrrads nur die zerschnittene Kette auf dem Fußweg fand. Diese Geschichte habe ich im Hinterkopf, wenn ein Fahrraddieb bei mir auf der Anklagebank sitzt. Aufgrund meiner Selbstreflexion bin ich mir dessen allerdings bewusst. Eine Strafrichterin gestand mir, dass sie als Jugendliche vergewaltigt worden war und noch heute darunter leide. Ich bin mir sicher, sie wird auch an dieses schreckliche Erlebnis denken, wenn sie über einen Vergewaltigungsfall zu entscheiden hat. Solche Beispiele lassen sich endlos fortsetzen. Kann man von einem Richter nicht erwarten, dass er professionell mit gemachten Erfahrungen umgeht? Grundsätzlich ja, aber ich denke, die Lebenserfahrung kann unbewusst in die Urteilsfindung einfließen.

Für den Angeklagten ist die Anwendung von Erfahrungssätzen aus der Lebenserfahrung des Richters deshalb problematisch, weil er sie nicht kennt.

Der äußere Eindruck

Die Augenbinde der Justitia steht dafür, dass das Recht ohne Ansehen der Person gesprochen wird. So viel zur Theorie. In der Praxis nimmt man als Richter das äußere Erscheinungsbild von Angeklagten, Zeugen und Sachverständigen durchaus wahr. Und man kann den äußeren Eindruck nicht immer ausblenden. Er wird das Bild, das man von den Beteiligten gewinnt, zumindest abrunden.

Was ist zum Beispiel von einem Anwalt zu halten, der unrasiert mit einer verschmutzten Robe über T-Shirt und Jeans zur Verhandlung erscheint? Die Einschätzung eines zuverlässigen, professionellen Strafverteidigers drängt sich mir da spontan nicht auf.

Ein wegen fahrlässiger Tötung angeklagter junger Autofahrer erscheint in roter Windjacke, mit schwerer Goldkette und Basecap. Er tut alles, um dem Klischee des jugendlichen Rasers zu entsprechen.

Ein Afrikaner wird wegen Drogenhandel im Stadtpark angeklagt. Mir ist schon in mehreren Verhandlungen aufgefallen, dass diese Dealer bevorzugt Marken-Trainingsanzüge, teure Uhren und schwarze Bauchtaschen tragen. Nun erscheint der Angeklagte mit so einem Trainingsanzug, einer Luxusuhr und einer Bauchtasche. Es fällt schwer, das zu ignorieren.

Es gibt natürlich auch positive Beispiele. Wenn ein Angeklagter in Anzug und Krawatte oder eine Angeklagte im Kostüm erscheint, schließt man daraus als Richter zumindest, dass sie die Verhandlung ernst nehmen.

Erledigungsdruck

Die Richter stehen unter einem enormen Erledigungsdruck. Ich hatte oben bereits geschildert, dass pro Fall nur eine bestimmte Anzahl von Minuten zur Verfügung steht. Gute und gerechte Entscheidungen zählen für die Gerichtspräsidenten nicht, sondern nur eine möglichst hohe Zahl erledigter Verfahren. Der Richter muss, um nicht in Aktenbergen zu ertrinken, die Fälle schnell vom Tisch bekommen. Der Erledigungsdruck führt dazu, dass der Richter, wenn er vor die Wahl gestellt wird, eine langwierige Beweisaufnahme durchzuführen oder die Strafsache auf andere Weise schnell zu erledigen, wahrscheinlich den einfachen Weg gehen wird. Wie kann der Richter das tun? Er könnte den Wunsch der Verteidigung entsprechen und das Verfahren durch eine Einstellung oder einen Deal beenden. Oder er betreibt die Beweisaufnahme nur so lange, bis er alles für einen Schuldspruch zusammen hat, und lehnt alle weiteren Beweisanträge ab.

Regel Nr. 17: Der Erledigungsdruck führt zur Ablehnung von Beweisanträgen.

Die Justizverwaltung erzeugt einen subtilen Druck auf den Inhalt der Entscheidungen, indem sie Formulare zur Verfügung stellt. So liegen dem Strafrichter Formulare für alle gängigen Beschlüsse vor. Mit ein paar Kreuzchen oder Mausklicks ist der Beschluss schnell gemacht. Allerdings nur, und das ist die entscheidende Einschränkung, für die antragsgemäße Bewilligung des staatsanwaltlichen Begehrens. Möchte der Richter den Antrag ablehnen, muss er selbst einen Beschluss entwerfen. Nun stellen Sie sich einen Ermittlungsrichter vor, der jeden Tag ein Dutzend Neueingänge bekommt und jeweils nur 35 Minuten Zeit hat. Wird dieser jeden Antrag gründlich prüfen und ihn gegebenenfalls mit einem individuell erstellten Beschluss abweisen? Oder wird er der Versuchung unterliegen, die Akte mithilfe eines Formulars schnell vom Tisch zu bekommen?

Zeugenaussagen

Ich habe bereits ausgeführt, dass Zeugen das unzuverlässigste Beweismittel sind, sowie ein paar Kriterien für die Bewertung ihrer Aussagen benannt. Entscheidend ist beispielsweise, ob sie im Lager eines der Beteiligten stehen oder ob es neutrale Zeugen sind.

Eine besondere Stellung nehmen Polizeibeamte ein. Sie sind eine tragende Säule vieler Beweisaufnahmen, denn sie erscheinen zuverlässig und bereiten sich auf die Hauptverhandlung vor. Polizisten können Sachverhalte zutreffender wahrnehmen als normale Zeugen, weil sie entsprechend geschult sind. Sie nehmen die Wahrheitspflicht ernster als andere und sagen schon deshalb nicht die Unwahrheit vor Gericht, da sie andernfalls ihre Karriere riskieren würden. Am Ausgang eines Verfahrens haben sie regelmäßig kein persönliches Interesse. Aus Richtersicht sind sie professionelle Zeugen, denen er glauben kann. Und sie treten meistens mindestens paarweise auf. Wenn zwei gegen den bestreitenden Angeklagten aussagen, wird der Richter in der Regel den Polizeibeamten glauben.

Regel Nr. 18: Richter glauben in der Regel den Aussagen von Polizisten.

Die Konstellation Aussage gegen Aussage ist gar nicht so selten. Sie ist insbesondere typisch für Vergewaltigungen in Beziehungen, die deshalb zu den Verbrechen gehören, die am schwierigsten aufzuklären sind. Wie löst man als Richter solche Fälle? Man sucht nach objektiven Spuren, die eine der beiden Versionen bestätigen. Meist gibt es aber keine Spuren. Es bleibt bei Aussage gegen Aussage. Dann untersucht man die Aussage der Zeugin anhand der von der Aussagepsychologie entwickelten Kriterien. Ist die Aussage konstant, hat also die Zeugin in verschiedenen Vernehmungen den gleichen Tathergang geschildert? Ist ihre Aussage detailreich? Ist ihre Aussage von Belastungseifer getragen, oder fehlt dieser? Hat die Zeugin ein Motiv für eine Falschbelastung? Manchmal hilft auch der Blick auf den Angeklagten weiter. Gibt es Vorstrafen wegen Gewaltdelikten? Oder handelt es sich um einen unbescholtenen Bürger? Wenn die Würdigung der widerstreitenden Aussagen zu keiner sicheren Entscheidung führt, gerät der Richter in ein Dilemma, wie bereits oben bei dem Fall der Vergewaltigung in der Ehe aufgezeigt wurde (siehe Seite 128ff.).

Der Kaffeerunden-Senat

An jedem Gericht gibt es Kaffeerunden. Richter kommen ein- oder mehrmals am Tag zusammen, schlürfen Bürogold und unterhalten sich. Neben dem üblichen Klatsch drehen sich die Gespräche auch um aktuelle Fälle. Gern wird die Meinung der Kollegen eingeholt. Ein Richter schildert einen problematischen Fall, die anderen machen Vorschläge, wie er zu lösen sein und wie die Entscheidung lauten könnte. Es zählt die Mehrheitsmeinung. Haben mehrere Richter ähnliche Fälle, wird eine gemeinsame Linie diskutiert und mitunter auch festgelegt. Das Tückische am Kaffeerunden-Senat ist, dass kein Außenstehender jemals von seinen Tagungen und Entscheidungen erfahren wird.

Die Rechtsmittelinstanz

Zum Selbstbild eines Richters sollte gehören, frei und unabhängig zu entscheiden. Doch wer auf der Karriereleiter noch nach oben klettern will, möchte alles richtig machen. Wenn viele Urteile in der höheren Instanz aufgehoben werden, ist das eher nicht karrierefördernd. Eifrig sammelt der Karrierist alle Urteile und Beschlüsse des höheren Gerichts und legt sie als Blaupausen der eigenen Urteilsfindung zugrunde. Eigene Gedanken werden durch die Vorgaben aus Karlsruhe ersetzt.

Grad an Überzeugung

Gibt es Faktoren, die den notwendigen Grad an Überzeugung des Gerichts für den Schuldspruch senken? Ja, sogar zwei.

Das Strafregister ist der Akte vorgeheftet. Der Richter sieht es als Erstes, wenn er die Akte aufschlägt. Bevor der Richter überhaupt in den Fall einsteigt, vermittelt es ihm, ob er es mit einem unbescholtenen Bürger oder mit einem Gewohnheitsverbrecher zu tun hat. Die Art und Anzahl der Vorstrafen kann schon ein Vorurteil beim Richter erzeugen. Bei einem erheblich und einschlägig vorbestraften Angeklagten kann es ihm wahrscheinlich erscheinen, dass er auch die neu angeklagte Tat begangen hat. Der Strafrichter kann unterbewusst den notwendigen Grad an Überzeugung senken, weil er aufgrund der Vorstrafen eine Schuld des Angeklagten für naheliegend hält.

Je schwerer eine Straftat wiegt, desto schwerer tut sich der Richter mit einem Freispruch. Der Richter denkt unterbewusst, dass eine schwere Straftat, wie ein Mord, nicht ungesühnt bleiben kann. Das ist ein weiterer Grund, den notwendigen Grad an Überzeugung zu senken. Deutlich wird dieser Zusammenhang an den zahlreichen Indizienprozessen wegen Mord, wie den oben geschilderten Fall des Bauern Rupp (siehe Seite 182). In diesen Fällen gibt es oft nicht einmal eine Leiche, der Tod des Opfers steht also gar nicht fest. Trotzdem erfolgt eine Verurteilung der Angeklagten. Das geht nur, wenn der Richter das Beweismaß so weit senkt, dass auch die dürftigen und lückenhaften Indizien ausreichen. Bei Alltagskriminalität verfährt er dagegen nicht so. Sie werden von keinen Indizienprozessen wegen Ladendiebstahl hören. Dort wird eingestellt oder freigesprochen, wenn die Beweise nicht reichen.

Regel Nr. 19: Je mehr Vorstrafen ein Angeklagter hat und je schwerwiegender ein Delikt ist, desto geringer sind seine Chancen auf einen Freispruch, unabhängig von seiner Schuld im Einzelfall.

In dubio pro reo

Die Aufgabe des Strafverteidigers ist es, Zweifel zu säen. Er zweifelt an allem, außer an der Unschuld seines Mandanten. Er versucht, so viele Zweifel in Zeugenaussagen zu streuen, dass nur noch Fragezeichen bleiben. Belastungszeugen werden grundsätzlich als Lügner dargestellt. Nach seinen Ausführungen ist der Angeklagte ein Unschuldslamm. Jemand anderes hat die Tat begangen. Aus Schwarz versucht er, Weiß zu machen. Im Plädoyer fordert er einen Freispruch, denn nach dem Grundsatz »Im Zweifel für den Angeklagten« könne das Gericht gar keine andere Entscheidung treffen. Der Grundsatz »in dubio pro reo« klingt edel und fast wie ein Gesetz.

Keine andere lateinische Rechtsregel wird derart oft missbraucht wie »in dubio pro reo«. Vollständig besagt sie, dass ein Angeklagter nicht verurteilt werden darf, wenn dem Gericht Zweifel an seiner Schuld verbleiben. Nur in den allermeisten Fällen verbleiben beim Gericht nach durchgeführter Beweisaufnahme keine Zweifel. Nach der ständigen Rechtsprechung des Bundesgerichtshofs genügt ein nach der Lebenserfahrung ausreichendes Maß an Sicherheit, das vernünftige Zweifel nicht aufkommen lässt.[28] Der Angeklagte wird also in der Regel der Tat überführt und verurteilt. Die Verteidigungsstrategie des Nebelbombenwerfens und des anschließenden Berufens auf »in dubio pro reo« geht nur selten auf.

Das Vermieterehepaar einer Ranch bei Frankfurt wollte die überfällige Miete einkassieren. Doch der Mieter war knapp bei Kasse und konnte nicht zahlen. Es entwickelte sich ein handfester Streit mit dem Mieter und dessen Sohn. Am Ende war das Vermieterehepaar tot; er hatte insgesamt 17 Messerstiche im Oberkörper und seine Frau zwei Schüsse im Rücken. Der Mieter und dessen Sohn vergruben die Leichen in der Jauchegrube der Ranch. Gefunden wurden sie dort erst vier Monate später. Die Tatwaffen hatten sie ebenfalls be-

seitigt und das Auto der Getöteten auf einem nahe gelegenen Supermarktparkplatz abgestellt.
In der Hauptverhandlung vor dem Landgericht Hanau beriefen sie sich auf Notwehr. Sie seien von dem Vermieterehepaar angegriffen worden und hätten sich nur verteidigt. Die Beweisaufnahme ergab nicht, wer das Messer zum Geschehen mitgebracht und als Erstes eingesetzt hatte. Unter Anwendung des Grundsatzes »in dubio pro reo« folgte das Gericht der Einlassung der Angeklagten und ging zu deren Gunsten davon aus, dass »der Streit am Tattag von den Geschädigten begonnen wurde und der Geschädigte hierbei derjenige war, der das Tatmesser mit sich führte, dieses auch zog und zuerst gegen den Angeklagten einsetzte«. Das Landgericht sprach beide Angeklagten frei.
Auf Revision der Staatsanwaltschaft hob der Bundesgerichtshof das Urteil auf.[29] Der Grundsatz »in dubio pro reo« findet keine Anwendung für entlastende Indiztatsachen. Das Landgericht hätte mit anderen Worten nicht im Zweifel von einer berechtigten Notwehr ausgehen dürfen, obwohl diese gar nicht bewiesen war.
Gegen eine Notwehr sprach, dass der Mieter durchaus ein Motiv für die Tötung seiner Vermieter hatte. Er lebte und arbeitete auf der Ranch, und ihm drohte, dass er seinen Lebensmittelpunkt verliert. Notwehr erklärt auch nicht, warum der Mieter 17-mal auf seinen Vermieter eingestochen hat. Zur Abwehr des behaupteten Angriffs wären weit weniger Stiche erforderlich gewesen. Bereits die ersten drei Stiche in die Brust waren tödlich gewesen. Der Frau war in den Rücken

geschossen geworden, was gegen einen Angriff durch sie sprach. Schließlich sprach gegen Notwehr auch, dass die Angeklagten die Leichen und alle Spuren beseitigt hatten. Bei berechtigter Notwehr hätte es nahegelegen, die Polizei zu rufen.
Das Landgericht Hanau sprach die Beschuldigten im zweiten Prozess erneut frei. Auch gegen dieses Urteil legte die Staatsanwaltschaft Revision ein, auf die der Bundesgerichtshof das Urteil wiederum aufhob und die Sache zur erneuten Verhandlung und Entscheidung diesmal an eine Schwurgerichtskammer des Landgerichts Frankfurt am Main verwies. Dieses verurteilte am 13. Juli 2021 Vater und Sohn zu je zehn Jahren und sechs Monaten Haft wegen Totschlags.

Regel Nr. 20: Die Verteidigungsstrategie des Säens von Zweifeln und des anschließenden Berufens auf »in dubio pro reo« geht nur selten auf.

11

Die Armen hängt man, die Reichen lässt man laufen

»Alle Menschen sind vor dem Gesetz gleich«, steht in Artikel 3 Absatz 1 des Grundgesetzes. Das hat sich die PR-Abteilung des Justizministeriums ziemlich clever ausgedacht. Tatsächlich sind vor dem Gesetz nicht alle gleich. Lassen Sie mich das an folgenden Gerechtigkeitsdefiziten ausführen:

Arm bedeutet kein oder schlechter Anwalt

Eine weitverbreitete Annahme besagt, wer sich einen bekannten Anwalt leisten kann, hat bessere Chancen vor Gericht. Das glauben nach dem *Roland Rechtsreport* 59 Prozent.[30]

Am schlimmsten ist derjenige dran, der sich selbst verteidigen muss, weil kein Fall der Pflichtverteidigung vorliegt und er nicht genug Geld hat, einen Anwalt aus eigener Tasche zu bezahlen. Vor dem Amtsgericht ist das der Regelfall.

Die Angeklagten stammen überwiegend aus der Unterschicht. Es handelt sich um Dauerarbeitslose, Drogenabhängige oder Niedriglohnempfänger. Und es sind nicht die Intelligentesten. Sie sind nicht gewandt in Wort und Schrift. Solche Angeklagten sind mit einem Strafprozess intellektuell hoffnungslos überfordert. Sie können sich nicht erfolgreich selbst verteidigen.

Ich hatte einen Nachbarschaftsstreit zu verhandeln. Angeklagt war Thomas Gerlach, ein Familienvater, wegen Körperverletzung und Diebstahl. Er war Schichtarbeiter und musste deshalb regelmäßig auch tagsüber schlafen. Vier Nachbarskinder spielten auf dem Hof vor seinem Schlafzimmer lautstark Fußball. Er konnte nicht schlafen, ging runter und forderte die Jungen auf, woanders Fußball zu spielen. Kaum hatte er sich wieder hingelegt, ging der Fußballlärm erneut los. Er ging wieder runter, gab einem der Jungs eine kräftige Ohrfeige und nahm ihm den Ball weg. Die drei anderen Jungs rannten vor der drohend erhobenen Hand des Mannes weg. Die Mutter des Jungen erstattete Anzeige wegen Körperverletzung und Diebstahl. Die Staatsanwaltschaft hatte Anklage erhoben.
Als ich die Akte las, hatte ich ein wenig Verständnis für Thomas Gerlach. Ich konnte verstehen, warum das rücksichtslose Verhalten der Jungen ihn so wütend gemacht hatte. Er war nicht vorbestraft. Wenn er Einsicht zeigte, könnte man über eine Einstellung gegen eine Geldauflage nachdenken. Oder vielleicht einen Täter-Opfer-Ausgleich.
Thomas Gerlach erschien ohne Verteidiger zur Verhandlung. Der Mann war Anfang fünfzig, korpulent und hatte volles weißes Haar. Er gab die Ohrfeige und das Wegnehmen des Fußballs zu, fühlte sich aber im Recht. »Mein Schlaf ist mir heilig, und wenn ich dabei gestört werde, setzt es etwas.« In Richtung der im Saal anwesenden Mutter schimpfte er: »Die Schlampe soll besser ihren Bastard erziehen, statt mich anzuzeigen.« Ich fragte noch mal nach, ob er so etwas

wieder tun würde, wenn er sich im Schlaf gestört fühle. »Bei nächsten Mal bin ich schneller und erwische auch die anderen Jungs«, war seine Antwort.
Ein Verteidiger hätte ausführen können, dass der Angeklagte wegen seiner Schichtarbeit unter massiven Schlafproblemen leide. Er müsse praktisch ständig gegen seine innere Uhr ankämpfen. Er habe aufgrund seines Schlafdefizits überreagiert. Schlafentzug könne sogar zu einer verminderten Schuldfähigkeit führen. Der einmalige Vorfall tue seinem Mandanten sehr leid, und Derartiges werde nicht wieder vorkommen. Er möchte sich bei den Kindern und der Mutter für sein Verhalten entschuldigen. Selbstverständlich wäre er auch zu einem Täter-Opfer-Ausgleich bereit. Im Übrigen sei er nicht vorbestraft.
Da Thomas Gerlach aber keinen Anwalt hatte, redete er sich stattdessen um Kopf und Kragen. Er wurde zu einer Geldstrafe von 50 Tagessätzen, also knapp zwei Monatsgehältern, verurteilt.

Nur in den in § 141 Strafprozessordnung geregelten Fällen hat der Angeklagte einen Anspruch auf einen Pflichtverteidiger. Die drei wichtigsten Fälle sind:

- Der Angeklagte befindet sich in Haft.
- Dem Angeklagten wird ein Verbrechen zur Last gelegt.
- Die Hauptverhandlung findet vor einem Schöffengericht, Landgericht oder Oberlandesgericht statt.

In den allermeisten Fällen wird dem Angeklagten kein Pflichtverteidiger bestellt.

Aber auch derjenige, dem das Gericht einen Pflichtverteidiger beigeordnet hat, wird oft nicht die bestmögliche Verteidigung bekommen. Er wird sich nicht maximal für die Verteidigung engagieren, denn die gesetzlichen Gebühren sind karg. Jeder Anwalt hat die Gebührensätze im Kopf, und er weiß auch, was ihn die Kanzleimiete und die Anwaltsgehilfin kosten. Aus diesen Faktoren errechnet er das für den Fall zur Verfügung stehende Zeitbudget. Dieses enthält zum Beispiel keine eigenen Recherchen, um die Unschuld des Mandanten zu beweisen. Oft ist nicht mehr drin als die Aktenlektüre, eine Mandantenbesprechung und die Teilnahme an der Hauptverhandlung.

Gut dran ist der wohlhabende Angeklagte. Er kann sich Top-Anwälte mit Stundensätzen von 300 bis 500 Euro leisten. Wer die geballte Man-Power einer größeren Kanzlei hinter sich hat, steigert seine Chancen auf eine Einstellung oder einen Freispruch erheblich. Das liegt nicht nur an den Anwälten, sondern auch an dem Apparat von Recherche-Assistenten bis hin zu Privatdetektiven. Akribisch flöhen sie die Akten nach Ermittlungsfehlern und Verteidigungsansätzen durch. Die Staatsanwaltschaft und das Gericht werden mit häufigen und langen Schriftsätzen mürbe gemacht. Der Angeklagte kann sich in der Hauptverhandlung von bis zu drei Anwälten verteidigen lassen. Sechs Augen sehen mehr als zwei. Und Richter lassen sich durchaus von großen Strafverteidigernamen beeindrucken. Wenn am Verteidigertisch ein bundesweit bekannter Experte für Revisionsverfahren sitzt, wird der Vorsitzende sehr vorsichtig werden, um ja keine Vorlage für eine erfolgreiche Revision zu liefern. Weitere Anwälte können im Hintergrund Zuarbeit leisten. Deshalb werden so selten kriminell gewordene Wirtschaftsbosse verurteilt. Sie können sich eine Verteidigung durch ein Top-Anwaltsteam leisten, meist zahlt es ohnehin ihre Firma.

»Lotterie-König« nannte die Boulevardpresse den Chef der Düsseldorfer Firma »Lotto-Team«.[31] Torsten Wenninger saß auf der Anklagebank, weil er jahrelang eine illegale Lotterie betrieben und dabei mindestens 30 Millionen Euro an Steuern hinterzogen haben soll. Er ließ sich von gleich vier Anwälten verteidigen. Die Speerspitze der Verteidigerriege bildete der renommierte Strafrechtsprofessor Klaus Bernsmann.
Dieser wandte ein, als Anbieter von Systemscheinen betreibe der Angeklagte keine eigene Lotterie.[32] Damit falle auch keine Lotteriesteuer an, weshalb auch keine Steuerhinterziehung vorliege. Zur Entlastung der Angeklagten beriefen sich die Verteidiger zudem auf höchstrichterliche Entscheidungen aus Karlsruhe und Brüssel. Das Verteidigungsteam erreichte am 17. Verhandlungstag eine Einstellung gemäß § 153a Strafprozessordnung gegen die Zahlung von 750 000 Euro. Für den Angeklagten waren das Peanuts. Torsten Wenninger verließ das Gericht als freier Mann und ohne Vorstrafen.

U-Haft

Der Spruch *»Die Armen hängt man, die Reichen lässt man laufen«* bewahrheitet sich bei der Untersuchungshaft. Die Armen unserer Gesellschaft landen viel häufiger in Untersuchungshaft als die Wohlhabenden.

Meist wird ein Haftbefehl auf Fluchtgefahr gestützt. Ein Obdachloser muss auch bei Bagatellstraftaten befürchten, die Zeit bis zur Verhandlung in Untersuchungshaft zu verbringen.

Zu groß ist die Befürchtung, er könnte zur Verhandlung erst gar nicht geladen werden oder er wäre bei Nichterscheinen unauffindbar. Da wird der Grundsatz der Verhältnismäßigkeit schon mal großzügig ausgelegt. Ähnliches gilt bei nicht sesshaften Asylbewerbern. Sie werden von der Ausländerbehörde einer bestimmten Unterkunft zugewiesen, halten sich dort aber nicht auf. Stattdessen leben sie unangemeldet bei verschiedenen Freunden im ganzen Bundesgebiet. Also besteht Fluchtgefahr.

Fluchtbegünstigend sind auch Verstöße gegen das Melderecht. Mancher Beschuldigte hat nur seine Ummeldung verschusselt. Das rettet ihn aber nicht vor dem Haftbefehl. Denn wer vergisst, seinen Umzug dem Einwohnermeldeamt mitzuteilen, vergisst womöglich auch Gerichtstermine.

Arbeitslos und ohne familiäre Bindungen ist aus Sicht von Haftrichtern auch fluchtverdächtig.

Wer wohlhabend ist, kann dagegen der Untersuchungshaft durch Stellung einer Kaution entgehen. So lag gegen Uli Hoeneß bereits ein Haftbefehl vor.[33] Er musste trotzdem nicht in Untersuchungshaft, nachdem er eine Kaution von fünf Millionen Euro gezahlt hatte. Der damalige Audi-Chef Rupert Stadler saß wegen Betrug bereits vier Monate in Untersuchungshaft, als er sich mit einer Kaution von drei Millionen Euro die Freiheit erkaufte.[34] Es liegt auf der Hand, dass nicht wohlhabende Beschuldigte eine nennenswerte Kaution nicht anbieten können. Sie bezahlen ihren Geldmangel schlicht mit ihrer Freiheit.

Ersatzfreiheitsstrafe

Bei den Massendelikten der Kleinkriminalität werden ganz überwiegend nur Geld- und keine Freiheitsstrafen verhängt. Das betrifft etwa den Ladendiebstahl oder das Schwarzfahren.

Das sind oft Taten, die aus Geldmangel begangen wurden. Wer das Geld für eine Packung Zigaretten oder einen Fahrschein nicht hat, kann aber erst recht die Geldstrafe nicht bezahlen. Er könnte sie noch abarbeiten, doch viele Verurteilte bekommen auch das nicht hin. Die Justiz wandelt die Geldstrafe dann in eine Ersatzfreiheitsstrafe um. Ein Tagessatz Geldstrafe entspricht einem Tag hinter Gittern. Um die 100 000 Menschen müssen jährlich eine Ersatzfreiheitsstrafe verbüßen. Sie werden für ihre Armut doppelt bestraft: Sie bringt sie nämlich dazu, Straftaten zu begehen, und sie müssen dafür ins Gefängnis, weil sie die Geldstrafe nicht bezahlen können. Oft steht die Länge der Ersatzfreiheitsstrafe in einem auffälligen Missverhältnis zur Straftat. Wer im Supermarkt geklaut hat oder schwarzgefahren ist, hat einen Schaden von vielleicht zehn Euro angerichtet und muss dafür einen Monat absitzen. Er wird schlicht für seine Armut bestraft.

Wirtschaftskriminelle kommen gut weg

Der Obdachlose, der sich im Supermarkt seinen Tagesbedarf an Lebensmitteln, Zigaretten und Schnaps zusammenklaut, darf keine Gnade erwarten. Ist er vorbestraft, wandert er auch bei einer Beute von unter 50 Euro ins Gefängnis.

Der Weiße-Kragen-Täter dagegen, der Millionenschäden verursacht hat, kommt im Vergleich gut weg. Das liegt nicht nur an den teuren Anwälten, die er sich leisten kann, sondern daran, dass er dem Gericht etwas anbieten kann. Viele Wirtschaftsverfahren werden mit einer Einstellung gemäß § 153a Strafprozessordnung gegen Zahlung beendet. Der Reiche kann sich durch das Anbieten von sechs- bis siebenstelligen Geldauflagen freikaufen, der Arme hat diese Möglichkeit nicht.

Eines der größten Wirtschaftsstrafverfahren war der Mannesmann-Prozess. Im zeitlichen Zusammenhang mit der feindlichen Übernahme durch Vodafone hatten Josef Ackermann und andere Vorstandsmitglieder sich selbst ihnen eigentlich nicht zustehende Sonderzahlungen in Höhe von insgesamt 58 Millionen Euro zugebilligt. Die Staatsanwaltschaft klagte Ackermann und Co. wegen Untreue im Sinne des § 266 Strafgesetzbuch zum Nachteil der Mannesmann AG an. Ihnen soll bewusst gewesen sein, dass die Sonderzahlungen tatsächlich für die Mannesmann AG nutzlos waren und die Empfänger unrechtmäßig bereicherten. Doch alle Angeklagten konnten sich freikaufen. Josef Ackermann zahlte 3,2 Millionen Euro, und das Verfahren wurde gemäß § 153a Strafprozessordnung eingestellt[35] wie bei den anderen Angeklagten entsprechend auch. Er konnte sogar Deutsche-Bank-Manager bleiben.

Die Steuerfahndung hatte eine Steuer-CD von einem Informanten gekauft. Hierdurch stieß sie auf 1100 Kunden der Credit Suisse, die insgesamt rund 1,2 Milliarden Euro schwarz in der Schweiz angelegt hatten. Geholfen dabei hatten ihnen die Bankmitarbeiter. Die Schweizer Großbank kaufte sich für 150 Millionen Euro vom Vorwurf der Beihilfe zur Steuerhinterziehung frei.[36] Die Verfahren gegen die Bankmitarbeiter wurden eingestellt.

Auch fallen die Strafen für Wirtschaftskriminelle unverhältnismäßig milde aus. Dafür gibt es prägnante Beispiele:

Der damalige Post-Chef Klaus Zumwinkel hatte 1,2 Millionen Euro Steuern hinterzogen.[37] Eigentlich ziemlich dreist, denn der Staat als größter Einzelaktionär war schließlich auch sein Arbeitgeber. Bereits 2008 hatte der BGH in einem Grundsatzurteil entschieden, dass bei Steuerhinterziehung in Millionenhöhe die Strafe in der Regel nicht zur Bewährung ausgesetzt werden kann.[38] Und trotzdem wurde Zumwinkel am 26. Januar 2009 vom Landgericht Bochum wegen Steuerhinterziehung zu einer zur Bewährung ausgesetzten Freiheitsstrafe von zwei Jahren verurteilt. Bei der Höhe der hinterzogenen Steuern wären auch drei Jahre ohne Bewährung gut vertretbar gewesen.

Uli Hoeneß hat den Fiskus um 28,4 Millionen Euro geschädigt und wurde dafür zu einer Freiheitsstrafe von drei Jahren und sechs Monaten verurteilt.[39] Umgerechnet sind das ein Monat Freiheitsstrafe für je 710 000 Euro. Der Obdachlose, der im Supermarkt stiehlt, bekommt einen Monat Freiheitsstrafe bereits bei einer Beute von unter 50 Euro.

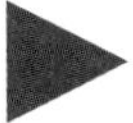

Regel Nr. 21: Die Armen hängt man, die Reichen lässt man laufen.

12

Die Richter würfeln – Geheimnisse der Strafzumessung

Strafen fallen zu milde aus

Nach dem *Roland Rechtsreport* halten 49 Prozent der Bevölkerung die Urteile der deutschen Gerichte für zu milde.[40]

Zu milde Urteile ist auch ein Vorwurf, mit dem mich Freunde, Bekannte und Bürger in Gesprächen immer wieder konfrontieren. Erzähle ich von selbst verhandelten Fällen, kommt die Frage »Warum nur so wenig?« fast automatisch.

Gibt man den Begriff »Kuscheljustiz« in Google ein, erhält man über 20000 Treffer.

Man könnte dem Vorwurf entgegenhalten, was sollte einen Richter solches Geschwätz kümmern? Doch wir sprechen Recht »Im Namen des Volkes«. Wäre es da nicht gut, wenn auch der Bürger die verhängten Strafen für angemessen halten würde? Oder andersherum: Welche Legitimation hat die Justiz noch, wenn sie bewusst und konsequent am Willen des Volkes vorbei urteilt? Ist eine mehrheitlich als zu milde empfundene Rechtsprechung noch im Namen des Volkes?

Insbesondere Bewährungsstrafen für lebensgefährliche Messerangriffe und für Kindesmissbrauch werden als zu milde kritisiert.

Messerangriffe

Allein im Jahr 2020 gab es an die 20 000 Messerattacken mit fast 100 Todesopfern.[41] Migranten sind in dieser Statistik überproportional vertreten. Gerade junge Männer greifen bei Konflikten gerne zum Messer und stechen zu. Dass ihr Opfer dabei sterben kann, ist ihnen bewusst. Angeklagt werden diese Fälle aber regelmäßig nicht als versuchter Totschlag vor dem Landgericht, sondern als eine gefährliche Körperverletzung gemäß § 224 Strafgesetzbuch vor dem Amtsgericht. Auf sie steht Freiheitsstrafe von sechs Monaten bis zu zehn Jahren. Doch die Messerstecher können mit milden Strafen rechnen. In gut 80 Prozent kommen sie mit Bewährungsstrafen von maximal zwei Jahren davon.[42] In weniger als einem Prozent liegt die Höchststrafe über fünf Jahre.

Der 16-jährige Syrer Mohammad A. und der 17-jährige Sebastian M. gerieten wegen eines Mädchens in Streit.[43] Mohammad A. drohte dem Nebenbuhler an, ihn abzustechen.

Wenige Tage später trafen die Kontrahenten auf dem Bahnhof Beucha aufeinander. Wieder kam es zum Streit. In dessen Verlauf zog der syrische Flüchtling ein Messer und stach mehrfach zu, unter anderem in den Hals. Der 17-Jährige erlitt teils schwere Verletzungen im Halsbereich sowie an Arm und Bein. Der Verletzte wurde sofort vor Ort notärztlich behandelt und dann in ein Krankenhaus gebracht. Sein Leben konnte gerettet werden. Die Staatsanwaltschaft sah keinen Tötungsvorsatz und klagte die Tat vor dem Amtsgericht Leipzig an. Dieses verhängte gegen Mohammad A. eine Jugendstrafe von zwei Jahren auf Bewährung.

Trotz fast tödlicher Messerattacke muss Mohammad A. nicht hinter Gitter. Die Verneinung des Tötungsvorsatzes erscheint nicht nachvollziehbar. Mohammad A. hatte seinem Opfer schließlich ein paar Tage vor dem Messerangriff angedroht, er werde ihn »abstechen«. Bedeutet »abstechen« nicht zumindest, dass der Täter den Tod seines Opfers billigend in Kauf nimmt? Er wollte ihn trotz gezielter Stiche in den Hals nicht töten? Wann handelt ein Messerstecher nach dieser Rechtsprechung mit Tötungsvorsatz? Erst bei gezielten Stichen ins Herz?

Angriffe auf Polizisten

84 831 Polizisten wurden im Jahr 2020 Opfer von gegen sie gerichteten Gewalttaten.[44] In § 114 Strafgesetzbuch wird der »Tätliche Angriff auf Vollstreckungsbeamte« mit Freiheitsstrafe von drei Monaten bis zu fünf Jahren bedroht. Trotz gesetzlicher Mindeststrafe von drei Monaten Freiheitsstrafe wird in annähernd 60 Prozent lediglich eine Geldstrafe verhängt.[45] Während Polizisten jeden Tag für uns Bürger ihr Leben und ihre Gesundheit riskieren, sieht die Justiz Angriffe auf sie als Bagatelle an.

Kindesmissbrauch

Im Jahr 2020 wurden 14 594 Kinder sexuell missbraucht.[46] Der sexuelle Missbrauch von Kindern wird nach § 176 Strafgesetzbuch mit Freiheitsstrafe nicht unter einem Jahr bestraft. Während Volkes Stimme bei Kinderschändern schnell verlangt, die Täter für immer wegzusperren, zeigt die Justiz auch hier

Milde. In 82 Prozent der Fälle wurden 2019 Bewährungsstrafen von nicht mehr als zwei Jahren verhängt.[47]

Ein Kinderschänder stand vor Gericht.[48] Die Staatsanwaltschaft hatte Jürgen Hubatsch vorgeworfen, in den Jahren 1996 bis 2005 in mehr als 400 Fällen sexuellen Missbrauch an Kindern begangen zu haben. Er soll seine Halbschwester und vier weitere Mädchen aus seiner Nachbarschaft wiederholt sexuell missbraucht haben. Die Mädchen waren zum Zeitpunkt der Taten zwischen 6 und 13 Jahre alt, der Angeklagte zwischen 20 und 29 Jahren. Er habe sie mit Alkohol gefügig gemacht. Weil die Taten bereits lange Zeit zurücklagen, war nur ein Teil beweisbar. Das Landgericht Ulm sprach den 45-jährigen Mann im September 2021 in 131 Fällen des sexuellen Missbrauchs von Kindern schuldig sowie in zwei Fällen des schweren sexuellen Missbrauchs. Er wurde zu einer Freiheitsstrafe von zwei Jahren auf Bewährung verurteilt. Das Gericht begründete die milde Strafe damit, dass die Taten extrem lange zurücklägen. Außerdem habe der Angeklagte teilweise gestanden, auch wenn das Geständnis »vage und ohne Details« gewesen sei. Zudem kam ihm zugute, dass er sich bei den Geschädigten entschuldigt hatte. Die Richter berücksichtigten auch, dass er eine Therapie abgeschlossen habe und in einer festen Beziehung mit seiner Frau lebe.

Bewährung für 133-fachen Kindesmissbrauch ist eine Strafe, die der Bürger nicht mehr nachvollziehen kann. Volkes Stimme ruft da schnell nach Wegsperren für immer. Jürgen Hubatsch hat über Jahre systematisch

Kinder misshandelt und kommt ohne spürbare Strafe davon.

Kinderpornografie
Der »kleine« Kindesmissbrauch, also der Besitz und die Verbreitung von Kinderpornografie, ist deshalb so schlimm, weil für jedes Foto und für jedes Video ein Kind missbraucht wurde. Ohne die massenhafte Nachfrage nach Kinderpornografie würden sie nicht hergestellt. Mir wurde übel, als ich zum ersten Mal einen Bildband mit Hunderten Fotos missbrauchter Kinder aufgeschlagen habe. Das war für mich mit das schlimmste Beweismaterial, das ich mir je ansehen musste. Trotzdem lassen die Gerichte auch hier Nachsicht walten. In nur 58 Prozent der Fälle wurde 2019 eine Freiheitsstrafe verhängt, die aber in mehr als 90 Prozent der Fälle zur Bewährung ausgesetzt wurde.[49] In weniger als einem Prozent der Fälle mussten die Täter tatsächlich ins Gefängnis.

Wie bestimmen Richter das Strafmaß?

Was ist die gerechte Strafe? Es ist eines der großen Geheimnisse, wie ein Richter die Strafhöhe ermittelt.

Sie erfolgt in drei Schritten:

Erster Schritt: Festlegung des gesetzlichen Strafrahmens
Der Richter beginnt die Strafzumessung mit einem Blick ins Gesetz. In jedem Straftatbestand steht der gesetzliche Strafrahmen.

Ein paar Beispiele:

- Sachbeschädigung, § 303 Strafgesetzbuch: Freiheitsstrafe bis zu zwei Jahren oder Geldstrafe
- Diebstahl, § 242 Strafgesetzbuch: Freiheitsstrafe bis zu fünf Jahren oder Geldstrafe
- Raub, § 249 Strafgesetzbuch: Freiheitsstrafe von 1 bis 15 Jahren
- Totschlag, § 212 Strafgesetzbuch: Freiheitsstrafe nicht unter fünf Jahren bis zu lebenslänglich

Sonderstrafrahmen können den Regelstrafrahmen durch Strafmilderungen und Strafschärfungen verändern. Im Gesetz sind das die minder schweren oder besonders schweren Fälle. So wird der Diebstahl bei einem Einbruch in eine bewohnte Wohnung zu einem Wohnungseinbruchsdiebstahl mit Freiheitsstrafe von einem Jahr bis zu zehn Jahren, § 244 Abs. 4 Strafgesetzbuch, geahndet.

Was auch dem juristischen Laien sofort auffällt, ist die große Spanne des gesetzlichen Strafrahmens. Als Schöffenvorsitzender bin ich unter anderem für Verbrechen zuständig, deren Strafrahmen regelmäßig zwischen 1 und 15 Jahren beträgt. Zwar endet die Strafgewalt des Amtsgerichts bei vier Jahren, aber auch die dann noch möglichen ein bis vier Jahre Freiheitsstrafe sind eine große Spanne.

Zweiter Schritt: Einordnung der konkreten Tat in den gefundenen Strafrahmen

In diesem Schritt ist die konkrete Tat in die im Schritt eins festgelegten Strafrahmen einzuordnen. Die Schuld des Täters ist Grundlage für die Zumessung der Strafe, schreibt § 46 Abs. 1 Satz 1 Strafgesetzbuch vor. Nur lässt sich Schuld in Strafe ebenso wenig umrechnen wie Schönheit in Likes. Gleichwohl sind in § 46 Abs. 2 Strafgesetzbuch ein paar beispielhafte Kriterien aufgeführt.

Die wesentlichsten Strafzumessungskriterien sind:

Strafmildernd
- Geständnis
- straffreies Vorleben
- Alkohol-/drogenbedingte Enthemmung
- geringe kriminelle Energie
- geringer Tatbeitrag
- lange Verfahrensdauer
- geringer Vermögensschaden bzw. Wert des Erlangten
- Wiedergutmachung, Entschuldigung

Strafschärfend
- Vorstrafen
- Bewährungsversagen
- hohe Rückfallgeschwindigkeit
- besondere Rücksichtslosigkeit
- hohe kriminelle Energie
- hoher Vermögensschaden
- schwere körperliche bzw. psychische Folgen aufseiten des Verletzten
- Haupttäter, Verleitung Unbescholtener zur Tat

Es gibt auch Strafzumessungsfaktoren, die man nicht berücksichtigen darf. Beispielsweise die Lebensführungsschuld. Man darf also nicht strafschärfend berücksichtigen, dass der Angeklagte sich seit Jahren dem Alkoholismus hingibt, sich nicht um Arbeit bemüht und seinen Lebensunterhalt durch Sozialleistungen und Diebstähle finanziert. Auch das Verteidigungsverhalten des Angeklagten oder seines Anwalts darf nicht strafschärfend bewertet werden. Wenn also der Angeklagte die Opferzeugin »in den Dreck zieht« oder der Anwalt Konfliktverteidigung betreibt, zählt das nicht. Tatsächlich werden solche Faktoren schon berücksichtigt, der clevere Richter lässt sie im Urteil aber unerwähnt. Er preist diese Faktoren einfach ungenannt in die Strafzumessung ein. Nachprüfbar ist dies angesichts der breiten Strafrahmen nicht.

Dritter Schritt: konkrete Festlegung der Strafe

Nach Schritt zwei hat man eine Liste mit mildernden und schärfenden Faktoren. Nach § 46 Abs. 2 Satz 1 Strafgesetzbuch soll das Gericht die Umstände, die für und gegen den Täter sprechen, gegeneinander abwägen. Jetzt wird es nebulös. Es drängen sich zwei Fragen auf:

Erstens: Von welchem Bezugspunkt aus wird die Strafe geschärft oder gemildert? Was ist der Normal- oder Durchschnittsfall, von dem aus man die positiven und die negativen Faktoren bewertet? Das Gesetz verrät es nicht. Der gesunde Menschenverstand würde den Durchschnittsfall in der Mitte des Strafrahmens ansiedeln. Bei Beispiel eines Raubes mit einem Strafrahmen von 1 bis 15 Jahren wären das acht Jahre. Doch der Bundesgerichtshof hat die gesetzlichen Strafrahmen zusammengestrichen. Die obere Hälfte soll den denkbar schwersten Fällen vorbehalten bleiben.[50] Beim Raub würde sich der tatsächlich anwendbare Strafrahmen so auf ein bis acht Jahre reduzieren. Die tatsächlich verhängten Strafen bewegen sich im unteren Drittel der Strafrahmen. So wird nach einer Studie des Freiburger Max-Planck-Instituts ein Raub im Durchschnitt mit einer Freiheitsstrafe von zwei Jahren und zwei Monaten bestraft.[51]

Zweitens: Welches Gewicht hat der einzelne Strafzumessungsgrund? Wie viel Prozent Abschlag gibt es für ein reuevolles Geständnis? Wie viel Prozent Aufschlag gibt es für einschlägige und erhebliche Vorstrafen? Weder das Gesetz noch die Rechtsprechung machen hierfür irgendwelche Vorgaben.

»Die Richter würfeln« ist ein beliebter Vorwurf, der aber so ganz falsch nicht ist. Da es weder Vorgaben für den Bezugspunkt noch für die Wertigkeit der einzelnen Faktoren gibt, bleibt es im Ermessen des Richters, wie er die weiten Strafrahmen ausfüllt. Innerhalb der gesetzlichen Unter- und Obergrenzen kann der Richter die Strafe nach eigenem Gutdünken bestimmen. Das ist dann mehr gefühlte Rechtsanwendung als exakte Rechtswissenschaft. Mir fällt das selber in Diskussionen mit meinen Schöffen auf. Einen Strafvorschlag kann ich nur im Groben, aber nicht im Feinbereich begründen. Ich könnte beispielsweise Argumente vorbringen, warum ich eine Strafe von drei Jahren – und nicht von zwei oder vier Jahren – für angemessen halte. Warum aber eine Freiheitsstrafe zwei Jahre und sechs Monate und nicht zwei Jahre und drei Monate oder zwei Jahre und neun Monate betragen sollte, kann ich meist nicht schlüssig darlegen.

Regel Nr. 22: Innerhalb des Strafrahmens kann der Richter die Strafe nach eigenem Gutdünken bestimmen.

Als Strafrichter fühlt man sich ausgerechnet bei der Strafzumessung vom Gesetzgeber alleingelassen. Ein Nachteil breiter Strafrahmen ist, dass gleiche Straftaten nicht mit gleichen Strafen bestraft werden. Es passiert täglich, dass zwei Gerichte für die gleiche Tat dieselben Strafzumessungsgründe anführen und trotzdem verschieden hohe Strafen verhängen. Es gleicht für den Angeklagten einem Roulette, welche Strafe er erhält. Die fehlenden gesetzlichen Vorgaben für die Strafzumessung öffnen der Willkür Tür und Tor.

Gäbe es nicht Möglichkeiten, die Strafzumessung zu objektivieren? In den USA gibt es sogenannte »Sentencing Guidelines«[52], das sind Tabellen, anhand derer der Richter die Strafhöhe ermitteln kann. Sie orientieren sich im Wesentlichen an der Schwere der Tat und den Vorstrafen. Beim Diebstahl beispielsweise würde sich die Staffelung der Strafe an der Höhe der Beute und der Zahl der Vorstrafen orientieren. Der Richter kann von den Strafempfehlungen abweichen, wenn der Einzelfall Besonderheiten aufweist. Auf dem Juristentag 2018 wurde diskutiert, ob Guidelines wie in den USA auch in Deutschland zu einer Vereinheitlichung der Strafzumessung führen könnten.[53] Deutsche Richter lehnen die Guidelines mehrheitlich ab, weil sie ihren Entscheidungsspielraum einschränken würden. Ich persönlich finde Strafzumessungsrichtlinien erwägenswert. Sie würden eine größere Transparenz für Angeklagte und Bürger bedeuten. Es würde auch der Gerechtigkeit dienen, wenn vergleichbare Straftaten mit gleich hohen Strafen geahndet werden. Und größere Transparenz und Gerechtigkeit würde zu einer größeren Akzeptanz der Rechtsprechung führen.

Wichtig zu wissen ist, dass es am Schluss keine exakte, richtige Strafe gibt. Nach der Rechtsprechung des Bundesgerichtshofs muss die Strafe nur innerhalb eines Spielraums liegen, in dem alle Strafhöhen noch schuldangemessen sind. In der Praxis können wegen der Spielraumtheorie[54] die Strafen für vergleichbare Taten erheblich streuen. Solange sich die Strafe im Rahmen hält, gibt es kein »Richtig« oder »Falsch«. Das ist auch der Grund, warum Strafhöhen für vergleichbare Taten so unterschiedlich ausfallen können.

Wie aber legt der Richter die konkrete Strafhöhe fest? Eine wesentliche Eingrenzung des Spielraums erfolgt bereits durch die Schlussanträge vom Staatsanwalt und Verteidiger. Staatsanwälte neigen dazu, eine noch vertretbare maximal hohe Strafe zu beantragen. Der Richter wird den Antrag des Anklagevertreters meist als Obergrenze seiner Strafzumessung zugrunde legen. Nur selten überbieten Richter Staatsanwälte im Urteil. Verteidiger dagegen beantragen im Interesse ihres Mandanten die denkbar mildeste Strafe. Der Richter wird diese als Untergrenze ansehen. Manchmal nehmen Richter einfach den Mittelwert beider Anträge. Der Staatsanwalt beantragt drei Jahre, der Verteidiger zwei Jahre, die durch das Gericht verhängte fein abgewogene Freiheitsstrafe beträgt zwei Jahre und sechs Monate. Das gibt dem Richter das Gefühl, ein salomonisches Urteil zu fällen.

Bei der konkreten Strafhöhe wird der Richter sich auch an den üblichen Tarifen für diese Tat orientieren. Als Richter hört und liest man ständig von Urteilen. Mit der Zeit erwirbt er ein Erfahrungswissen, mit welchen Strafen bestimmte Taten üblicherweise bestraft werden. Für die Massenkriminalität existieren bei den Staatsanwaltschaften sogar sogenannte Straftaxentabellen, die diese Erfahrungswerte wiedergeben. In ihnen sind ganz ähnlich wie bei einem Bußgeldkatalog einzelne Straftaten und übliche Strafhöhen aufgelistet. Die Staatsanwaltschaft orientiert sich bei ihren Anträgen an der Tabelle.

Der karriereorientierte Richter wird zudem auf seine Rechtsmittelinstanz schielen. Mit der Zeit gewinnt er ein Erfahrungswissen, welche Strafen von ihr akzeptiert und bei welchen er eine Aufhebung fürchten muss. Er geht zu Recht davon aus, eine hohe Aufhebungsquote würde der angestrebten Beförderung eher schaden, also versucht er, es der Rechtsmittelinstanz in vorauseilendem Gehorsam recht zu machen.

Manchmal denkt der Richter auch vom Ende her. Reicht eine Geldstrafe, um den Angeklagten von der Begehung weiterer Straftaten abzuhalten? Oder wenn der Richter davon ausgeht, der Warnschuss einer Bewährungsstrafe würde ausreichen, muss er die Strafe im bewährungsfähigen Bereich von maximal zwei Jahren festsetzen. Oder ist der Angeklagte ein unverbesserlicher und gefährlicher Rechtsbrecher, der besser für eine Zeit lang weggesperrt gehört? Dann würde er eher zu einer höheren und damit nicht mehr bewährungsfähigen Strafe tendieren.

Dieser Gedanke bringt uns zu den Straftheorien, die den Sinn und Zweck staatlichen Strafens analysieren.

Nach der Vergeltungstheorie ist die Strafe die Vergeltung für das vom Täter verübte Unrecht.[55] Strafe habe die Funktion, den Rechtsbruch und die Schuld des Täters auszugleichen. Zu diesem Zweck erhält der Täter eine Strafe, deren Dauer und Härte mit der Tat vergleichbar ist. Deshalb hält Justitia eine Waage in der Hand. Tat und Strafe sollen ungefähr gleich schwer wiegen

Ich finde, die Strafen sollten auch die Opfer zufriedenstellen. Aufgrund des Gewaltmonopols müssen die Opfer die Sühne der Tat dem Staat überlassen. Der Rechtsstaat kann nur funktionieren, wenn die Verbrechensopfer Vertrauen in eine gerechte Bestrafung durch die Gerichte haben. Wenn der Bürger dauerhaft den Eindruck gewinnen würde, die Justiz mache nichts oder urteile zu lasch, wäre Selbstjustiz die Folge.

Die 31-jährige Lisa Förster fuhr frühmorgens nach einem Kneipenbesuch mit dem Nachtbus nach Hause. Nach ihr steigt der türkischstämmige Tarek Aldag aus dem Bus. Lisa Förster erleidet einen Asthma-Anfall, sodass sie von Hustenkrämpfen geschüttelt auf dem Boden kniete. Diese hilflose Situation nutzte Tarek Aldag aus und vergewaltigte sie. Er konnte später als Täter ermittelt werden und kam in Untersuchungshaft. Ein halbes Jahr nach der Tat fand der Prozess statt. Lisa Förster wollte gegen ihren Vergewaltiger aussagen, doch sie wurde nicht angehört. Tarek Aldag machte einen Deal mit dem Gericht, bekam eine Bewährungsstrafe und konnte den Gerichtssaal als freier Mann verlassen. Das Landgericht Stuttgart verurteilte ihn wegen schweren sexuellen Missbrauchs einer widerstandsunfähigen Person zu der Freiheitsstrafe von zwei Jahren auf Bewährung.

Lisa Förster hatte nach der Vergewaltigung unter Angstzuständen und Panikattacken gelitten. Sie hatte gehofft, durch den Prozess und die Verurteilung des Täters würde es ihr besser gehen, doch das Gegenteil war eingetreten. Dass der Vergewaltiger nicht die von ihr erwartete Haftstrafe erhalten hatte, sondern nach dem Prozess aus der Untersuchungshaft auf Bewährung freigelassen worden ist, hatte ihre Ängste erheblich verstärkt. Denn ihr Peiniger wohnte in ihrer Nachbarschaft.

Lisa Förster klagte erfolgreich auf eine Opferentschädigungsrente.[56] Die Sozialrichter hoben hervor, dass das Strafverfahren eine weitere katastrophale Erfahrung für die Frau darstellte. Die aus Sicht des Opfers ungenügende Bestrafung des Täters habe einen Folgeschaden verursacht und ihren Gesundheitszustand verschlimmert. Das Gericht hat den Folgeschaden der traumatisierenden Strafverhandlung als rentenerhöhend anerkannt.

Die positive Generalprävention soll das Vertrauen der Gesellschaft in die Rechtsordnung stärken. Die negative Generalprävention soll potenzielle Täter abschrecken. So sind nach dem G20-Gipfel in Hamburg 2017 mehrere harte Urteile gefallen. Ein 21-jähriger Holländer wurde wegen zweier Flaschenwürfe auf einen Polizisten zu einer Freiheitsstrafe von zwei Jahren und sieben Monaten verurteilt.[57] Der getroffene Beamte wurde nicht verletzt, weil er eine Schutzmontur trug. Ein 28-jähriger Hamburger wurde zu drei Jahren Gefängnis verurteilt, weil er Polizisten mit Steinen und Flaschen beworfen und sich an Plünderungen von Geschäften beteiligt hatte.[58] Weiter hat das Hamburger Amtsgericht einen 36 Jahre alten Randalierer der G20-Ausschreitungen zu vier Jahren Haft verurteilt, weil er mit Flaschen auf Polizisten geworfen hatte, um diese zu verletzen.[59] Zudem habe er weitere Personen aufgefordert, sich an den Ausschreitungen zu beteiligen. Es liegt auf der Hand, dass die harten Urteile künftige Demonstrationsteilnehmer von Gewalttaten und Widerstandshandlungen gegen Polizisten abschrecken sollen.

Die Spezialprävention zielt darauf ab, den Täter davon abzuschrecken, weitere Straftaten zu begehen. Das funktioniert allerdings nur bei dem kalkulierenden Täter, der vor der Tat eine Kosten-Nutzen-Rechnung aufstellt, in die er auch eine mögliche Bestrafung einbezieht. Der Spontantäter lässt sich von einer drohenden Strafe genauso wenig abschrecken wie der intellektuell Minderbegabte, den eine Kosten-Nutzen-Rechnung überfordert.

Was ist mit der Resozialisierung?, werden Sie sich vielleicht fragen. Ein schwieriges Thema. Es ist leider eine Illusion, zu glauben, dass sich jeder Kriminelle resozialisieren lässt. Nach Zahlen des Bundesministeriums der Justiz werden insgesamt 35 Prozent der Verurteilten innerhalb von drei Jahren erneut straffällig.[60] Am häufigsten wurden dabei aus der Haft entlassene Jugendliche mindestens ein weiteres Mal auffällig, nämlich 64 Prozent. Von den zu einer Freiheitsstrafe ohne Bewährung verurteilten Erwachsenen wurden 45 Prozent rückfällig. Oft bildet eine psychische Störung die Grundlage kriminellen Handelns. In der Justizvollzugsanstalt Dessau wurden für eine Studie alle Insassen begutachtet. Über 90 Prozent bekamen eine psychische Störung attestiert. Nicht wenige leiden an einer antisozialen Persönlichkeitsstörung. Gene, ein zerrüttetes Elternhaus und ein kriminelles Umfeld haben sie in Jahrzehnten zu einem Berufsverbrecher werden lassen. Das ist jedenfalls mit den Mitteln des Strafrechts kaum reparabel.

Strafregister mit 20 oder 30 Eintragungen sind keine Seltenheit. Bewährungshilfe und Therapien haben nichts gebracht. Selbst verbüßte Gefängnisstrafen haben den Täter nicht von der Begehung neuer Straftaten abgeschreckt. Bei den hoffnungslosen Fällen stellt sich eigentlich nur die Frage, wie lange der rechtschaffene Bürger sicher vor ihnen sein soll.

Gerne wird in der Hauptverhandlung ein positiver Lebenswandel behauptet. Der Verteidiger trägt vor, der Angeklagte habe seinen falschen Freunden abgeschworen. Von seiner Drogensucht wäre er losgekommen und er hätte auch Termine bei der Suchtberatung. Er hätte sich verlobt und plane, eine Familie zu gründen. Auch eine Arbeit habe er gefunden. Das Gericht dürfe seinem Mandanten dessen positive Zukunft nicht durch eine Gefängnisstrafe kaputt machen.

Strafrichter fallen auf solche Verteidigungstricks nicht herein. Wer jahrelang drogenabhängig war, kommt davon nicht einfach von heute auf morgen kraft eigenen Willensentschlusses los. Da würde es professioneller Hilfe und meist auch stationärer Behandlung bedürfen. Genau diese wurde nicht in Anspruch genommen. Wenn die Freundin des Monats angeblich zur Verlobten mutiert ist, kann der Angeklagte meist schon Form und Inhalt seines Heiratsantrages nicht schildern. Auch Fragen nach der geplanten Hochzeit, ihrer Feier und den Flitterwochen können nicht beantwortet werden. Um eine Anstellung glaubhaft zu machen, wird fast immer ein Zeitarbeitsvertrag vorgelegt. Diese scheinen leicht beschaffbar zu sein, so oft werden sie mir überreicht. Dem seit zehn Jahren arbeitslosen Angeklagten fällt kurz vor der Hauptverhandlung überraschend ein, sich eine Arbeit zu suchen. Geht man der Sache später nach, stellt man fest, dass die Arbeit nie angetreten oder nach kurzer Zeit beendet wurde. Der positive Lebenswandel ist allzu oft nur ein Täuschungsmanöver, um einer drohenden Gefängnisstrafe zu entgehen.

Bewährung

Freiheitsstrafen von bis zu zwei Jahren können zur Bewährung ausgesetzt werden. »Der kleine Freispruch« wird sie liebevoll genannt. Was das Gesetz als Ausnahme und unter strengen Voraussetzungen vorsieht, ist in der Realität längst der großzügig gewährte Regelfall. 69 Prozent aller bis zu zweijährigen Freiheitsstrafen werden zur Bewährung ausgesetzt.[61]

Erste Voraussetzung für eine Bewährung ist, dass die Freiheitsstrafe zwei Jahre nicht übersteigt. Deshalb wird in meinen Fällen auch so verbissen um die Zweijahresgrenze gekämpft.

Zweite Voraussetzung ist die sogenannte »günstige Sozialprognose«. Diese liegt nach § 56 Abs.1 Satz 1 Strafgesetzbuch vor, wenn zu erwarten ist, dass der Verurteilte sich schon die Verurteilung zur Warnung dienen lassen und künftig auch ohne die Einwirkung des Strafvollzugs keine Straftaten mehr begehen wird. Die Beteuerung des Angeklagten »Das mache ich nie wieder. Ich schwöre« wird oft als ausreichend hierfür angesehen.

Bei einer Freiheitsstrafe über sechs Monate ist darüber hinaus notwendig, dass »die Vollstreckung der Strafe nicht zur Verteidigung der Rechtsordnung geboten ist«, § 56 Abs. 3 Strafgesetzbuch. Wenn die Gerichte wirklich das Rechtsempfinden der Bürger berücksichtigen würden, dürfte es viele Bewährungen nicht geben.

Bei einer Freiheitsstrafe von einem Jahr bis zwei Jahren ist als dritte Voraussetzung nach § 56 Abs. 2 Strafgesetzbuch vorgeschrieben, dass nach der Gesamtwürdigung von Tat und Persönlichkeit des Verurteilten besondere Umstände vorliegen. Die Formulierung »besondere Umstände« signalisiert, dass der Gesetzgeber sich die Bewährung als Ausnahme- und nicht als Regelfall vorgestellt hat. Meist wird hier im Urteil in sozialromantischer Weise eine positive Änderung und Stabilisierung der Lebensverhältnisse zusammenfantasiert. Kurz gesagt, der Richter ist auf die behauptete Änderung des Lebenswandels unmittelbar vor der Verhandlung hereingefallen.

Als das Urteil fiel, zeigten die Angeklagten mit dem Daumen nach oben, und ihre Verwandten und Bekannten jubelten laut. Waren sie freigesprochen worden? Ein 14-jähriges Mädchen war im Februar 2016 in Hamburg Opfer einer Gruppenvergewaltigung geworden.[62] Sie war von vier jungen Männern betrunken gemacht und vergewaltigt worden. Danach führten sie Flaschen und eine Taschenlampe in ihre Vagina ein. Sie filmten die Taten mit einem Handy. Schließlich warfen die Täter das verletzte Mädchen weg wie Müll. Sie ließen das nur leicht bekleidete Opfer bei Temperaturen um den Gefrierpunkt in einem Hinterhof zum Sterben liegen. Ein aufmerksamer Nachbar entdeckte sie und rief die Polizei, worauf das Mädchen in die Intensivstation gebracht wurde. Drei der Angeklagten waren minderjährig, der vierte 21 Jahre alt. Das Landgericht Hamburg verurteilte drei der Vergewaltiger zu Bewährungsstrafen.[63] Nur der 21-Jährige wurde zu einer Haftstrafe von vier Jahren verurteilt.

Der Jubel kam auf, weil drei der vier Vergewaltiger nicht ins Gefängnis mussten. Bewährung ist wie Freispruch.

Bei einer Aussetzung zur Bewährung verlässt der Angeklagte den Gerichtssaal als freier Mann. Auflagen, wie den Besuch beim Bewährungshelfer, die Ableistung von Arbeitsstunden oder Zahlungen an gemeinnützige Organisationen, fassen sie nicht selten als unverbindliche Angebote auf. Der gut informierte Verurteilte weiß, dass er kaum etwas zu befürchten hat, wenn er sie ignoriert. Amtsgerichte widerrufen zwar regelmäßig Bewährungen bei Nichteinhaltung von Auflagen, die Landgerichte verfahren auf sofortige Beschwerde aber auch hier straftäterfreundlich. Die üblichen Ausreden reichen, damit das Landgericht den Widerrufsbeschluss aufhebt. So bleibt eine Bewährungsstrafe oft völlig folgenlos für den Verurteilten. Was sind gesetzliche Freiheitsstrafen wert, die nicht angewendet, sondern immer nur angedroht werden? Die Justiz könnte es sich hier sehr viel einfacher machen und statt aufwendig produzierter Strafurteile einfach gelbe Karten an die Straftäter verschicken. Wenn die Kriminellen alle so harmlos sind, müsste doch eine informelle Verwarnung ausreichen.

Der menschliche Faktor in der Strafzumessung

Richterin Gnädig oder Richter Gnadenlos – es gibt sie wirklich. Manche sind harte Hunde, andere mild wie ein Weichspüler, denn Richter haben durchaus verschiedene Wertesysteme.

Nach einer Studie des Max-Planck-Instituts gibt es ein Nord-Süd-Gefälle der Strafen. Im Norden wird milder geurteilt als im Süden.[64] Raub beispielsweise wird im Mittel mit einer Freiheitsstrafe von rund zwei Jahren und zwei Monaten bestraft. In Kiel bekommen die Täter im Schnitt ein Jahr und elf Monate, in Koblenz dagegen zwei Jahre und fünf Monate. Das ist ein halbes Jahr Unterschied – für vergleichbare Taten und bei ähnlichen Umständen.

Sogar die Tagesform kann Einfluss auf das Strafmaß haben. Der Nobelpreisträger Daniel Kahnemann schreibt davon, dass Richter strenger urteilen, wenn sie hungrig sind.[65] Wenn die lokale Fußballmannschaft am Wochenende ein Spiel verliert, urteilen die Richter montags ebenfalls strenger. Ich kann mir auch vorstellen, dass Banalitäten wie das Wetter die Strafhöhen beeinflussen.

Selbst das Aussehen des Angeklagten kann die Strafe beeinflussen. Der Sozialpsychologe John E. Stewart fand heraus, dass gegen schöne Menschen bei Gerichtsprozessen geringere Strafen verhängt werden.[66] Der Richter unterliegt dabei natürlich einem unbewussten Vorurteil. Von einem attraktiven Menschen macht er sich ein positives Bild, in das Kriminalität nicht recht hineinpasst. Er bewertet seine Taten deshalb als weniger gravierend als bei einem hässlichen Menschen, dem er solche Taten viel eher zutraut. Stellen Sie sich vor, zwei Angeklagte hätten unabhängig voneinander die gleiche Tat begangen. Der eine hat eine Glatze, einen stechenden Blick und er ist zu tätowiert. Der andere sieht aus wie Tom Cruise. Wer von den beiden wird wohl die geringere Strafe erhalten?

Solange die Strafzumessung Menschen und nicht Computern überlassen wird, lässt sich der menschliche Faktor aber nicht ausschließen.

Warum fallen Strafen so milde aus?

Ein Grund ist die Überlastung der Justiz. Der Strafrichter muss seine Fälle möglichst schnell erledigen, will er nicht massiv Überstunden machen oder sein Dezernat absaufen lassen. In Aussicht gestellte milde Strafen besänftigen die Verteidigung. Sie wird auf die Stellung von Beweis- und Befangenheitsanträge verzichten. Kann der Richter den Fall »wegdealen«, kann die Beweisaufnahme sogar ganz entfallen. Der Angeklagte wird gegen ein günstiges Urteil auch kein Rechtsmittel einlegen. Das spart dem Richter weitere Zeit, denn er kann ein abgekürztes Urteil schreiben.

Die Rabatt-Rechtsprechung der Landgerichte führt zu einer allgemeinen Herabsetzung der Strafmaße. Es gibt kaum ein Verbrechen, für das es in der Berufungsinstanz keinen Rabatt gibt. Die Rechtsprechung erinnert an den Werbeslogan »20 Prozent auf alles – außer Tiernahrung«, wobei es auch gern mehr als 20 Prozent sein können. Eine für mich zuständige Berufungskammer verhängt regelmäßig zwei Jahre auf Bewährung. Es sind alles minderschwere Fälle, wobei das Landgericht Regel und Ausnahme ins Gegenteil verkehrt. Die Normalstrafrahmen scheinen nicht mehr zu existieren. Das Amtsgericht habe die schwere Kindheit des Angeklagten nicht berücksichtigt, und außerdem habe er Besserung gelobt. Auch Bewährungsversager bekommen ein drittes Mal Bewährung. Warum machen die Landrichter das? Sie treibt die Angst um, dass ihre Urteile vom Oberlandesgericht wegen Rechtsfehlern aufgehoben werden. Es ist eine Kunst, ein revisionssicheres Urteil zu schreiben. Nicht jeder Richter beherrscht sie. Und es gilt als Makel, von der Revisionsinstanz aufgehoben zu werden. Allzu häufige Aufhebungen können auch ein Karrierehindernis sein. Den Ausweg sehen viele

Landrichter darin, nur noch vom Angeklagten akzeptierbare milde Strafen zu verhängen, damit dieser erst gar keinen Grund hat, die gefürchtete Revision einzulegen. Revisionen der Staatsanwaltschaft brauchen sie hingegen nicht zu fürchten, da diese Urteile des Landgerichts regelmäßig untätig hinnimmt.

Ein dritter Grund ist, dass der Strafrichter im Laufe der Jahre erkennt, dass er nur ein klitzekleines Rädchen im großen Getriebe der Strafverfolgung ist. Von der Polizei über die Staatsanwaltschaft und die Gerichte bis zum Strafvollzug besteht eine Mangelverwaltung. Überall gib es zu wenig Personal, schlechte Arbeitsbedingungen und schlechte Bezahlung. Viele Mitarbeiter resignieren mit der Zeit. Ernsthafte Strafverfolgung scheint kein politisches Ziel zu sein. Jedenfalls stattet die Politik die Strafverfolgungsorgane finanziell nicht so aus, dass sie die Kriminalität konsequent und effektiv bekämpfen können. Der Strafrichter mag sich irgendwann fragen, warum er als Einziger die Fahne des staatlichen Strafanspruchs hochhalten soll. Wenn allen inzwischen alles gleichgültig ist, dann ihm auch.

Deals – der Handel mit der Gerechtigkeit

Der Vorsitzende sah durch seine dunklen Augenringe, seine ungesund blasse Haut und die inselartigen Haarbüschel überarbeitet aus. Sein Dienstzimmer war übersät mit roten Aktenbergen. Sie lagen überall, auf dem Schreibtisch, auf dem Fensterbrett und sogar auf dem Boden.

»Bei einem Geständnis würde die Kammer es bei sechs Jahren bewenden lassen. Das ist ein Angebot, das er nicht ablehnen kann«, sagte der Vorsitzende süffisant lächelnd.

»Mein Mandant sagt, er hat seine Ehefrau nicht vergewaltigt. Deshalb wird er auch kein Geständnis ablegen«, antwortete der Verteidiger.

»Trotz eindeutiger Beweislage?«, fragte der Richter überrascht. Die Ehefrau hatte vor der Ermittlungsrichterin umfassend gegen den Angeklagten ausgesagt, und ein Sachverständiger hatte ihre Aussage als glaubhaft eingestuft.

»Aus unserer Sicht ist die Beweislage nicht so eindeutig.«

Der Vorsitzende nahm seine Lesebrille ab und massierte sich seine zerfurchte Stirn, als würde sich dort eine Migräne entwickeln.

Einen Augenblick fürchtete der Anwalt, er müsste jetzt einen dieser typischen cholerischen Anfälle über sich ergehen lassen. Doch der Richter beherrschte sich.

In der Hauptverhandlung wiederholte die Ehefrau ihre bisherige, den Angeklagten stark belastende Aussage. Sie erwähnte zusätzlich, dass sie sich wegen eines körperlichen Übergriffs des Angeklagten in die Notaufnahme des Krankenhauses Roßlau begeben habe. Hier wurde der Verteidiger stutzig, denn er wusste, dass das Krankenhaus Roßlau längst geschlossen worden war. Denn er hatte sich selbst zu jener Zeit wegen einer Fußverletzung dorthin begeben und es stillgelegt vorgefunden. Nachforschungen bei der Krankenkasse der Zeugin ergaben auch keine Behandlung in einem anderen Krankenhaus. Die Zeugin hatte

in einem zentralen Punkt bewusst die Unwahrheit gesagt.
Ehemalige Arbeitskolleginnen der Zeugin sagten aus, dass sie es mit der Wahrheit nicht immer so genau nehme. Sie hätten sie schon mehrmals beim Lügen ertappt. Nunmehr hielt auch der Sachverständige die Aussage nicht mehr für glaubhaft. Der Angeklagte wurde freigesprochen. Der Verteidiger war geschockt und hoffte, niemals selbst auf der Anklagebank sitzen zu müssen. Hätten sie sich auf den Deal eingelassen, wäre ein Unschuldiger für sechs Jahre ins Gefängnis gegangen. Den Vorsitzenden schien das nicht zu belasten. Das ist die deutsche Strafjustiz in Aktion.

Früher wurden Deals, also Absprachen über die Strafhöhe, nur heimlich in Hinterzimmern gemacht. Inzwischen hat der Gesetzgeber sie als Verständigung in § 257c Strafprozessordnung legalisiert.

In der Praxis finden sie im Dienstzimmer des Richters oder im Beratungsraum neben dem Gerichtssaal statt. Insbesondere bei schwierigen Verfahren aus dem Bereich der Wirtschafts-, Steuer- und Betäubungsmittelkriminalität wird versucht, sie durch eine Verständigung abzukürzen. Faktisch läuft es so ab, dass Richter, Staatsanwalt und Verteidiger sich auf eine Strafhöhe einigen, der Angeklagte im Gegenzug ein Geständnis ablegt. Die weitere Beweisaufnahme entfällt, wodurch der Prozess erheblich abgekürzt wird.

Der Deal ist oft ein Geschäft zum Vorteil aller Beteiligten. Dem Richter spart er eine umfangreiche Beweisaufnahme und ein langes Urteil. Die Überlastung der Justiz zwingt Richter dazu, Verfahren durch Absprachen schnell zu erledigen.

Eine Sache »wegdealen« heißt das im Richtersprech. Der Angeklagte muss nicht länger in der Ungewissheit über den Ausgang des Prozesses leben und bekommt eine milde Strafe. Staatsanwalt und Verteidiger gewinnen Zeit durch Abkürzung der Hauptverhandlung.

Bei Verständigungsgesprächen kann es hoch hergehen, insbesondere wenn der Angeklagte auf seine Unschuld pocht oder die Vorstellungen über die Strafhöhe weit auseinanderklaffen. Richter drohen dann manchmal mit einer weit geöffneten Sanktionsschere. Es fallen Sätze wie: »Zwei Jahre auf Bewährung bei Geständnis, sonst dreieinhalb bis vier Jahre.« Staatsanwälte kündigen die Anklage weiterer Straftaten und Rechtsmittel an. Und Verteidiger überlegen laut, im Fall einer Nicht-Verständigung eine Konfliktverteidigung zu betreiben. Über die Strafhöhe wird gefeilscht wie über den Preis eines Teppichs in einem orientalischen Basar. Meist einigt man sich aber doch.

Der Handel mit der Gerechtigkeit ist inzwischen häufig und für die Funktionsfähigkeit der Justiz unabdingbar. Er führt aber auch zu Gerechtigkeitsdefiziten.

Das Gericht verletzt seine Aufklärungspflicht. Eigentlich ist das Gericht zur Erforschung der Wahrheit verpflichtet, § 244 Abs. 2 Strafprozessordnung. Kommt die Verständigung zustande, erfolgt meist ein sogenanntes »schlankes Geständnis«. Der Verteidiger räumt die Anklagevorwürfe im Namen seines Mandanten als zutreffend ein. Eine weitere Beweisaufnahme entfällt.

Das Angebot eines Deals begünstigt Falschgeständnisse. Ein Angeklagter kann sich unter Druck gesetzt fühlen und trotz Unschuld eine Straftat gestehen, um die milde statt der harten Strafe zu bekommen. Da keine weitere Beweisaufnahme stattfindet, wird das Falschgeständnis Grundlage eines Fehlurteils.

Manche Gerichte greifen zu dem Druckmittel der Sanktionsschere. Dem Angeklagten wird, um ihn zu einem Geständnis zu veranlassen, einerseits eine milde Strafe für den Fall in Aussicht gestellt, dass er ein Geständnis ablegt, und andererseits eine andere, deutlich überhöhte Strafe für den Fall, dass er kein Geständnis ablegt.

Der Angeklagte war Inhaber einer Tennisanlage mit angeschlossenem Restaurant. In einem Steuerstrafverfahren wurde ihm vorgeworfen, innerhalb von drei Jahren 8,9 Mio. DM Steuern hinterzogen zu haben. Es fanden Verständigungsgespräche statt. Die Kammer wies darauf hin, dass nach Durchführung einer Beweisaufnahme ohne Geständnis und ohne vollständige Schadenswiedergutmachung eine Freiheitsstrafe von bis zu sechs Jahren möglich sei und der Spruchpraxis der Strafkammer entspreche. Bei einem Geständnis und vollständiger Schadenswiedergutmachung würde sie hingegen nur eine Freiheitsstrafe von zwei Jahren mit Bewährung verhängen. Der Angeklagte wollte den Deal zunächst nicht machen und wurde für fast zwei Monate in Untersuchungshaft gesteckt. Anschließend war er zu dem Geständnis bereit.

Der Bundesgerichtshof hob das Urteil auf und sah sich veranlasst, ein paar mahnende Worte zur Sanktionsschere zu verlieren.[67] Es dürfe im Rahmen von Verständigungsgesprächen nicht mit einer überhöhten Strafe gedroht werden, um einen Angeklagten zu einem Geständnis zu drängen. Die Differenz zwischen zwei Jahren Freiheitsstrafe mit Aussetzung zur Bewährung und sechs Jahren Freiheitsstrafe ist nicht mehr mit der strafmildernden Wirkung von Geständnis und Schadenswiedergutmachung im Rahmen schuldangemessenen Strafens zu erklären. Dieses Vorgehen kann nur noch als massives Druckmittel zur Erwirkung eines verfahrensverkürzenden Geständnisses verstanden werden. Die kaum nachvollziehbare Untersuchungshaftanordnung und -vollstreckung im vorliegenden Fall verstärkt diesen Eindruck. Ein solches Verhalten ist rechtsstaatlich nicht hinnehmbar.

Der Öffentlichkeitsgrundsatz wird verletzt. Nach §§ 169 ff. des Gerichtsverfassungsgesetzes soll die Verhandlung vor dem erkennenden Gericht einschließlich der Verkündung der Entscheidungen öffentlich sein. Zwar wird das Zustandekommen der Verständigung in der Verhandlung protokolliert, die eigentliche Vergleichsverhandlung findet aber hinter verschlossenen Türen statt. Das hat so etwas von Hinterzimmer-Justiz.

Verständigungen führen oft zu unverhältnismäßig milden Strafen. Der Strafanspruch des Staates wird aufgrund der Überlastung der Gerichte zu Billigpreisen verkauft.

Der Kripo gelang es, eine europaweit agierende Internetbörse für Kinderpornografie auszuheben. Eine Datenspur führte die Ermittler zu dem 38-jährigen Lehrer Christoph Karsunke aus Dessau. Bei einer anschließenden Durchsuchung beschlagnahmte die Polizei einen Computer, Festplatten und USB-Sticks, auf denen 25 000 Bild- und Videodateien mit Kindesmissbrauch abgespeichert waren. Die Sichtung des Materials ergab, dass er zudem seinen vierjährigen Sohn missbraucht hatte. Um in der Internetbörse etwas zum Tauschen anbieten zu können, hatte er Videos davon hochgeladen. Christoph Karsunke kam in Untersuchungshaft. Das Schöffengericht verurteilte ihn zu einer Freiheitsstrafe von zwei Jahren und sechs Monaten. Ich empfand diese Strafe eigentlich noch als moderat, denn Väter, die ihre eigenen Kinder missbrauchen, sind in meinen Augen mit die Schlimmsten. Ich habe selbst Kinder und finde es besser, wenn pädophile Lehrer nicht frei herumlaufen und sich neue Opfer suchen können. Karsunke legte Berufung ein.

Nach einem halben Jahr lag die Akte erneut auf meinem Schreibtisch. Die Berufungskammer hatte nach einer Verständigung die Freiheitsstrafe auf zwei Jahre reduziert und diese zur Bewährung ausgesetzt. Die Vorsitzende hatte den Deal vorab telefonisch eingefädelt, und die Berufungsverhandlung hatte dann nur eine halbe Stunde gedauert. Eine Beweisaufnahme hat dann gar nicht mehr stattgefunden. Das Landgericht hat sich anders als wir auch nicht die Mühe gemacht, die Kinderpornos wenigstens stichprobenhaft anzusehen. In dem Urteil wurden als Gründe für die milde Strafe sein Geständnis sowie dass er seine Stelle als Lehrer sowie das Sorgerecht für seinen Sohn verloren hatte, angeführt. Außerdem hatte er eine Sexualtherapie begonnen. Die Bewährungsaufsicht übertrug das Landgericht mir. Karsunke sollte sich unter anderem von Spielplätzen fernhalten und seine Sexualtherapie fortsetzen. Ich kam aus dem Kopfschütteln gar nicht mehr raus.

So etwas erlebe ich als Vorsitzender des Schöffengerichts bei Berufungen gegen meine Urteile immer wieder. Mehrheitlich urteilen wir Freiheitsstrafen zwischen zwei und vier Jahren aus. Es sind Fälle der mittleren Kriminalität, wie Drogenhandel, Raub oder Vergewaltigungen, also keine Bagatellen. Bei über zwei Jahren gibt es auch keine Bewährung mehr. Das Landgericht verwandelt diese schuldangemessenen Strafen durch Verständigungen regelmäßig in zwei Jahre auf Bewährung um.

13

Das Urteil, Vollstreckungsmängel und lange Verfahrensdauern

Ins Urteil kommt nur, was den Oberrichtern gefällt

Am Ende der Hauptverhandlung verkündet der Richter das Urteil. Das ist zu diesem Zeitpunkt nicht mehr als ein handgeschriebener Tenor. Danach hat der Richter mindestens fünf Wochen Zeit, das eigentliche Urteil abzusetzen.

Das Urteil gibt es zweimal. Es gibt das wahre Urteil im Kopf des Richters und das verschriftlichte, auf die Anforderungen der Rechtsmittelinstanz zugeschnittene. Der Strafrichter schreibt es nicht primär für den Angeklagten, sondern damit die Rechtsmittelinstanz es aufrechterhält. Ich komme bei der Beweiswürdigung und der Strafzumessung darauf zurück.

Das Strafurteil besteht aus sechs Teilen:

Das Rubrum

Der Urteilskopf besteht aus der Überschrift »Im Namen des Volkes« gefolgt von den Personalien des Angeklagten sowie der Auflistung der an der Hauptverhandlung beteiligten Personen. Sodann folgt der Tenor, das ist die Urteilsformel, in dem steht, wegen welcher Straftat und zu welcher Strafe der Angeklagte verurteilt worden ist. Direkt darunter folgt eine Aufzählung der angewendeten Vorschriften.

Amtsgericht Dessau-Roßlau
Im Namen des Volkes
Urteil
11 Ls 51/22 (397 Js 23494/22)

In der Strafsache gegen
Dominik Olbrecht
geboren am 10.01.1999 in Dessau
wohnhaft Willi-Lohmann-Str. 101, 06844 Dessau-Roßlau,
ledig, Staatsangehörigkeit: deutsch,
Verteidiger: Rechtsanwalt Tuchelt, Dessau
wegen räuberischen Diebstahls
hat das Amtsgericht Dessau-Roßlau – Schöffengericht – in der öffentlichen Sitzung vom 25.10.2022, an der teilgenommen haben:
Richter am Amtsgericht Dr. Burow
als Vorsitzender
Frau Habersack
Herr Sartorius
als Schöffen
Staatsanwältin Sauerwein
als Beamtin der Staatsanwaltschaft
Rechtsanwalt Tuchelt
als Verteidiger
Justizangestellte Hutzel
als Urkundsbeamtin der Geschäftsstelle
für Recht erkannt:
Der Angeklagte wird wegen räuberischen Diebstahls in Tateinheit mit Körperverletzung zu einer Freiheitsstrafe von 1 Jahr 6 Monaten verurteilt.
Der Angeklagte hat die Kosten des Verfahrens zu tragen.
Angewendete Vorschriften:
§§ 223 Abs. 1, 249 Abs. 1, 252, 52 Strafgesetzbuch

Persönliche Verhältnisse

In ihnen wird der Angeklagte dem Leser vorgestellt. Manches davon kann später für die Strafzumessung von Bedeutung sein. Zunächst wird der schulische und berufliche Werdegang dargestellt. Dem folgen die familiären Verhältnisse. Den Schluss bilden die Vorstrafen. In meinen Fällen sind nicht vorbestrafte Angeklagte die Ausnahme. Die Mehrheit ist einschlägig und erheblich vorbestraft. Nicht selten haben sie zwischen 10 und 25 Voreintragungen. Zur Vereinfachung wird meist die Auskunft aus dem Strafregister einkopiert. Das Urteil kann dadurch leicht kopflastig werden, wenn es mit fünf bis zehn Seiten Registerauskunft beginnt, der Rest des Urteils jedoch kürzer ist.

> Der Angeklagte hat keinen Schulabschluss erreicht und auch keine Ausbildung absolviert. Er ist dauerhaft arbeitslos. Derzeit erhält er monatlich Arbeitslosengeld in Höhe von 400 Euro sowie die Miet- und Heizkosten.
> Der Angeklagte ist ledig und hat keine Kinder.
> Der Angeklagte hat im Alter von 13 Jahren begonnen, alkoholische Getränke zu konsumieren. Er ist weiterhin dem Alkohol zugeneigt. Sofern er sie beschaffen kann, trinkt er täglich mindestens eine Flasche hochprozentige Spirituosen.
> Der Angeklagte ist bereits massiv strafrechtlich in Erscheinung getreten. Sein Strafregister weist folgende Eintragungen auf:
> [Es folgen mehrere Seiten mit den Eintragungen im Strafregister]

Sachverhaltsschilderung
Gemäß § 267 Abs. 1 Satz 1 Strafprozessordnung müssen die Urteilsgründe die für erwiesen erachteten Tatsachen angeben, in denen die gesetzlichen Merkmale der Straftat gefunden werden. Der Richter schildert mit anderen Worten die Straftat anhand der Tatbestandsmerkmale. Das liest sich etwas trocken.

> Am 14. Juni 2022 gegen 10.45 Uhr begab sich der Angeklagte in den EDEKA-Supermarkt in der Schlachthofstraße in Dessau-Roßlau. Dort steckte er sich eine Flasche Jack Daniel's im Wert von 19,99 Euro vorne in seinen Hosenbund, um diese ohne Bezahlung für sich zu verwenden. Danach holte sich der Angeklagte aus einer anderen Abteilung des Geschäfts eine Flasche Bier und bezahlte lediglich diese an der Kasse. Während seines gesamten Aufenthaltes im Geschäft wurde der Angeklagte bis zum Bezahlen an der Kasse über die Überwachungskamera durch den an diesem Tag zuständigen Ladendetektiv, den Zeugen Roland Lehmann, beobachtet.
> Nach dem Bezahlen der Bierflasche und dem Verlassen des Kassenbereiches wurde der Angeklagte sodann durch den Zeugen Lehmann kurz vor dem Ausgang angesprochen. Dieser stellte sich vor den Angeklagten, zeigte ihm seinen Ausweis und teilte ihm mit, dass er der Ladendetektiv sei. Dem Angeklagten war zu diesem Zeitpunkt bewusst, dass er aufgrund der durch ihn zuvor erfolgten Entwendung der Flasche Jack Daniel's festgehalten wurde. Nachdem der Zeuge Lehmann zum Angeklagten sagte, dass dieser mit

ihm ins Büro kommen solle, wollte sich der Angeklagte entfernen. Der Zeuge Lehmann hielt ihn am Oberarm fest und versuchte, ihn in Richtung des Büros zu ziehen. Der Angeklagte versetzte dem Zeugen drei wuchtige Faustschläge ins Gesicht. Der Zeuge ließ den Angeklagten los und war kurzzeitig benommen. Dies nutzte der Angeklagte aus und floh aus dem Einkaufsmarkt.

Die Faustschläge führte der Angeklagte zumindest auch aus, um sich im Besitz des entwendeten Whiskeys zu halten.

Der Angeklagte wurde kurze Zeit später von der Polizei auf einer Parkbank angetroffen und festgenommen. Dabei hatte der Angeklagte die Flasche Jack Daniel's noch bei sich. Ein vor Ort durchgeführter Atemalkoholtest ergab bei dem Angeklagten einen Wert von 0,9 Promille.

Der Zeuge Lehmann erlitt durch die Schläge eine blutige Lippe und mehrere Hämatome im Gesicht.

Die Tat wurde vom Angeklagten aufgrund seiner Alkoholabhängigkeit begangen, wenngleich die Einsichtsfähigkeit oder die Steuerungsfähigkeit des Angeklagten bei der Tatbegehung weder erheblich vermindert oder gar aufgehoben war.

Beweiswürdigung

Sie kann bei einem Geständnis sehr kurz ausfallen.

Hat der Angeklagte von seinem Schweigerecht Gebrauch gemacht oder die Tat bestritten, muss der Richter ausführlich begründen, warum er den Angeklagten für überführt hält.

Der Angeklagte hat den Diebstahl der Flasche Jack Daniel's eingeräumt. Nicht richtig sei jedoch, dass er den Ladendetektiv geschlagen haben soll.
Nach dem Ergebnis der Beweisaufnahme steht zur vollen Überzeugung des Gerichts fest, dass der Angeklagte die Tat so begangen hat, wie es in den getroffenen Feststellungen im Einzelnen dargelegt ist. Der Angeklagte ist der Tat überführt.
Das Gericht stützt sich hierbei zum Tatkerngeschehen auf die Bekundungen der Zeugen Lehmann und Nietsch. Der als Ladendetektiv eingesetzte Zeuge Lehmann hat ausgesagt, er habe den Diebstahl der Flasche Whiskey auf dem Monitor der Überwachungskamera beobachtet. Er habe sich deshalb zum Ausgang begeben und den Angeklagten dort angesprochen. Als er ihn am Oberarm gepackt habe, um ihn ins Büro zu führen, habe ihm der Angeklagte drei Faustschläge ins Gesicht versetzt und sei geflohen. Die Zeugin Nietsch hatte zum Tatzeitpunkt Dienst an der Kasse. Sie hat den Vorfall, der sich drei Meter hinter dem Kassenbereich ereignete, beobachtet. Sie hat ebenfalls bekundet, dass der Angeklagte den Ladendetektiv dreimal mit der Faust ins Gesicht geschlagen hat. Die Zeugen haben ihre Aussagen ruhig und sachlich gemacht. Ihre Aussagen waren glaubhaft, sie selbst glaubwürdige Zeugen. Es ist auch kein durchgreifender Anhaltspunkt erkennbar geworden dafür, dass die Zeugen den Angeklagten wider besseres Wissen oder irrtümlich der Tat falsch bezichtigt haben könnten.
Darüber hinaus hat das Gericht die Videodaten der Überwachungskameras in Augenschein genommen.

Die Auseinandersetzung mit dem Zeugen Lehmann hat sich im Erfassungsbereich einer der Kameras ereignet. Auf dem Video ist deutlich zu sehen, wie der Zeuge Lehmann den Angeklagten am Oberarm festhielt und versuchte, ihn in Richtung des Büros zu ziehen. Der Angeklagte versetzte dem Zeugen daraufhin drei wuchtige Faustschläge ins Gesicht und floh.

Bei der Beweiswürdigung unterschlägt der Richter, was er wirklich gedacht hat (»Der Angeklagte ist ein gewohnheitsmäßiger und erbärmlicher Lügner und sollte alleine für seine frechen Lügen drei Monate extra bekommen«), und nutzt stattdessen Textbausteine (»Die Einlassung des Angeklagten ist eine widerlegte Schutzbehauptung«). Die eigene Überzeugung wird kraftvoll betont (»steht zur vollen Überzeugung des Gerichts fest«). Der Strafrichter weiß aus Erfahrung, welche Formulierungen in der Rechtsmittelinstanz Bestand haben werden und welche angreifbar sind und damit zur Aufhebung des Urteils führen können. Floskeln aus dem Werkzeugkasten der obergerichtlichen Beweiswürdigung führen eher zu einer Aufrechterhaltung des Urteils als originär eigene Gedanken.

Rechtliche Würdigung und angewandte Strafvorschriften
In der Regel reicht die Wiederholung des Tenors und der angewendeten Vorschriften. Nur selten sind Rechtsausführungen notwendig. Generell kann man sagen, dass die Herausforderung eines Strafprozesses die Feststellung des Sachverhalts ist. Die rechtliche Würdigung ergibt sich dann meist von selbst.

Nach den getroffenen Feststellungen hat sich der Angeklagte des räuberischen Diebstahls gemäß §§ 242 Abs. 1, 252, 249 Strafgesetzbuch in Tateinheit mit vorsätzlicher Körperverletzung gemäß § 223 Abs. 1, 52 Strafgesetzbuch schuldig gemacht. Der Angeklagte wurde bei einem Diebstahl auf frischer Tat betroffen. Er hat gegen den Zeugen Lehmann Gewalt verübt. Dies tat er, um sich im Besitz der Beute zu halten. Durch die Faustschläge hat der Angeklagte weiterhin den Tatbestand der Körperverletzung verwirklicht.

Strafzumessung

In diesem Abschnitt wird die für den Angeklagten entscheidende Frage der Strafhöhe erörtert. Wie sie der Strafrichter ermittelt, wurde in dem vorherigen Kapitel dargelegt. Der Richter wird nur die von der Rechtsprechung anerkannten Strafzumessungsgründe anführen. Was er wirklich gedacht hat, bleibt im Nebel der weiten Strafrahmen verborgen.

Der Strafzumessung hat das Gericht den Strafrahmen des § 249 Strafgesetzbuch zugrunde gelegt, der Freiheitsstrafe von einem bis zu fünfzehn Jahren vorsieht. Eine verminderte Schuldfähigkeit i. S. d. § 21 Strafgesetzbuch lag bei einem Promillewert von 0,9 ersichtlich nicht vor. Das Gericht hat auch keinen minderschweren Fall gemäß § 249 Abs. 2 Strafgesetzbuch angenommen. Trotz der Geringwertigkeit der Diebesbeute weicht die Tat vom Durchschnitt der gewöhnlich vorkom-

menden Fälle nicht derart ab, dass die Anwendung des Strafrahmens für minderschwere Fälle geboten erscheint.
Strafmildernd ist bei dem Angeklagten berücksichtigt worden, dass er ein Teil-Geständnis hinsichtlich des Diebstahls der Flasche Jack Daniel's abgelegt hat. Ebenfalls mildernd war der geringe Wert der Diebesbeute zu berücksichtigen.
Strafschärfend wurde die nicht unerhebliche Gewalt gegenüber dem Zeugen Lehmann gewertet. Der Angeklagte ist mit den drei Faustschlägen massiv gegen den Zeugen vorgegangen, wo unter Umständen bereits ein einfaches Losreißen genügt hätte, um seine Flucht zu ermöglichen. Erheblich strafschärfend wirkten sich die erheblichen und auch einschlägigen Vorstrafen aus. Der Angeklagte hat bereits mehrfach Freiheitsstrafen verbüßt, was zeigt, dass er offensichtlich strafunempfindlich ist.
Tat- und schuldangemessen ist eine Freiheitsstrafe von einem Jahr sechs Monaten.
Eine Aussetzung der Vollstreckung der Freiheitsstrafe zur Bewährung gemäß § 56 Abs. 2 Strafgesetzbuch kam nicht in Betracht. Es mangelt an der Voraussetzung einer günstigen Sozialprognose gemäß § 56 Abs. 1 Strafgesetzbuch. Dagegen sprachen bereits die zahlreichen Vorstrafen. Eine zur Bewährung ausgesetzte Freiheitsstrafe hätte bei dem Angeklagten nicht die erforderliche Warnwirkung, und er würde diese nur als für ihn im Wesentlichen folgenlose Sanktion sowie als Nachgiebigkeit der Justiz missverstehen und als Ermunterung zur Begehung weiterer Straftaten betrachten.

Das Tückische ist, der Richter kann innerhalb der weiten Strafrahmen alles einpreisen, auch explizit unzulässige Strafzumessungsfaktoren, ohne sie zu benennen. Oder er kann aus seiner Sicht eher zweifelhafte Milderungsgründe, wie die verminderte Schuldfähigkeit nach § 21 Strafgesetzbuch, ausdrücklich anerkennen, hat aber zur Kompensation unerwähnt vorher das Ausgangsstrafmaß erhöht. So freut sich der Angeklagte über die Strafmilderung, die in Wirklichkeit gar keine ist. Dass der Richter vielleicht einen schlechten Tag gehabt und nur gewürfelt hat, lässt sich vortrefflich verbergen, indem er ins Urteil nur Floskeln schreibt.

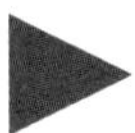

Regel Nr. 23: Ins Urteil kommen nur die von der Rechtsprechung anerkannten Strafzumessungsgründe.

Kostenentscheidung
Bei einer Verurteilung trägt der Angeklagte die Kosten des Verfahrens. Die Kostenentscheidung beruht auf § 465 Abs. 1 Strafprozessordnung.

Wie lang sind Strafurteile? Wie ausführlich sie ausfallen, hängt von der Anzahl und der Bedeutung der Delikte, der Anzahl der Angeklagten und von der Höhe der Strafe ab. Wird ein geständiger Ladendieb zu einer Geldstrafe verurteilt, kann das Urteil nur zwei Seiten lang sein. Nach oben hin gibt es keine Grenze. Das Urteil in dem NSU-Prozess umfasst 3025 Seiten.

Rechtskraft oder Rechtsmittel

Am schönsten für einen Richter ist, wenn der Angeklagte und der Staatsanwalt direkt im Anschluss an die Urteilsverkündung Rechtsmittelverzicht erklären. Dies lässt im Richter das befriedigende Gefühl aufkommen, alles richtig gemacht zu haben. Dann ist das Urteil rechtskräftig.

Nach Verkündung des Urteils hat der Angeklagte eine Woche Zeit, Rechtsmittel einzulegen. Legt er keins ein, wird das Urteil rechtskräftig. Der Richter schickt die Akte zur Staatsanwaltschaft, die Vollstreckungsbehörde ist.

Gegen Urteile des Amtsgerichts kann der Angeklagte Berufung einlegen. Über diese entscheidet die kleine Strafkammer beim Landgericht, die mit einem Berufsrichter und zwei Schöffen besetzt ist. Das Urteil des Berufungsgerichts ist mit der Revision angreifbar. Das Oberlandesgericht prüft das Urteil nur noch auf Rechtsfehler.

Alternativ kann der Angeklagte auch eine Sprungrevision zum Oberlandesgericht einlegen. Von dieser Möglichkeit wird nur ganz selten Gebrauch gemacht, denn in der Revision wird das Urteil nur auf Rechtsfehler geprüft, während die Berufung eine zweite Tatsacheninstanz eröffnet und der Angeklagte dann noch zusätzlich eine Revision einlegen kann.

Gegen erstinstanzliche Urteile des Landgerichts gibt es nur die Revision zum Bundesgerichtshof. Es ist eines dieser Mysterien der Gesetzgebung, warum dem vom Amtsgericht verurteilten Hühner- und Eierdieb zwei Rechtsmittelinstanzen zugestanden werden, dem vom Landgericht verurteilten Mörder aber nur eine, und vor allem keine zweite Tatsacheninstanz. Je schwerer die Straftat und ihre Folgen durch eine Bestrafung wiegen, desto besser müssten die Rechtsmittel eigentlich ausgestaltet sein. Begründet wird diese Ungereimtheit mit der angeblich höheren Qualität der landgerichtlichen Rechtsprechung. Jedoch stammen Amts- und Landrichter aus demselben Bewerberpool. Es ist eben nicht so, dass an den Amtsgerichten die schlechteren und an den Landgerichten die besseren Richter arbeiten. Ihre Qualifikation ist die gleiche. Und wer regelmäßig

Entscheidungen des Bundesgerichtshofs liest, stellt fest, dass es angesichts der vielen und mit harschen Worten versehenen Aufhebungen nicht weit her sein kann mit der angeblich höheren Qualität der landgerichtlichen Rechtsprechung.

»Haben Sie schon mal ein falsches Urteil gesprochen?«, bin ich gefragt worden. Mit Sicherheit, nur weiß ich nicht, in welchen Fällen. Ich kann mich irren, wie jeder andere Mensch auch. Für den möglicherweise unschuldig oder zu hart verurteilten Angeklagten ist das natürlich schlimm. Ich tröste mich ein wenig mit dem Gedanken, dass das Amtsgericht nur die Eingangsinstanz ist. Ich gehe davon aus, dass die zwei Rechtsmittelinstanzen mögliche Fehler von mir erkennen und ausbügeln.

Strafen müssen oft nicht abgesessen werden

Kürzlich ging ich durch das Einkaufszentrum und sah einen jungen Mann, den ich wegen Raubes zu zwei Jahren Freiheitsstrafe verurteilt hatte, die wegen seiner Drogensucht im Maßregelvollzug vollstreckt werden sollten. Er war von der Psychiaterin als gefährlich und stark rückfallgefährdet eingeschätzt worden. Das war erst letztes Jahr gewesen. Wieso läuft der schon wieder frei herum?, fragte ich mich. Am nächsten Tag erkundigte ich mich bei der Staatsanwaltschaft nach dem Vollstreckungsstand. Es wäre wegen der dramatischen Überbelegung des Maßregelvollzugs noch kein Platz für den Verurteilten verfügbar gewesen, lautete die Antwort der Staatsanwältin. Die Wartezeit würde über zwei Jahre betragen, Tendenz steigend. Ich konnte kaum glauben, dass ein von mir verurteilter gefährlicher Straftäter auch ein Jahr nach Verurteilung noch frei herumlief und dies voraussichtlich noch einige Zeit weiter tun würde.

Der Maßregelvollzug ist bundesweit überlastet, was jahrelange Wartezeiten zur Folge hat. Anwälte nutzen diesen Missstand zunehmend, um durch Beantragung einer Unterbringung in der Entziehungsanstalt den Beginn des Vollzuges auf den Sankt-Nimmerleins-Tag hinauszuschieben.

Auch ganz normale Gefängnisse sind überfüllt. Freiheitsstrafen können deshalb nicht vollstreckt werden, und Verurteilte bleiben in Freiheit. Während die Verbrecher auf ihren Strafantritt am Sankt-Nimmerleins-Tag warten, können sie weiter ungehindert Straftaten begehen. Angeklagte mit viel Mühe zu verurteilen ist relativ sinnlos, wenn die Freiheitsstrafen nicht zeitnah vollstreckt werden.

Abgesehen von diesen Vollzugsmängeln, müssen viele Verurteilte nicht ihre ganze Strafe absitzen. Sie kommen in den Genuss des offenen Vollzuges, das bedeutet, sie müssen nur zum Schlafen in die Justizvollzugsanstalt, können sie tagsüber verlassen. Bei der Halb- und Zweidrittelstrafe wird der Strafrest zur Bewährung ausgesetzt. Bei guter Führung müssen die Verurteilten nur die Hälfte oder zwei Drittel ihrer Strafe absitzen. Selbst eine lebenslange Freiheitsstrafe bedeutet im Schnitt nur 19 Jahre.

Uli Hoeneß wurde wegen Steuerhinterziehung zu einer Gesamtfreiheitsstrafe von drei Jahren und sechs Monaten verurteilt. Schon nach sieben Monaten kam er in den offenen Vollzug. Tagsüber arbeitete er im Nachwuchsbereich des FC Bayern München und musste nur zum Schlafen in die Justizvollzugsanstalt. Die Wochenenden durfte er regelmäßig bei seiner Familie verbringen. Nach einem Jahr und zwei Monaten als Freigänger kam Hoeneß in den Genuss der Halbstrafe. Die restliche Strafe wurde zur Bewährung ausgesetzt.[68] Von den drei Jahren und sechs Monaten musste Hoeneß damit nur sieben Monate voll verbüßen.

Inzwischen wundert es mich auch nicht mehr, regelmäßig Verurteilten auf der Straße zu begegnen, die eigentlich im Gefängnis sein müssten. Ein Strafurteil ist letztlich auch nur ein Stück Papier. Einen Motivationsschub löst diese Vollstreckungspraxis bei mir nicht aus.

Regel Nr. 24: Strafen müssen oft nicht abgesessen werden.

Warum dauern die Verfahren so lange?

Nach dem *Roland Rechtsreport* haben 81 Prozent der Bürger den Eindruck, dass viele Verfahren zu lange dauern.[69]

Immer öfter müssen Verdächtige aus der Untersuchungshaft entlassen werden, weil die Verfahren zu lange gedauert haben. Bei Haftsachen hat das Gericht eine Sechsmonatsfrist ab Festnahme zu beachten, innerhalb derer die Hauptverhandlung begonnen haben muss. Die Fristeinhaltung gelingt den Gerichten zunehmend weniger gut. Allein im Jahr 2021 hat die Justiz nach Recherchen der Deutschen Richterzeitung bundesweit mindestens 66 Tatverdächtige wieder auf freien Fuß gesetzt, weil deren Strafverfahren zu lange gedauert haben.[70] Das heißt, jede Woche muss mindestens ein Krimineller freigelassen werden, weil die Justiz gebummelt hat.

Drei Männer werden verdächtigt, Marco W. in der Bremer Neustadt ermordet zu haben.[71] Die Leiche sollen sie zerstückelt und in Niedersachsen verscharrt haben. Sie kommen in Untersuchungshaft. Die Staatsanwaltschaft erhebt im Februar 2022 Mordanklage. Doch die Strafkammern des Landgerichts Bremen arbeiten seit Jahren am Limit. Insbesondere das zuständige Schwurgericht ist extrem hoch belastet. Es gelingt ihm nicht, die Hauptverhandlung innerhalb von sechs Monaten zu beginnen. Das Oberlandesgericht Bremen hebt daraufhin die Haftbefehle wegen Fristüberschreitung auf. Die mutmaßlichen Mörder kommen in Freiheit. Lisa-Marie M., die Schwester des Opfers, ist fassungslos.[72] »Was ist, wenn da jetzt noch etwas passiert? Muss noch ein Mord passieren, dass hier irgendwie gehandelt wird?«

Die Justizverwaltungen halten dem Vorwurf langer Verfahrensdauern entgegen, ein Strafverfahren vor dem Amtsgericht dauere durchschnittlich nur fünf Monate, eins vor dem Landgericht acht Monate. Diese verkürzte Betrachtungsweise verkennt, dass ein Strafverfahren nicht nur aus der ersten Instanz besteht. Vorher gibt es das Ermittlungsverfahren bei der Polizei und der Staatsanwaltschaft, nach dem erstinstanzlichen Urteil häufig das Rechtsmittelverfahren. Wenn jede dieser vier Verfahrensabschnitte auch nur sechs Monate dauert, ergibt das eine gesamte Verfahrensdauer von zwei Jahren. Es gibt aus gutem Grund keine Statistiken über Gesamtverfahrensdauern, dann würden nämlich aus den Monaten schnell Jahre werden, und das wäre für das Ansehen der Justiz abträglich.

Es sind vor allem Großverfahren, deren Dauer beim Bürger Kopfschütteln auslöst.

Das Love-Parade-Verfahren wurde zehn Jahre nach dem Unglück eingestellt.[73] Der NSU-Prozess zog sich mit 438 Verhandlungstagen über fünf Jahre hin.[74] In Koblenz musste das Verfahren gegen ein Neonazi-Netzwerk abgebrochen werden, weil nach knapp fünfjähriger Prozessdauer mit 337 Hauptverhandlungstagen der Vorsitzende Richter in Pension ging.[75] Fünf Jahre dauerte der Wettbüromordprozess gegen zehn Rocker vor dem Landgericht Berlin.[76] Das sind alles große Verfahren vor dem Land- bzw. Oberlandesgericht, werden Sie vielleicht einwenden. Lange Verfahren gibt es aber auch bei Bagatellen, wie ein Fall des Amtsgerichts Dessau-Roßlau zeigt.

Immer am Jahrestag des Todes von Oury Jalloh am 7. Januar kommt es zu einer Demonstration. Der Afrikaner war am 7. Januar 2005 unter ungeklärten Umständen in der Gewahrsamszelle des Polizeireviers Dessau verbrannt. Für die Demonstranten sind Feuerzeuge ein Symbol für die Unklarheiten im Fall Oury Jalloh.
Ein Teilnehmer der Demonstration am 7. Januar 2016 wurde der versuchten Körperverletzung in zwei Fällen angeklagt. Er habe Feuerzeuge in Kopfhöhe auf zwei vor der Staatsanwaltschaft postierte Polizisten geworfen. Diese konnten den Feuerzeugen jedoch ausweichen,

wurden nicht getroffen und damit auch nicht verletzt. Der Angeklagte war nicht vorbestraft. Es handelte sich um eine Bagatelle.
Der sogenannte Feuerzeugprozess begann am 24.10.2018, mithin zwei Jahre neun Monate nach dem Vorfall. Er zog sich über neun Verhandlungstage bis zum 22.02.2019 hin. Schließlich wurde der Feuerzeugwerfer zu einer Geldstrafe von 15 Tagessätzen zu je 20 Euro verurteilt. Neun Verhandlungstage über einen Zeitraum von vier Monaten verteilt sind einfach nicht mehr angemessen für eine derartige Bagatellstraftat. Es ist für den Bürger auch unverständlich, warum das Urteil erst mehr als drei Jahre nach dem Vorfall fiel.

Besorgniserregend ist, dass die Dauer von Strafverfahren seit Jahren im Durchschnitt stetig zunimmt.

Eine alte Verteidigerweisheit besagt, dass jeder Fall mit der Zeit besser wird. Erinnerungen verblassen, Zeugen verziehen nach unbekannt oder sterben, Beweismittel verschwinden. Im Zweifel profitiert davon der Angeklagte. Eine lange Verfahrensdauer wirkt zudem strafmildernd.

Warum mahlen Justitias Mühlen so langsam? Das liegt selten an einem einzelnen Grund, sondern an dem Zusammenwirken mehrerer Gründe:

- Es gibt Richter, die arbeiten langsam und umständlich. Effizienz ist für sie ein Fremdwort.
- Die Justiz ist generell überlastet und hat zu wenig Personal.
- Gerichte arbeiten wie ein Postamt des 20. Jahrhunderts. Von einer Digitalisierung sind sie noch Lichtjahre entfernt.
- Aggressive Konfliktverteidiger schütten das Gericht mit Beweis- und Befangenheitsanträgen zu.

- Das Recht wird immer komplexer und die Strafverfahren damit aufwendiger.
- Angeklagte versuchen, sich dem Strafverfahren zu entziehen, und tauchen unter.
- Sachverständigengutachten dauern oft lange.

Um zu verstehen, warum einzelne Verfahren so lange dauern, andere aber nicht, muss man begreifen, zu welcher Arbeitsweise Richter gezwungen werden. Maßgeblich für jeden Richter ist seine Erledigungsstatistik. In ihr wird monatlich festgehalten, wie viele Neueingänge ein Richter hat, wie viele Verfahren er erledigt und wie viele unerledigte Verfahren er hat. Eine schlechte Erledigungsstatistik kann zu einem Disziplinarverfahren führen, dauerhaft gute Erledigungszahlen sind der Grundstein jeder Justizkarriere. Was macht nun ein Strafrichter, dem die Statistik die Erledigung von 50 bis 60 Verfahren im Monat vorgibt? Er bearbeitet bevorzugt die kleinen, einfachen Fälle. Mit den »schnellen Nummern« kann er so viele Erledigungen zusammensammeln, dass er im grünen Bereich ist und keinen dienstlichen Ärger bekommt. Dann gibt es noch die schwierigen, komplexen Verfahren. »Gürteltier« nennen Richter dicke, mit einem Stoffgürtel zusammengehaltene Akten. Ihre Bearbeitung schiebt der Strafrichter auf, denn wenn er sich wochenlang nur mit einer Akte beschäftigt, ruiniert ihm das seine Statistik. Sie wird zur »Fensterbankakte« und kann dort monatelang vergilben, bis der Richter beispielsweise durch eine ausgefallene Verhandlung endlich Zeit findet, sich ihr zu widmen.

Regel Nr. 25: Einfache Fälle zieht der Strafrichter vor, komplizierte lässt er liegen.

Lange Verfahrensdauern kümmert die Justiz nicht, denn in ihr herrscht ein anderes Zeitempfinden. Wenn Verfahren Jahre dauern, ist dies weder ungewöhnlich noch besorgniserregend. Justitia ist schließlich kein Rennpferd, sondern eine ältere Dame. Was Sie an der Bronzefigur für ein Schwert halten, ist in Wirklichkeit ein Krückstock.

14

Rechtsbeugung – wenn Richter auf der Anklagebank landen

Der Richterjob ist eine gefahrgeneigte Tätigkeit. Welche Fehler können ihn selbst ins Gefängnis bringen?

Kardinaldelikt Rechtsbeugung

Nach einschlägigen Foren handelt es sich bei der Justiz um eine Rechtsbeugermafia. Rechtsbeugung sei ein Massendelikt. Und klar, genauso ist es. Morgens auf dem Weg zum Rechtsbeugungszentrum denke ich darüber nach, welchen neuen kreativen Weg ich heute finden werde, um das Recht zu beugen. Mein Ziel als Richter ist es, für die größtmögliche Ungerechtigkeit zu sorgen. Irgendwie werde ich die 1000 Fehlurteile bis zu meiner Pensionierung noch vollbekommen.

Richter fürchten Anzeigen wegen Rechtsbeugung, denn diese ist ein Verbrechen mit einer Mindestfreiheitsstrafe von einem Jahr. Im Falle einer Verurteilung würde der Richter zwingend sein Amt verlieren. Das ist der schlimmste Vorwurf, der einem Richter gemacht werden kann. Anzeigen der Rechtsbeugung sind häufig. Der rechtsunkundige Bürger meint, wenn er einen Prozess verloren hat, müsse das wohl Rechtsbeugung sein. Manchmal hat man es auch mit Justizhassern zu tun, für die sämtliche Richtertätigkeit Rechtsbeugung ist. Es bleibt in einem Richterleben nicht aus, dann und wann wegen Rechtsbeugung angezeigt zu werden. Verurteilungen sind dagegen selten.

Die Rechtsbeugung gemäß § 339 Strafgesetzbuch setzt das Beugen des Rechts, das heißt die Verletzung des Rechts zum Vorteil oder Nachteil einer Seite, voraus. Nach der Rechtsprechung des Bundesgerichtshofs muss sich der Richter bewusst und in schwerwiegender Weise von Recht und Gesetz entfernen.[77] Am ehesten liegt das bei bewussten Verfahrensverstößen vor.

Ein Betreuungsrichter aus Nürtingen hatte in 47 Fällen Pflegeheimbewohnern Bauchgurte und Bettgitter verordnet, ohne sie vorher persönlich anzuhören.[78] Rechtlich sind das freiheitsentziehende Maßnahmen. Nach § 70c Familiengerichtsgesetz hat der Richter vor einer Unterbringungsmaßnahme den Betroffenen persönlich anzuhören und sich einen unmittelbaren Eindruck von ihm zu verschaffen. Dem Richter waren jedoch die Fahrtzeiten zu lang, und er wollte seine Freizeit optimieren. Deshalb sparte er sich die Anhörungen und erstellte fingierte Protokolle. Er war aufgeflogen, weil er einige Anhörungsprotokolle auf Termine datiert hatte, an denen die Betroffenen bereits verstorben waren. Das Landgericht Stuttgart verurteilte ihn zu einer Freiheitsstrafe von drei Jahren und sechs Monaten.

Ein Familienrichter am Amtsgericht Weimar hatte im April 2021 im Rahmen einer Kindschaftssache die Maskenpflicht für alle Schüler an zwei Schulen aufgehoben.[79] Nach seiner Auffassung stelle die Maskenpflicht eine Kindeswohlgefährdung dar, wie er in seinem 160 Seiten langen Beschluss ausführlich begründete. Über verschiedene Rechtsansichten kann man durchaus streiten, doch er handelte außerhalb seiner Zuständigkeit. Für Maßnahmen gegenüber schulischen Behörden ist der Rechtsweg zu den Familiengerichten im Verfahren nach § 1666 I und IV BGB nicht eröffnet; zuständig sind ausschließlich die Verwaltungsgerichte, stellte der Bundesgerichtshof fest.[80] Die Maskenpflicht an Schulen fällt mit anderen Worten nicht in die Zuständigkeit von Familiengerichten – und kann deshalb von Familienrichtern auch nicht aufgehoben werden. Das Handeln außerhalb seiner Zuständigkeit brachte ihm eine Anklage wegen Rechtsbeugung ein. Das Landgericht Erfurt hat die Anklage zugelassen[81] und bereitet eine Hauptverhandlung vor. Der Ausgang dieses Strafverfahrens ist noch offen.

Wie die meisten anderen Richter wurde ich auch schon mehrfach wegen Rechtsbeugung angezeigt. Hier ein Fall aus meiner Schatzkiste:

Ausgerechnet eine Tüte Haribo-Milchbären im Wert von unter einem Euro sollte mir zum Verhängnis werden. Dabei war es nicht mal ich selbst, der sie stahl. Am 15.10.2019, gegen 17.49 Uhr, begab sich der Beschuldigte in den SB-Markt »REWE« in Dessau-Roßlau,

Kavalierstraße 49, entnahm den dortigen Auslagen eine Tüte Milchbären im Wert von 0,95 Euro und steckte diese in seine linke Hosentasche. Sodann passierte der Beschuldigte die Kassenzone, ohne die Ware bezahlt zu haben.
Bei der Tat führte der Beschuldigte in seiner rechten Hosentasche griffbereit ein Küchenmesser mit einer 9,5 cm langen stehenden Klinge sowie ein Teppichmesser, Klingenlänge 1 cm, mit. Die beiden Messer machten aus dem einfachen Ladendiebstahl einen Diebstahl mit Waffen mit einer Mindeststrafe von sechs Monaten Freiheitsstrafe.
»U-Haft schafft Rechtskraft« ist einer dieser putzigen Sprüche von Ermittlungsrichtern. Er steckte den Fruchtgummidieb in Untersuchungshaft. Später erhob die Staatsanwaltschaft Anklage zum Schöffengericht. Damit landet die Akte auf meinem Tisch. Bei Haftsachen gibt es eine Sechsmonatsfrist, in der zwingend die Hauptverhandlung beginnen muss. Außerdem musste noch ein psychiatrisches Gutachten eingeholt werden, weil eine Drogenabhängigkeit des Angeklagten im Raume stand. Ich stimmte einen Hauptverhandlungstermin mit Verteidiger und Sachverständiger für den 19.05.2020 ab. Doch dann kam Corona. Das Verhandeln unter Pandemiebedingungen erforderte besondere Schutzmaßnahmen, wie insbesondere eine Einlasskontrolle. Dies sah die damals geltende SARS-CoV-2-Eindämmungsverordnung vor. Personen mit erkennbaren COVID-Symptomen sollte der Zutritt versagt werden. Die Besucher sollten befragt werden, ob sie kürzlich aus dem Ausland zurückgekehrt waren oder Kontakt zu Infizierten

hatten. Außerdem sollten sie für die Kontaktnachverfolgung in einer Anwesenheitsliste erfasst werden. Allerdings waren diese Infektionsschutzmaßnahmen am Amtsgericht Dessau-Roßlau mangels Wachtmeistern nicht umsetzbar. Bei uns konnte jeder Infizierte ungehindert das Gericht betreten und seine Virenlast größtmöglich verbreiten. Ich wog das Interesse an der Durchführung des Termins und die Risiken einer möglichen Verbreitung des Virus gegeneinander ab. Eine Tüte Milchbären gegen die Gesundheit der Belegschaft und der Verfahrensbeteiligten. Im Ergebnis hob ich den Hauptverhandlungstermin auf und setzte den Haftbefehl außer Vollzug. Der Milchbärendieb wurde freigelassen, nachdem er schon fast ein halbes Jahr im Gefängnis gesessen hatte. Viel länger wäre seine Strafe auch im Falle einer Verurteilung nicht ausgefallen. Bei einer Beute von nicht einmal einem Euro drängte sich mir ein minderschwerer Fall auf. Die Terminaufhebung war nichts Ungewöhnliches, denn während des ersten Lockdowns im Frühjahr 2020 wurden Tausende Verhandlungstermine bundesweit aufgehoben. Ein vom Jagdtrieb zerfressener Staatsanwalt bekam fast einen Herzinfarkt, als er von der Terminsaufhebung erfuhr. Der Milchbärendiebstahl war schließlich ein schweres Verbrechen. Er war der Meinung, die Hauptverhandlung am 19.05.2020 hätte ohne Weiteres durchgeführt werden können. Ich hätte den Termin nicht aufheben und den Haftbefehl außer Vollzug setzen dürfen. Er leitete ein Ermittlungsverfahren wegen Rechtsbeugung gegen mich ein. Das ist ein Verbrechen mit einem Strafrahmen von ein bis fünf Jahren. Im

Falle einer Verurteilung hätte sie zwingend meine Entlassung aus dem richterlichen Dienst zur Folge. Ich war, gelinde gesagt, geschockt. Mit Mitte fünfzig und einer fetten Vorstrafe dürfte es sehr schwer werden, noch irgendwo Arbeit als Jurist zu finden. Insbesondere Verhandlungen belasteten mich, weil ich mich immer auf der Anklagebank sah, wo jetzt noch andere saßen. Es ging mir mental schlecht in dieser Zeit. Und das alles nur wegen diesem Milchbären-Fall.

Ich musste mir selber einen Strafverteidiger nehmen. Dieser verfasste eine Einlassung, nach der es für mich unzumutbar war, die Verfahrensbeteiligten den Risiken einer Hauptverhandlung ohne Durchführung von Schutzmaßnahmen auszusetzen. Die Terminsaufhebung sei direkte Folge der seitens der Verwaltung nicht umsetzbaren Corona-Schutzmaßnahmen gewesen. Monatelang lebte ich unter dem Damoklesschwert einer Freiheitsstrafe und Dienstentlassung.

Schließlich stellte die Staatsanwaltschaft das Verfahren mangels hinreichenden Tatverdachts gemäß § 170 Abs. 2 Strafprozessordnung ein. Das Schreiben enthielt keine Begründung. Ich blieb auf den Anwaltskosten sitzen.

Bestechlichkeit

Bei allen Mängeln der Justiz kann man sagen, sie ist nicht korrupt. Es gibt kaum Verurteilungen von Richtern wegen Bestechlichkeit. In meinen über 27 Dienstjahren habe ich auch in meinem Umfeld nicht mitbekommen, dass sich ein Richter hat bestechen lassen. Warum ist das so? Wer Richter wird, tut das nicht wegen des Geldes. Wer viel Geld verdienen will, geht in eine Großkanzlei und bekommt dort das Dreifache. Richter sind durch ihre Persönlichkeit und ihren Berufsethos vor den Verlockungen des Geldes geschützt.

Aussageerpressung

Ein Richter kann sich auch dadurch strafbar machen, dass er die Aussage eines Angeklagten erpresst, indem er ihn körperlich misshandelt, gegen ihn sonst Gewalt anwendet, ihm Gewalt androht oder ihn seelisch quält, § 343 Strafgesetzbuch. Die Tat wird mit Freiheitsstrafe von einem Jahr bis zu zehn Jahren bestraft. So etwas kommt kaum vor, trotzdem will ich ihnen den nachfolgenden Fall nicht vorenthalten.

Der Angeklagte stand wegen Exhibitionismus vor Gericht.[82] Der Proberichter wollte unbedingt ein Geständnis von ihm, doch er stritt die Tat ab. In dieser Situation entschloss sich der Richter, den Druck auf den Angeklagten dadurch zu erhöhen, dass er ihn in den Gewahrsam des Amtsgerichts führen und ihm dort eine Gewahrsamszelle zeigen ließ. Er sprang deshalb plötzlich mit den Worten auf: »Sie kommen jetzt mit, ich zeige Ihnen mal, wie Ihre Zukunft aussehen kann.« Der Richter führte den Angeklagten gemeinsam mit einem Wachtmeister in den Gewahrsamsbereich in den Keller des Amtsgerichts. Dort forderte er den mittlerweile verängstigten und eingeschüchterten Angeklag-

ten auf, eine Zelle zu betreten, was dieser ohne jeden Widerstand tat. Er werde die Tür für ca. eine Minute schließen, aber nicht verriegeln. Der Angeklagte könne jederzeit klopfen, wenn er Angst habe und die Zelle verlassen wolle. Der nunmehr völlig verängstigte Angeklagte leistete diesen Anweisungen des Richters Folge und setzte sich auf die in der Zelle befindliche Bank. Sodann schloss der anwesende Wachtmeister auf Anweisung des Richters die Tür und legte von außen einen Riegel vor. Nach einer kurzen Zeitspanne, möglicherweise weniger als eine Minute, öffnete der Wachtmeister die Zellentür, und der Beschuldigte verließ die Zelle. Im weiteren Verlauf der Verhandlung gestand der Angeklagte den Exhibitionismus und wurde verurteilt.
Später saß der Proberichter selbst auf der Anklagebank. Das Landgericht Kassel verurteilte ihn wegen Rechtsbeugung und Aussageerpressung zu einer Freiheitsstrafe von einem Jahr auf Bewährung.
Der Bundesgerichtshof hatte sich im Rahmen einer Revision mit dem Fall zu befassen und verneinte eine Aussageerpressung. Der Aufenthalt des Beschuldigten in der Gewahrsamszelle und das zeitweilige Verschließen der Zellentür für einen kurzen Zeitraum war kein Einsperren und damit auch keine Freiheitsberaubung im Sinne des § 239 Strafgesetzbuch. Denn dem Angeklagten stand die zumutbare Möglichkeit offen, zu klopfen und damit jederzeit den Aufenthalt in der Zelle zu beenden. Auch für eine Rechtsbeugung waren die Urteilsgründe nicht ausreichend. Der Bundesgerichtshof verwies den Fall zurück an das Landgericht.

Urkundendelikte

Gemäß § 275 Abs. 1 Satz 2 Strafprozessordnung muss ein Urteil spätestens fünf Wochen nach der Verkündung zu der Akte gereicht sein. Wird diese Frist nicht eingehalten, ist das Urteil mit der Revision erfolgreich anfechtbar. Was macht der überlastete Strafrichter, der die Frist nicht einhalten kann? Er versucht, den Eingangsstempel der Geschäftsstelle zurückzudatieren. Einen anderen Weg fand ein Dessauer Landrichter.

Manfred Allinger war Vorsitzender einer Berufungskammer am Landgericht Dessau-Roßlau. Er fühlte sich angesichts der Menge an Arbeit überfordert und schaffte es öfter nicht, die Urteilsabsetzungsfrist einzuhalten. Es hatte deshalb schon mehrere Disziplinarverfahren gegeben. Um weitere Geldbußen zu vermeiden, wandte er folgenden Trick an.[83] Rechtzeitig vor Ablauf der Frist reichte er bei der Geschäftsstelle ein Urteilsfragment ein. Die Justizsekretärin stempelte den Eingang auf der ersten Seite ab. Wesentliche Bestandteile des Urteils, wie der Sachverhalt, die Beweiswürdigung und die Strafzumessung, fehlten zu diesem Zeitpunkt. Nach Ablauf der Urteilsabsetzungsfrist ergänzte er das Urteil um die fehlenden Bestandteile. Er beließ jeweils die erste Urteilsseite mit dem Eingangsstempel in der Akte und tauschte die geänderten Seiten heimlich aus. Der inzwischen suspendierte Richter wurde wegen Rechtsbeugung und schwerer Urkundenfälschung zu zwei Jahren Haft auf Bewährung verurteilt.[84]

Die geheimen Regeln des Strafprozesses

Zuletzt fasse ich die im Text angeführten Regeln für Sie noch einmal zusammen:

Regel Nr. 1: Der schuldige Angeklagte hat kein Interesse an einem gerechten Urteil.
Regel Nr. 2: Richter sollen schnell und oberflächlich und nicht langsam und gründlich arbeiten.
Regel Nr. 3: U-Haft schafft Rechtskraft.
Regel Nr. 4: Anklagen führen zu 99 Prozent zur Eröffnung des Hauptverfahrens.
Regel Nr. 5: Der Angeklagte darf lügen und tut es oft auch.
Regel Nr. 6: Bestreiten des Angeklagten wird als Schutzbehauptung abgetan.
Regel Nr. 7: Jeder Mensch ist ein potenzieller Straftäter.
Regel Nr. 8: Wenn der Konfliktverteidiger Schiffe-Versenken spielt, ist oft der Einzige, den er versenkt, der eigene Mandant.
Regel Nr. 9: Mit dummdreisten Ausreden macht der Angeklagte es nur schlimmer.
Regel Nr. 10: Schlechtes Benehmen wird strafschärfend berücksichtigt.
Regel Nr. 11: Die Unschuldsvermutung kann man vergessen.
Regel Nr. 12: Die meisten Angeklagten sind tatsächlich schuldig.
Regel Nr. 13: Richter sind praktisch immer befangen.
Regel Nr. 14: Wer einmal lügt, dem glaubt man nicht mehr.

Regel Nr. 15: Der Richter steuert das Gutachtenergebnis durch Auswahl des Sachverständigen.

Regel Nr. 16: Der Richter entscheidet wie ein kleiner Gott alleine, was die Wahrheit ist.

Regel Nr. 17: Der Erledigungsdruck führt zur Ablehnung von Beweisanträgen.

Regel Nr. 18: Richter glauben in der Regel den Aussagen von Polizisten.

Regel Nr. 19: Je mehr Vorstrafen ein Angeklagter hat und je schwerwiegender ein Delikt ist, desto geringer sind seine Chancen auf einen Freispruch, unabhängig von seiner Schuld im Einzelfall.

Regel Nr. 20: Die Verteidigungsstrategie des Säens von Zweifeln und des anschließenden Berufens auf »in dubio pro reo« geht nur selten auf.

Regel Nr. 21: Die Armen hängt man, die Reichen lässt man laufen.

Regel Nr. 22: Innerhalb des Strafrahmens kann der Richter die Strafe nach eigenem Gutdünken bestimmen.

Regel Nr. 23: Ins Urteil kommen nur die von der Rechtsprechung anerkannten Strafzumessungsgründe.

Regel Nr. 24: Strafen müssen oft nicht abgesessen werden.

Regel Nr. 25: Einfache Fälle zieht der Strafrichter vor, komplizierte lässt er liegen.

Nachwort

Am Ende siegt die Gerechtigkeit – fast immer jedenfalls

Ich hoffe, der Insiderblick in die Welt des Strafrichtens war interessant und erhellend. Sie haben die geheimen Regeln des Strafprozesses kennengelernt. Sie werden die anspruchsvolle Arbeit des Strafrichters und die Rolle, die er in der Strafverfolgung einnimmt, besser einschätzen können. Vielleicht vertrauen Sie der Justiz jetzt mehr als vorher. Und für den Fall, dass Sie selbst in die Mühlen der Strafjustiz geraten, wissen Sie, was helfen könnte, um Ihren Kopf aus der Schlinge zu ziehen – und was Sie besser unterlassen sollten, um die Sache nicht noch schlimmer zu machen.

Sie werden bei meinen teilweise kritischen Ausführungen vielleicht die Stirn gerunzelt haben. Noch ein Richter, der das Ende des Rechtsstaates verkündet. Deshalb möchte ich noch dieses anmerken: Die Strafjustiz ist ein unvollkommenes System, aber eines, das Bewunderung verdient. Eine funktionierende Justiz trägt zur Sicherheit in unserem Land bei. Ohne sie würde unser Leben in Chaos, Anarchie und Kriminalität versinken. Sie möchten bestimmt nicht in einer Welt leben, in der Mörder, Vergewaltiger und Schläger frei auf der Suche nach neuen Opfern herumlaufen, weil es keine Justiz gibt, die sie aufhält.

Wir Strafrichter bemühen uns gegen alle Widrigkeiten, den gesetzlichen Auftrag der Strafverfolgung auszuführen und dem Gesetz Geltung zu verschaffen. Es ist ein befriedigendes Gefühl, morgens mit dem Wissen in den Spiegel zu schauen, auf der guten Seite des Rechts zu stehen. Dabei tragen wir ein hohes Maß an Verantwortung gegenüber den Angeklagten, den Opfern und der Gesellschaft. Unsere Fehler können Leben kosten. Eine Verantwortung, die uns selten gedankt wird und die mit der niedrigen Besoldung auch nicht ausreichend abgegolten wird. Ich finde es bewundernswert, dass die meisten Strafrichter nicht bereits innerlich gekündigt haben, sondern ihr Amt mit großem Engagement ausüben. Dass sie nicht in Krankheit flüchten oder korrupt werden. Selbstverständlich ist beides nicht, wie ein Blick auf Lehrer oder Bauamtsmitarbeiter zeigt.

Augen auf bei der Berufswahl, heißt es. Schon vor 27 Jahren fand ich, Richter ist der schönste Beruf der Welt. Die Glücksmomente als Strafrichter sind nicht häufig, aber sie kommen vor. Wenn ich zum Beispiel ein schwieriges Verfahren mit einem Urteil beendet habe und sowohl Staatsanwaltschaft als auch Verteidigung erklären Rechtsmittelverzicht. Wenn dann noch das im Saal anwesende Opfer die Strafe als gerecht empfindet, konnte ich maximalen Rechtsfrieden herstellen. Oder wenn ein Verurteilter nach schwierigem Bewährungsverlauf doch noch die Kurve kriegt und ich die Strafe erlassen kann. Ich arbeite auch gerne am Amtsgericht Dessau-Roßlau, dieser Gruselbude des Rechts – ist sie doch eine ständige Quelle der Inspiration. Würde ich an einem funktionierenden Gericht arbeiten, wüsste ich wahrscheinlich gar nicht, worüber ich schreiben sollte.

Anmerkungen

1 Einstellung in den höheren Justizdienst – Proberichter – Regierungsportal M-V (regierung-mv.de).
2 www.talentrocket.de / gehalt / gehalt-in-der-grosskanzlei--informationen.
3 Benecken, Burckhard / Reinhardt, Hans: *Inside Strafverteidigung, Advokaten des Bösen*. Salzburg / München 2021.
4 www.focus.de / auto / neuheiten / sich-in-die-opfer-versetzen-deutschland_id_1871289.html.
5 Polizeiliche Kriminalitätsstatistik 2021, Opfertabellen.
6 Statistisches Bundesamt, Fachserie 10, Reihe 2.3, 2020, S. 24.
7 Auswertungsband, PEBB§Y-Fortschreibung 2014.
8 Statistisches Bundesamt, Fachserie 10, Reihe 2.6, 2021, S. 31.
9 www.justiz.nrw.de / nrwe / lgs / duisburg / lg_duisburg / j2016 / 35_KLs_112_Js_23_11_5_14_Beschluss_20160330.html.
10 www.olg-duesseldorf.nrw.de / behoerde / presse / Loveparade / OLG-Duesseldorf_Beschluss-Loveparade-18_-April-2017_anonymisierte-Fassung.pdf.
11 www.lg-duisburg.nrw.de / behoerde / presse / zt_Lopa / loveparade / so_pe / 2020_05_04-PE-65-anonymisierter-Beschluss-im-Wortlaut.pdf.
12 www.focus.de / politik / gerichte-in-deutschland / burkhard-benecken_id_71622722.html.
13 https: / / www.focus.de / politik / gerichte-in-deutschland / krasser-vorfall-am-landgericht-muenchen-eklat-im-sex-prozess-anwalt-nennt-richterin-wahnhaft-krank-und-verlangt-psycho-test_id_12189739.html.
14 Anteil einzelner Straftaten an allen erfassten Straftaten in Deutschland 2021 | Statista.
15 https: / / de.statista.com / statistik / daten / studie / 157410 / umfrage / polizeilich-erfasste-faelle-des-diebstahls-von-fahrraedern-seit-1995 / .

16 Kinzig, J./Stelly, W.: »Der Freispruch: Vermeidbarer Irrtum oder ›Reibungsverlust der Gerechtigkeit‹?«, in: Strafverteidigervereinigungen (Hrsg.): *Der Schrei nach Strafe, Texte und Ergebnisse des 41. Strafverteidigertages in Bremen vom 24.–26.3.2017*, S. 33, 39.
17 Statistisches Bundesamt, Fachserie 10, Reihe 2.6, 2021, S. 31.
18 Ebd.
19 Kinzig, J./Stelly, W.: Der Freispruch, S. 33, 37.
20 Inertia-Effekt, Inertia-Psi-Effekt – Dorsch – Lexikon der Psychologie (hogrefe.com).
21 www.spiegel.de/panorama/justiz/urteil-bewaehrungsstrafe-fuer-guenther-kaufmann-a-408170.html.
22 Steinhagen, Martin: *Rechter Terror: Der Mord an Walter Lübcke und die Strategie der Gewalt*. Hamburg 2021
23 www.spiegel.de/panorama/der-wars-oder-a-a4c6f8ab-0002-0001-0000-000019337159.
24 Schmitt/Köhler: *Strafprozessordnung*. München, 64. Aufl. 2022, § 261, Rn. 25.
25 www.maz-online.de/brandenburg/zweimal-lebenslaenglich-im-mordfall-maike-thiel-27SECQQQK2MFR53UGELL6RVY4E.html.
26 www.spiegel.de/panorama/justiz/wie-die-polizei-im-fall-rudi-rupp-die-verdaechtigen-unter-druck-setzte-a-822276.html.
27 BGH, Urteil vom 4. März 2021 – 5 StR 509/20.
28 BGH NStZ 88, 236; BGHSt 10, 102, 292.
29 BGH, Urteil vom 1. Februar 2017 – 2 StR 78/16.
30 *Roland Rechtsreport* 2022, S. 16.
31 https://www.fluter.de/einstellungssache.
32 https://rp-online.de/nrw/staedte/duesseldorf/prozess-um-millionenschwere-lottoabzocke_aid-17401577.
33 www.sueddeutsche.de/sport/verdacht-auf-steuerhinterziehung-richter-erliess-haftbefehl-gegen-hoeness-1.1657058.
34 www.sueddeutsche.de/wirtschaft/audi-rupert-stadler-1.4191154.
35 www.spiegel.de/wirtschaft/prozessende-mannesmann-verfahren-gegen-millionen-auflagen-eingestellt-a-451294.html.
36 www.focus.de/panorama/vermischtes/credit-suisse-kauft-sich-fuer-150-millionen-euro-frei-steuerhinterziehung_id_2280417.html.
37 www.spiegel.de/wirtschaft/steuersuender-zumwinkel-bewaehrung-fuer-ein-gescheitertes-vorbild-a-603265.html.
38 Bundesgerichtshof, Urteil vom 2. Dezember 2008 – 1 StR 416/08.
39 www.zeit.de/wirtschaft/2014-03/uli-hoeness-urteil-prozess.
40 *Roland Rechtsreport* 2022, S. 16.

41 https://www.welt.de/politik/deutschland/plus235180472/Fast-20-000-Messerangriffe-in-einem-Jahr-in-Deutschland.html.
42 Statistisches Bundesamt, Rechtspflege, Fachserie 10, Reihe 3, 2021.
43 www.lvz.de/lokales/leipzig-lk/grimma/messerattacke-in-beucha-bewaehrungsstrafe-fuer-syrer-B3EFRBEBOOWXPZE-4QI4F6D7VD4.html.
44 www.bka.de/DE/AktuelleInformationen/StatistikenLagebilder/Lagebilder/GewaltGegenPVB/gewaltGegenPVB_node.html.
45 Statistisches Bundesamt, Rechtspflege, Fachserie 10, Reihe 3, 2021, S. 212.
46 Polizeiliche Kriminalstatistik 2020, S. 10.
47 Statistisches Bundesamt, Rechtspflege, Fachserie 10, Reihe 3, 2019, S. 160f.
48 https://www.spiegel.de/panorama/justiz/45-jaehriger-wegen-kindesmissbrauchs-zu-zwei-jahren-auf-bewaehrung-verurteilt-a-523362c8-32bd-4bad-9bd2-7f5b92e2b6b6.
49 Statistisches Bundesamt, Rechtspflege, Fachserie 10, Reihe 3, 2019, S. 160f.
50 BGHSt 27, S. 2.
51 www.spiegel.de/panorama/justiz/wo-deutschlands-strengste-richter-sitzen-a-1230399.html.
52 www.ussc.gov/guidelines.
53 *Verhandlungen des 72. Deutschen Juristentages*, Leipzig 2018, Band I: *Gutachten/Teil C: Sentencing Guidelines versus freies tatrichterliches Ermessen – Brauchen wir ein neues Strafzumessungsrecht?* München 2018.
54 BGH, Urteil vom 10. November 1954 – 5 StR 476/54, BGHSt 7, 28, 32.
55 Kant, Immanuel: *Metaphysik der Sitten*, Erster Teil, II. Teil, 1. Abschnitt, Allgemeine Anmerkung E.
56 Landessozialgericht Baden-Württemberg, Urteil vom 7. Dezember 2017 – L 6 VG 6/17
57 www.zeit.de/gesellschaft/zeitgeschehen/2017-08/ausschreitungen-hamburg-polizei-g20-gegner-prozess.
58 www.stuttgarter-zeitung.de/inhalt.bisher-hoechstes-strafmass-drei-jahre-haft-fuer-g20-randalierer.e326021d-6172-4108-a560-d21a028ab342.html.
59 https://jungefreiheit.de/politik/deutschland/2019/hamburg-g20-randalierer-zu-vier-jahren-haft-verurteilt/.
60 Prof. Dr. Dr. h.c. Jörg-Martin Jehle/Dr. Sabine Hohmann-Fricke: *Legalbewährung nach strafrechtlichen Sanktionen. Eine bundesweite Rückfalluntersuchung 2010 bis 2013 und 2004 bis 2013*. 2016, S. 37.

61 Statistisches Bundesamt, Rechtspflege, Fachserie 10, Reihe 3, 2021, S. 168.

62 www.bild.de/regional/hamburg/sexualstraftat/maedchen-von-maenner-gruppe-missbraucht-44757842.bild.html.

63 Landgericht Hamburg, Urteil vom 20.10.2016 – 627 KLs 12/16 jug.

64 www.spiegel.de/panorama/justiz/wo-deutschlands-strengste-richter-sitzen-a-1230399.html.

65 Kahneman, D./Sibony, C./Sunstein, O.: *Noise, Was unsere Entscheidungen verzerrt – und wie wir sie verbessern können*. München 2021, S. 23.

66 Stewart, John E.: »Defendant's Attractiveness as a Factor in the Outcome of Criminal Trials: An Observational Study«, in: *Journal of Applied Social Psychology*, 1980, 10,4, S. 348–361.

67 BGH, Beschluss vom 9. Juni 2004 – 5 StR 579/03.

68 www.focus.de/finanzen/steuern/steuerprozess_uli_hoeness/ende-februar-uli-hoeness-kommt-vorzeitig-aus-der-haft_id_5219081.html.

69 *Roland Rechtsreport* 2022, S. 16.

70 www.lto.de/recht/justiz/j/deutscher-richterbund-personal-justiz-richter-verfahrensdauer-haftentlassungen-statistik/.

71 www.zeit.de/news/2022-05/18/drei-mordverdaechtige-in-bremen-aus-u-haft-entlassen.

72 www.rtl.de/cms/bremer-justiz-skandal-mutmassliche-moerder-aus-u-haft-entlassen-schwester-des-zerstueckelten-opfers-ist-entsetzt-4976744.html.

73 www.sueddeutsche.de/panorama/loveparade-prozess-urteil-1.4896181.

74 www.tagesspiegel.de/politik/die-chronik-des-nsu-prozesses-5184766.html.

75 www.stern.de/panorama/stern-crime/koblenz--neonazi-mammut-prozess-geplatzt---weil-der-richter-in-rente-geht-7436498.html.

76 www.berlin.de/gerichte/presse/pressemitteilungen-der-ordentlichen-gerichtsbarkeit/2019/pressemitteilung.851539.php.

77 BGH, Beschluss vom 24. Juni 2009 – 1 StR 201/09, NStZ 2010, 92, 93; Urteil vom 22. Januar 2014 – 2 StR 479/13, NJW 2014, 1192, 1193, jeweils mwN.

78 BGH, Beschluss vom 24. Juni 2009 – 1 StR 201/09.

79 AG Weimar, Beschluss vom 8. April 2021, Az. 9 F 148/21.

80 BGH, Beschluss vom 6. Oktober 2021, Az.: XII ARZ 35/21.

81 www.lto.de/recht/nachrichten/n/lg-erfurt-familienrichter-ag-weimar-corona-maskenpflicht-entscheidung-rechtsbeugung-anklage-zugelassen/.

82 BGH, Beschluss vom 15. August 2018 – 2 StR 474/17.
83 BGH, Urteil vom 18. Juli 2013 – 4 StR 84/13.
84 www.mz.de/lokal/dessau-rosslau/rechtsbeugung-am-dessauer-landgericht-richter-zu-zwei-jahren-haft-auf-bewahrung-verurteilt-2041082.

Zum Autor

Dr. jur. Patrick Burow ist amtierender Strafrichter mit über 27 Jahren Erfahrung. Zudem ist er als Sachbuchautor erfolgreich und hat zahlreiche Juristenhumorbücher veröffentlicht, u. a. den SPIEGEL-Bestseller *Jurafakten. Verbotene Süßigkeiten, erlaubte Morde und andere Kuriositäten aus Recht und Gesetz.*